本书由河北科技师范学院学术著作出版基金资助

"丝绸之路经济带"倡议背景下推进中国与中亚五国贸易投资便利化研究

韩 东 著

燕山大学出版社

·秦皇岛·

图书在版编目（CIP）数据

"丝绸之路经济带"倡议背景下推进中国与中亚五国贸易投资便利化研究 / 韩东著.--2 版.-- 秦皇岛 : 燕山大学出版社, 2022.1
　　ISBN 978-7-81142-960-2

　　Ⅰ.①丝… Ⅱ.①韩… Ⅲ.①国际贸易－国际投资－研究－中国、中亚 Ⅳ.①F752.736

中国版本图书馆 CIP 数据核字(2022)第 000891 号

"丝绸之路经济带"倡议背景下推进中国与中亚五国贸易投资便利化研究
韩　东　著

出 版 人：	陈　玉
责任编辑：	李　冉
封面设计：	石怀升
出版发行：	燕山大学出版社 YANSHAN UNIVERSITY PRESS
地　　址：	河北省秦皇岛市河北大街西段 438 号
邮政编码：	066004
电　　话：	0335-8387555
印　　刷：	英格拉姆印刷(固安)有限公司
经　　销：	全国新华书店

开　　本：700mm×1000mm　1/16	印　张：15	字　数：204 千字
版　　次：2022 年 3 月第 1 版		印　次：2022 年 3 月第 1 次印刷
书　　号：ISBN 978-7-81142-960-2		
定　　价：48.00 元		

版权所有　侵权必究
如发生印刷、装订质量问题，读者可与出版社联系调换
联系电话：0335-8387718

前　言

随着"丝绸之路经济带"倡议的深入推进以及上海合作组织的日益发展，中国与中亚国家的联系日益紧密，贸易和投资合作也呈现良好态势。2013年9月7日，中国国家主席习近平提出"丝绸之路经济带"倡议，为中国与中亚五国贸易投资便利化带来新机遇，这项倡议也得到了中亚各国的积极响应和广泛共识。中国与中亚五国经济贸易互补性较强，经济发展战略、能源战略、通道战略以及外交和安全战略都比较契合，加上地缘和人文优势，这些都有利于中国参与中亚区域经济合作进程的加快。然而中国与中亚五国贸易投资合作中也存在诸多问题，为减少贸易障碍和降低贸易成本，贸易投资便利化进程势在必行。本书主要研究中国与中亚五国贸易投资便利化的推进策略。

本书以中国与中亚五国贸易投资便利化为研究对象，以区域经济合作理论、交易成本理论为依据，沿着"为什么推进中国与中亚五国贸易投资便利化—具备的条件和发展现状—推进过程中遇到的问题—如何解决问题"的思路，提出推进中国与中亚五国贸易投资便利化的对策建议，包括内容模块建设以及需要注意的问题。本书整体可以分为四部分，具体安排如下：

第一部分提出问题并进行基础理论研究。具体包括贸易投资便利化相关概念、理论基础以及国内外文献综述。概念方面，对贸易投资便利化的定义和范围进行列明；厘清了贸易便利化和贸易自由化、投资便利化和投资自由化的关系；明确了贸易便利化与投资便利化的关系。基础理论包括区域经济合作理论和交易成本理论。国内外文献综述方面，总结、评价了国内外有关贸易投资便利化的研究成果。

第二部分为推进条件和推进现状分析。首先介绍了推进中国与中亚五国贸易投资便利化的条件。其次，对中国与中亚五国贸易投资合作发展状况进行分析。包括中亚五国对外贸易和吸引外资概况；中国与中亚五国双边贸易发展现状，并对贸易便利化水平对贸易流量的影响进行定量分析，得出结论：贸易便利化水平越高越能促进双边贸易流量的增长；中国与中亚五国双边投资发展现状，并就中国对中亚五国直接投资影响因素进行实证研究，得出结论：中亚五国的经济自由度指数、清廉指数、能矿资源对中国ODI（对外直接投资）有显著的正影响。

第三部分为存在问题分析。主要从五个角度分析：第一，从中亚安全局势和商业环境角度分析；第二，从合作领域角度进行分析；第三，从合作制度机制角度分析；第四，从贸易投资合作主要执行环节角度分析，主要包括：国际结算、融资保险、交通运输、通关商检、人员流动等五个环节；第五，从区域性经济合作组织角度分析。

第四部分为解决问题的思路。具体包括推进贸易投资便利化的内容模块建设和注意问题。内容模块建设包括：第一，资金结算便利化；第二，融资保险便利化；第三，交通运输便利化；第四，通关商检便利化；第五，人员流动便利化；第六，完善合作机制，主要从建立上海合作组织开发银行角度分析；第七，其他便利化内容，包括完善贸易投资争端解决机制，加强对外贸易投资的政策支持与信息服务以及借鉴中哈霍尔果斯边境合作中心经验，加强边境经济合作区建设。需要注意的问题包括：加强政治互信为保障贸投资便利化顺利推进提供前提；加强人文交流为贸易投资便利化打造坚实的社会和民意基础；加强非资源领域合作有利于贸易投资便利化的长远推进，并以农业合作与环保合作为切入点，阐述中国与中亚五国非资源领域合作的便利化推进问题；以辽宁省为例，具体分析中国省份传统产业进军中亚五国的应对策略。

  本书的主要新意。第一，从宏观和微观两个视角全面分析中亚国家的商业环境。通过文献查询发现，以往有关贸易便利化的研究文献相对较多，但是有关中亚或上海合作组织"双便利化"-贸易投资便利化的研究文献相对较少，在谈及中亚贸易或投资环境时，均从宏观角度笼统阐述商业环境欠佳，本书对中亚国家宏微观商业环境进行了全面分析，为后续研究奠定了坚实的基础。第二，在缜密分析上海合作组织各成员国特点的基础上，提出加快建立上合组织开发银行的模式建议："中哈双边—上合多边"，即先由中哈做起，渐次扩展到全员参与。第三，结合前人研究成果，对中国对中亚五国直接投资影响因素进行实证分析，为后续问题和对策分析提供前提。

目　　录

第 1 章　绪论 ... 1
1.1 研究背景、目的和意义 ... 1
1.1.1 研究背景 ... 1
1.1.2 研究目的 ... 3
1.1.3 研究意义 ... 4
1.2 研究路线和方法 ... 5
1.2.1 研究路线 ... 5
1.2.2 研究方法 ... 6
1.3 研究内容与框架 ... 7
1.3.1 研究内容 ... 7
1.3.2 研究框架 ... 8
1.4 研究重点和难点 ... 8
1.4.1 研究重点 ... 8
1.4.2 研究难点 ... 10
1.5 创新与不足 ... 10
1.5.1 创新之处 ... 10
1.5.2 不足之处 ... 11

第 2 章 国内外文献综述 12

2.1 国外文献研究综述 12

2.1.1 贸易便利化相关文献研究综述 12

2.1.2 投资便利化相关文献研究综述 15

2.2 国内文献研究综述 16

2.2.1 贸易便利化相关文献研究综述 17

2.2.2 投资便利化相关文献研究综述 23

2.3 国内外相关研究文献综述总结 26

2.4 本章小结 26

第 3 章 相关概念和理论基础 27

3.1 相关概念 27

3.1.1 贸易便利化相关概念 27

3.1.2 投资便利化相关概念 29

3.1.3 贸易便利化和投资便利化——贸易投资便利化 30

3.2 贸易投资便利化相关理论 32

3.2.1 区域经济合作理论 32

3.2.2 交易成本理论 34

3.3 本章小结 34

第 4 章 推进中国与中亚五国贸易投资便利化的条件分析 36

4.1 地缘优势 36

4.2 人文优势 37

4.3 中国与中亚五国经济利益契合 38

  4.3.1 经济发展战略契合 38

  4.3.2 经济结构契合 39

  4.3.3 能源战略契合 44

  4.3.4 通道战略契合 44

4.4 中国与中亚五国外交和安全战略契合 45

4.5 上海合作组织为开展贸易投资便利化提供合作平台 47

  4.5.1 制定贸易投资便利化相关政策 47

  4.5.2 初步建立官、民、学并举的贸易投资便利化合作机制 47

4.6 本章小结 47

第 5 章　中国与中亚五国贸易投资合作发展状况分析 50

5.1 中亚五国对外贸易和吸引外资概况分析 50

  5.1.1 中亚五国对外贸易政策及发展概况 50

  5.1.2 中亚五国吸引外资政策及发展概况 57

5.2 中国与中亚五国双边贸易发展分析 67

  5.2.1 中国与中亚五国双边贸易发展现状 67

  5.2.2 贸易便利化水平对贸易流量影响的定量分析 70

5.3 中国与中亚五国双边投资发展分析 77

  5.3.1 中国与中亚五国双边投资发展现状 77

  5.3.2 中国对中亚五国直接投资影响因素的实证研究 81

5.4 本章小结 97

第 6 章　中国与中亚五国贸易投资合作中存在的问题 98

6.1 从中亚安全局势和商业环境角度分析 98

- 6.1.1 地区安全局势依然严峻 98
- 6.1.2 中亚国家的商业环境总体欠佳 100

6.2 从合作领域角度分析 123
- 6.2.1 资源领域仍是贸易投资合作的主力 123
- 6.2.2 非资源领域贸易投资合作方兴未艾 124

6.3 从合作制度和机制角度分析 127
- 6.3.1 制度层面合作形式大于内容，合作协议落地困难 127
- 6.3.2 上合组织金融支持机制不完善 128

6.4 从贸易投资合作主要执行环节角度分析 128
- 6.4.1 资金结算环节 128
- 6.4.2 融资保险环节 132
- 6.4.3 交通运输环节 134
- 6.4.4 通关商检环节 136
- 6.4.5 人员流动环节 139

6.5 从区域性经济合作组织角度分析 141
- 6.5.1 除上合组织外，与中亚五国相关的主要区域性经济合作组织介绍 141
- 6.5.2 俄白哈关税同盟对推进中国与中亚国家贸易投资便利化的影响 143

6.6 本章小结 144

第7章 中国与中亚五国贸易投资便利化的内容模块建设 146

7.1 资金结算便利化 146
- 7.1.1 跨境贸易人民币结算必要性 146

7.1.2 跨境贸易人民币结算可行性 148
7.1.3 推进跨境贸易人民币结算的政策建议 150
7.2 融资保险便利化 153
7.2.1 国内融资支持 153
7.2.2 加强中国与中亚五国贸易投资相关保险支持 155
7.3 交通运输便利化 157
7.3.1 中国与中亚国家交通合作的重要意义 157
7.3.2 现阶段取得的主要成绩 158
7.3.3 推进交通运输便利化的对策建议 161
7.4 通关商检便利化 165
7.4.1 海关及边境管理方面 165
7.4.2 出入境检验检疫方面 167
7.5 人员流动便利化 168
7.6 其他便利化内容 168
7.6.1 完善贸易投资争端解决机制 168
7.6.2 加强对外贸易投资的政策支持与信息服务 170
7.6.3 借鉴中哈霍尔果斯边境合作中心经验，加强边境经济合作区建设 171
7.7 进一步完善合作机制——建立上海合作组织开发银行 172
7.7.1 建立上合开发银行的必要性 173
7.7.2 建立上合开发银行的可行性 182
7.7.3 上合开发银行的模式建议：中哈双边—上合多边 184
7.8 本章小结 191

第 8 章 推进中国与中亚五国贸易投资便利化需要注意的问题....193

8.1 加强政治互信为保障贸易投资便利化顺利推进提供前提 193

8.2 加强人文交流为贸易投资便利化打造坚实的社会和民意基础.....196
8.2.1 中国与中亚五国加强人文交流合作的意义 196
8.2.2 中国与中亚五国人文交流现状与存在的主要问题 197
8.2.3 中国与中亚五国深化人文交流合作的对策建议 199

8.3 加强非资源领域合作有利于贸易投资便利化的长远推进 201
8.3.1 非资源领域合作是各方推进便利化意愿的最大公约数........201
8.3.2 推进非资源领域的贸易投资便利化合作 203

8.4 中国省份传统产业进军中亚五国的风险研究——以辽宁省为例.211
8.4.1 辽宁省传统产业开拓中亚市场的经济基础分析 211
8.4.2 保障措施 212

8.5 本章小结 213

参考文献...214

第1章 绪 论

1.1 研究背景、目的和意义

1.1.1 研究背景

贸易便利化改革主要是指降低进出口成本的政策措施,目前国际社会对政策透明度、效率及货物跨境运输程序一致性的要求越来越高。"贸易便利化"最早是在1996年WTO新加坡部长级会议上提出,在WTO多哈回合谈判中,贸易便利化也是主要谈判议题之一。2013年12月,WTO第九届部长级会议达成首份多边贸易协定"巴厘一揽子协定",其中贸易便利化对全球贸易的影响最为明显,2014年11月27日有关落实《贸易便利化协议》的议定书最终得以通过,有利于进一步提高跨境贸易的效率,降低成本和提升全球贸易额。

中亚五国(哈萨克斯坦、塔吉克斯坦、土库曼斯坦、乌兹别克斯坦及吉尔吉斯斯坦)独特的地缘地位及资源禀赋促使中国必须加强与这些国家的经济合作。近年来中国和中亚地区的贸易和投资合作呈现良好态势,具体表现在:2001年以来,中国和中亚五国的贸易规模表现出高速增长态势,2001—2013年,中国和中亚五国的贸易规模年均增速达38.8%,明显高于中国对外贸易总额年均增速,个别年份对乌兹别克斯坦、哈萨克斯坦等国增速甚至超过800%；直接投资方面，从中国对中亚五国直接投资的存量看，2009—2013年，直接投资规模年均增53%。然而，目前中国和中亚地区的经贸往来并不是畅通无阻，仍存在诸多影响贸易投资便利化的制约因素。

丝绸之路经济带倡议为中国与中亚五国贸易投资便利化带来新机遇。2013年9月7日，中国国家主席习近平在哈萨克斯坦提出，为了使欧亚各国经济联系更加紧密、相互合作更加深入、发展空间更加广阔，可以"用创新的合作模式，共同建设'丝绸之路经济带'"，将其作为一项造福沿途各国人民的大事业，这项倡议得到了中亚各国的积极响应和广泛共识。丝绸之路经济带的地理范畴可以划分为三个逐次延伸的区域：核心区、拓展区、辐射区，共包括50多个国家，30多亿人口。核心区由中国和中亚经济带组成，拓展区指环中亚经济圈，辐射区由欧盟、西亚、日韩、欧亚经济共同体其他国家构成（见表1-1）。由此可见，中亚五国在整个丝绸之路经济带中地缘位置极其重要，是中国通往欧洲的枢纽地区，扼守欧亚大陆心脏。换言之，如果中亚五国在贸易投资便利化方面进展缓慢，必将拖累丝绸之路经济带的建设进程，也必将极大削弱上合组织的影响力和内部凝聚力。

表1-1 丝绸之路经济带区域层级划分（2013年数据）

区域层级	国家或组织	人口/百万	GDP/亿美元	面积/万平方千米
核心区（中国-中亚经济带）	中国	1357.4	92403	959.81
	哈萨克斯坦	17.0	2319	272.49
	乌兹别克斯坦	30.2	568	44.74
	土库曼斯坦	5.2	418	48.81
	塔吉克斯坦	8.2	85	14.26
	吉尔吉斯斯坦	5.7	72	19.99

（续表）

区域层级	国家或组织	人口/百万	GDP/亿美元	面积/万平方千米
拓展区（环中亚经济圈）	俄罗斯	143.5	20967	1709.82
	伊朗	77.4	3689	174.52
	阿富汗	30.6	203	65.29
	巴基斯坦	182.1	2322	79.61
	蒙古	2.8P	115GDP	156.65S
辐射区	欧盟（28国）	509.4*	166037*	432.48
	西亚	238.3*	304*	465.06
	日韩	177.5	62242	47.72
	欧亚经济共同体其他国家	62.4*	262*	87.48

注：欧亚经济共同体其他国家包括乌克兰、白俄罗斯、亚美尼亚、摩尔多瓦；西亚包括科威特、土耳其、也门、以色列、巴勒斯坦、伊拉克、卡塔尔、叙利亚、阿联酋、巴林、沙特阿拉伯、阿曼、约旦、黎巴嫩、塞浦路斯、阿塞拜疆、格鲁吉亚等国家。

数据来源：GDP和人口数据来源于世界银行数据库；国土面积数据来源于世界银行2009年世界发展报告《重塑世界经济地理》附表（清华大学出版社，2009年版，第332~334页）；"*"号为2012年数据。

共建丝绸之路经济带的基本路径是"先易后难"。率先在核心区（中亚经济圈）推进，逐渐向拓展区、辐射区扩散。中亚五国经济发展水平差异较大，市场发育程度不尽相同，开放水平参差不齐。基于现状，近期目标选择难度较低的贸易投资便利化作为起步更为客观，也易于被中亚各国所接受。

1.1.2 研究目的

本书的研究目的是在对现有文献进行梳理的基础上，厘清贸易投资便利化相关概念，基于区域经济一体化和交易成本理论，探讨如何推进中国和中亚五国贸易投资便利化，在分析现有条件的基础上，总结推进中国和中亚五国贸易投资便利化存在的问题,并提出相应的对策建议。

1.1.3 研究意义

本书研究推进中国和中亚五国贸易投资便利化具有一定的现实意义和理论意义。

现实意义:

后金融危机时代,在"共建丝绸之路经济带"大背景下,中国与中亚五国的区域经济合作日益成为受世人关注的重大议题。

推进中国和中亚五国贸易投资便利化具有重要的现实意义,具体体现在以下几个方面:第一,推进贸易投资便利化可以为各国带来收益。以贸易为例,贸易便利化可促使贸易双方互通有无,提高资源配置效率,同时可以丰富消费品种,交易成本的降低意味着转嫁到消费者身上的负担减少,进口国消费者的福利和购买能力也会相应得到提高;以投资为例,改善投资环境,可以增加投资者的投资信心,无论对于东道国招商引资开发项目还是对母国资本输出开拓新市场都十分有利。第二,贸易投资便利化可以产生多方面综合效益,日益成为各国提高自身贸易竞争力的重要因素。首先,贸易投资便利化可以降低交易成本,体现在通关程序、口岸放行手续的简化,企业注册审批手续效率的提高,检验检疫标准的一致化以及物流渠道成本的降低等便利化措施可以直接有效降低交易成本,实现畅通有序的交易渠道;其次,推动贸易投资便利化有助于贸易观念、政策、制度及贸易工具的创新,现代运输系统、信息系统,尤其是电子通关的运用,为贸易投资便利化提供了充足的创新空间;最后,推动贸易投资便利化还可以提高各国政府部门的办事效率,体现在通过减少腐败和提高办事效率可以很大程度上改善贸易和投资环境,各国政府要增强自身贸易投资竞争力,提高行政部门的办事效率极为重要。

本书通过大量的实地考察和实证研究，以及相关职能部门提供的第一手资料，将对中国与中亚五国贸易投资便利化发展状况进行全面梳理，从多个角度系统总结出制约中国与中亚五国贸易投资便利化的主要因素并提出针对性的解决对策，向有关高层决策部门和相关企业提供理论上具有战略性、前瞻性，实践中具有可操作性的高质量的对策建议；同时，可为推进丝绸之路经济带倡议实施提供重要参考依据。

理论意义：

一方面，本书在分析具体的贸易投资便利化举措时，将上海合作组织作为重要的合作平台，探讨其合作机制的建设问题，这是对区域经济合作理论的有益探索；另一方面，本书的研究结果将会丰富贸易投资便利化理论，目前很多贸易投资便利化研究文献将贸易投资便利化等同于贸易便利化，本书在对相关概念进行梳理的基础上，厘清贸易便利化和投资便利化的共同点和不同点，定性分析和定量分析相结合，从实证角度探讨贸易便利化水平与贸易流量的关系以及中国对中亚五国直接投资的影响因素，研究结论可以进一步丰富国际贸易与国际投资等理论。

1.2 研究路线和方法

1.2.1 研究路线

本书以中国和中亚五国贸易投资便利化为研究对象，以区域经济一体化理论和交易成本理论为依据，沿着"为什么推进中国与中亚五国贸易投资便利化—具备的条件和发展现状—推进过程中遇到的问题—如何解决问题"的思路，首先分析推进中国与中亚五国贸易投资便利化所具备的条件基础以及中国与中亚五国贸易和直接投资合作现状，进而分析现阶段贸易投资便利化存在的主要问题；最后，提出针对性对策建议。

1.2.2 研究方法

第一，宏观和微观相结合的方法。从宏观和微观（企业）两个视角全面剖析中亚五国的商业环境。以往研究成果在论及中亚贸易或投资环境时，仅从宏观角度笼统阐述商业环境欠佳，本书在研究此基础性问题过程中，注意宏微观的辩证统一关系，使对中亚五国商业环境的分析更全面、客观、公正，结论更令人信服。

第二，系统分析方法。经济体系是一个复杂的系统，推进中国和中亚五国贸易投资便利化，不能将贸易和投资完全割裂分开，实际上两者之间既有联系，也有区别，相互影响，相互促进。本书运用系统论的思想来分析贸易投资便利化问题。

第三，文献查阅法和实地调查法相结合。对于中国和中亚五国贸易、投资数据以及中亚五国宏微观经济状况都需要通过查阅相关的文献资料进行获取。对上海合作组织开发银行建设、中哈霍尔果斯边境合作中心运作等研究遇到的问题采用专家访谈、现场调研等方式进行。文献查阅的资料具有历史性系统性的特征，而实地调查法可以加深对现实问题的理解和体会，更有助于提出切合实际的对策建议。

第四，定量分析法。通过国内外研究机构网站、统计年鉴、研究报告以及实地调查等渠道获取最新数据资料，使用列表、图形、建模等方法分析相关问题，力求做到时效性与可靠性相结合，突出原创性，经严谨的分析计算，以客观数据说话，使分析论证更科学，更有说服力。

1.3 研究内容与框架

1.3.1 研究内容

本文研究内容共八章,具体结构如下:

第1章,绪论。阐述了本书的研究背景、目的和意义,说明了研究思路、方法、内容及创新和不足之处等。

第2章,国内外文献综述。总结、评价了国内外有关贸易投资便利化的研究成果。

第3章,相关概念和理论基础。介绍贸易投资便利化相关概念,厘清了贸易自由化和贸易便利化、投资自由化和投资便利化以及贸易便利化和投资便利化的关系;阐述了研究的理论基础,为后续研究提供了理论支撑。研究的理论基础有区域经济一体化理论和交易成本理论。

第4章,推进中国与中亚五国贸易投资便利化的条件分析。主要包括:地缘优势;从历史联系和民族关系分析人文优势;中国与中亚五国经济利益契合,体现在经济发展战略契合、经济结构契合、能源战略契合以及通道建设战略契合等四个方面;中国与中亚五国外交和安全战略契合;上海合作组织为贸易投资便利化的推进提供合作平台,体现在制定贸易投资便利化相关政策以及初步建立官、民、学并举的贸易投资便利化合作机制。

第5章,中国与中亚五国贸易投资合作发展状况分析。包括:中亚五国对外贸易和吸引外资概况分析;中国与中亚五国双边贸易发展分析,对贸易便利化水平对贸易流量的影响进行定量分析,得出结论:贸易便利化水平越高越能促进双边贸易流量的增长;中国与中亚五国双边投资发展分析,对中国对中亚五国直接投资的影响因素进行实证研究,得出结论:中亚五国的经济自由度指数、清廉指数、能矿资源对中国ODI(对外直接投资)有显著的正影响。

第6章，中国与中亚五国贸易投资合作中存在的问题。从五个角度予以分析：中亚安全局势和商业环境角度；合作领域角度；合作制度与机制角度；贸易投资合作主要执行环节角度，主要包括国际结算、融资保险、交通运输、通关商检、人员流动等五个环节；区域性经济合作组织角度。

第7章，中国与中亚五国贸易投资便利化的内容模块建设。包括：资金结算便利化；融资保险便利化；交通运输便利化；通关商检便利化；人员流动便利化；完善合作机制，主要从建立上合组织开发银行角度分析；其他便利化内容，包括完善贸易投资争端解决机制，加强对外贸易投资的政策支持与信息服务以及借鉴中哈霍尔果斯边境合作中心经验，加强边境经济合作区建设。

第8章，推进中国与中亚五国贸易投资便利化需要注意的问题。包括：加强政治互信为保障贸易投资便利化顺利推进提供前提；加强人文交流为贸易投资便利化打造坚实的社会和民意基础；加强非资源领域合作有利于贸易投资便利化的长远推进，并以农业合作与环保合作为切入点，阐述中国与中亚五国非资源领域合作的便利化推进问题。

1.3.2 研究框架

具体研究框架如图1-1所示。

1.4 研究重点和难点

1.4.1 研究重点

第一，从实证角度探讨贸易便利化水平与贸易流量的关系以及中国对中亚五国直接投资的影响因素，并重点分析经济自由度指数、清廉指数、能矿资源等因素对直接投资的影响。

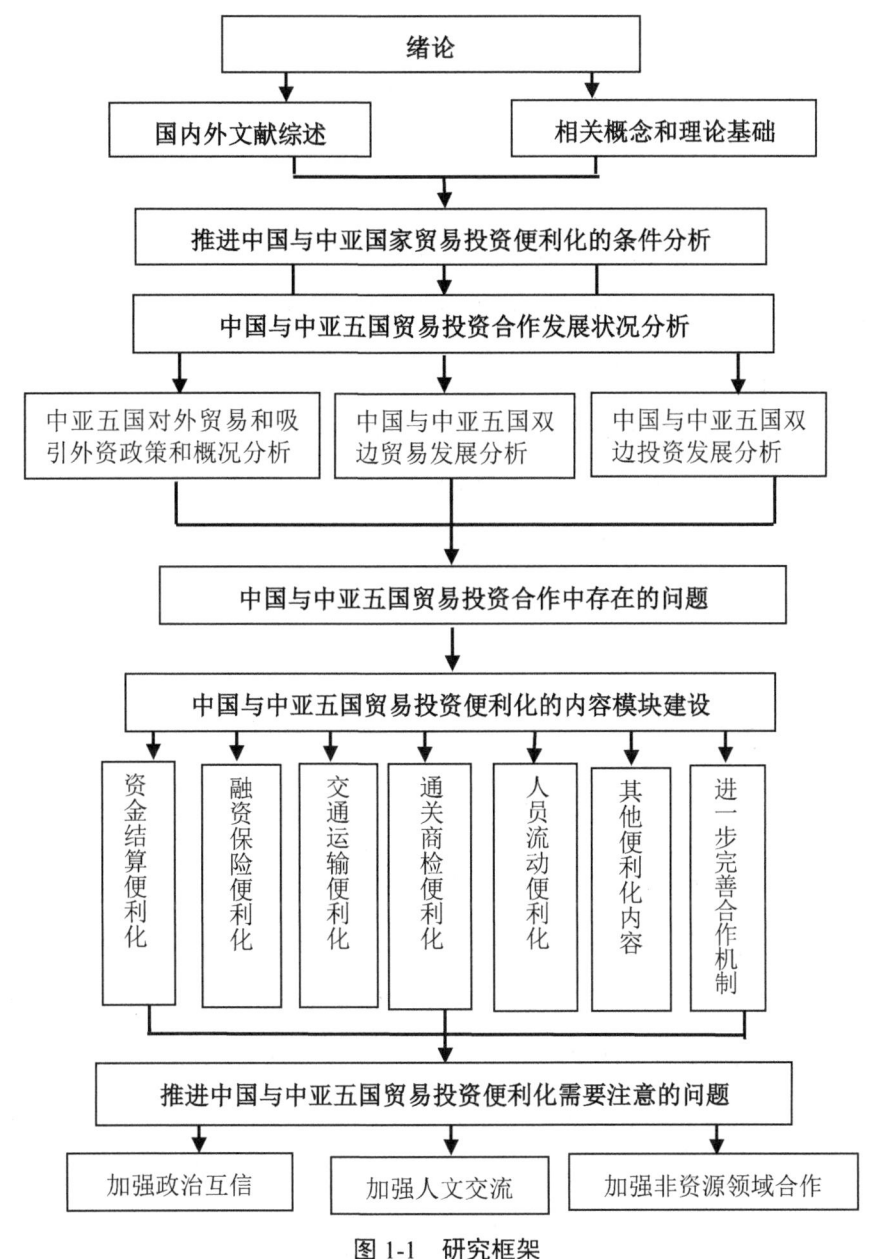

```
                        绪论
                         │
            ┌────────────┴────────────┐
    国内外文献综述                 相关概念和理论基础
            └────────────┬────────────┘
                         │
          推进中国与中亚国家贸易投资便利化的条件分析
                         │
          中国与中亚五国贸易投资合作发展状况分析
                         │
       ┌─────────────────┼─────────────────┐
  中亚五国对外贸易和吸    中国与中亚五国双      中国与中亚五国双
  引外资政策和概况分析    边贸易发展分析        边投资发展分析
       └─────────────────┼─────────────────┘
                         │
          中国与中亚五国贸易投资合作中存在的问题
                         │
          中国与中亚五国贸易投资便利化的内容模块建设
                         │
   ┌──────┬──────┬──────┼──────┬──────┬──────┐
  资金    融资    交通    通关    人员    其他    进一
  结算    保险    运输    商检    流动    便利    步完
  便利    便利    便利    便利    便利    化内    善合
  化      化      化      化      化      容      作机
                                                  制
   └──────┴──────┴──────┼──────┴──────┴──────┘
                         │
          推进中国与中亚五国贸易投资便利化需要注意的问题
                         │
       ┌─────────────────┼─────────────────┐
   加强政治互信        加强人文交流        加强非资源领域合作
```

图 1-1　研究框架

第二，从安全局势和商业环境、合作领域、贸易投资合作主要执行环节、合作制度和机制以及区域性经济合作组织等角度分析中国与中亚五国贸易投资合作中存在的问题，并提出针对性的对策建议。

第三，探讨如何加强中国与中亚五国非资源领域合作以及人文交流合作。

1.4.2 研究难点

第一，理论交叉。本书的完成，需要融合国际金融学、国际贸易学、区域经济学、社会学等多学科理论，如何有效地运用相关理论并使之兼容，是本书的研究难点之一。

第二，实地调研和获取资料难度较大。本书调研的对象包括中国和中亚国家的企业和政府职能部门，数量庞大，分布较散。另外，中亚五国中除哈萨克斯坦外，其他四国统计数据较难获得，甚至个别中亚国家体制封闭、数据可信度差。

1.5 创新与不足

1.5.1 创新之处

第一，从宏观和微观两个视角全面分析中亚国家的商业环境。通过文献查询发现，以往有关贸易便利化的研究文献相对较多，但是有关中亚或上海合作组织"双便利化"-贸易投资便利化的研究文献相对较少，在谈及中亚贸易或投资环境时，均从宏观角度笼统阐述商业环境欠佳，本书对中亚国家宏微观商业环境进行全面分析，为后续研究奠定坚实的基础。

第二，结合前人研究成果，对贸易便利化水平与贸易流量的关系以及中国对中亚五国直接投资影响因素进行实证分析，为后续问题和对策分析提供前提。

第三，全面分析推进贸易投资便利化的举措。通过文献查询，很多文献将贸易投资便利化等同于贸易便利化，本书在厘清相关概念的基础上，对贸易便利化和投资便利化包含的内容进行区分，并在二者共性的基础上突出个性。

第四，在缜密分析上海合作组织各成员国特点的基础上，提出加快建立上合组织开发银行的模式建议："中哈双边—上合多边"，即先由中哈做起，渐次扩展到全员参与。

1.5.2 不足之处

第一，对外贸易和直接投资是复杂的经济大系统中的一部分，受限于本书作者的研究能力，本书无法将能够推进中国与中亚五国贸易投资便利化的所有可能举措一一包含，只能结合现有研究成果及作者自己的观点进行分析，一些举措在研究层次上可能不够深入。

第二，中亚五国某些数据的缺少给本书的研究造成一定程度上的不便。中亚五国中只有哈萨克斯坦的数据比较全面，其他国家尤其是土库曼斯坦，数据较为缺乏，作者只能尽全力收集与之相关的官方数据或二手资料来展开分析，分析结论难免有所纰漏。此外，由于中亚五国独特的战略位置和资源禀赋，很多经济问题会受到政治等因素的影响，数据波动较大，因而在做实证分析时有的变量结果不显著，甚至与现有理论相悖，只能舍弃。

第 2 章 国内外文献综述

2.1 国外文献研究综述

2.1.1 贸易便利化相关文献研究综述

国外不少学者对贸易便利化的经济影响以及制约贸易便利化的影响因素进行分析。Engman M.（2005）对贸易便利化的经济影响进行分析，尤其是贸易便利化与贸易流量、政府收入和外国直接投资之间的关系，研究发现：经过提高和改善的海关程序对贸易流量有显著的提高作用，很多发展中国家通过实施能够提高贸易税收效率的海关现代化项目能够促进政府收入的提高；此外，边境货物运输效率的提高对一国吸引外资流入具有正面作用，且能够更好地融入国际生产供应链中[1]。Kim 和 Park（2004）以中国、日本和韩国为研究对象，探讨贸易便利化程度的影响，研究结果表明贸易便利化程度的上升会促使贸易国实际 GDP 和贸易总量的增长[2]。Francois 等（2005）认为贸易交易费用的降低和便利化水平的提高，会增加世界年均收入[3]。John Raven（2001）在广泛调查和分析的基础上，得出制约贸易便利化的主要方面有：海关的廉洁和效率、口岸管理、商务的诚信水平与合作度、政策框架、支付系统、自动化客户的作用与态度、信息与咨询等[4]。Ben Shepherd 和 John S. Wilson（2009）对亚太经济合作组织的贸易便利化程度进行分析，并对港口基础设施、不规范支付以及关税等变量进行模拟分析[5]。Alberto Portugal Perez 和 John S. Wilson（2012）基于引力模型从硬件和软件设施两个角度对贸易绩效与贸易便利化改革的关系进行分析，其中硬件环境包括物理基础设施，例如港口、机场、公路、铁路基础设施的发展水平；信息通信技术，包括最新通信技术的可用性、技术吸收水平、商务网络使用程度以及政府对信息技术的重视。软件环境包括口岸和交通运输效率，例如进出口单据手续和时间；商业和规制环境，例如政府透明度、政府公信力、进出口不规范支付、打击腐败等要素[6]。Tomasz Iwanow 和 Colin Kirkpatrick（2009）基于引力模型探讨贸易便利化、规制环境和基础设施等要素之间的关系，研究发现：贸易便利化改革有助于提高非洲的贸易额，规制环境和交通、通信设施的改善也是有必要的[7]。Moïsé E.和 Sorescu S.（2013）对发展中国家的贸易便利化措施的影响进行评估，构建了16个与WTO谈判领域相对应的贸易便利化指标，研究结果显示对贸易流量和贸易成本影响最大的指标为与贸易相关信息的可用性、贸易单据的简化、程序的精简以及自动化程序的使用，这些改善措施的联合效果要大于单个措施的加总[8]。

还有的学者针对贸易便利化的部分举措进行专门研究。Hertel等（2001）运用CGE模型分析贸易便利化措施中海关手续、电子商务标准对贸易的影响，研究表明通关手续和电子商务标准两方面的提高有利于贸易额的增长[9]。Otsuki 等（2001）专门研究食品标准对贸易的影响[10]。Fink等（2002）将贸易便利性措施与关税进行相关性分析，研究发现，每天节约的运送时间（部分原因是由于海关加速清关）相当于从价税下降0.5%[11]。Messerlin P. A.和Zarrouk J.（2000）对贸易便利化措施中的技术规则和海关程序进行了研究[12]。

总结一下，考查贸易便利化水平主要有三种方法，具体如表2-1所示：

表2-1 贸易便利化水平考查方法

代表机构	评价方法	评价结果
OECD（经合组织）	从成本与收益角度进行评价[13]	对交易成本减少1%的收入效应进行模拟，发现世界各国收益都有显著增加。直接和间接成本都大幅减少，OECD国家和非OECD国家的收入增幅最大，尤其是非OECD国家增幅最高达63%
APEC（亚太经合组织）	对行动计划的数量评估进行评价[14]	将贸易便利化项目按照海关程序、标准一致化、商务流动性和其他分为四类，考查其完成情况，计算已完成、在进行和悬而未决的比例
World Bank（世界银行）	用计分法研究贸易便利化[15]	构建贸易便利化评价指标体系，主要包括港口效率、海关环境、规章环境及电子商务四个方面，给各国贸易便利化水平打分
WEF（世界经济论坛）		将贸易便利化具体分为四个指标：市场准入、边境管理、交通和通信基础设施以及商业环境

总之，贸易便利化的三种考查方法各有利弊。OECD的方法注重直接成本和间接成本的不易获得性，需要通过实地调研并且估算得到[16]。APEC对贸易便利化项目实施的统计数据只能从侧面反映行动计划的数量信息，项目完成的质量情况难以看出。世界银行的评价方法依靠全球竞争力报告和世界竞争力年鉴中的二手数据，参考相关研究中的评价指标体系，每年动态更新评价结果；世界经济论坛每年发布全球竞争力报告，并多年发布专门的贸易便利化水平报告，综合考查多个方面的指标，对全球绝大部分国家的贸易便利化水平进行排序，计算结果可比性较强，适合作定量分析，当然用打分法评价贸易便利化水平虽然有客观数据，其中也辅助以专家打分，权重设置比较主观，相应评价结果也具有一定主观性。国内外学者在第三种评价结果的基础上进行进一步分析的较多。

2.1.2 投资便利化相关文献研究综述

国外学者对国际直接投资（FDI）的研究主要集中在以下几方面：国际直接投资的本质、对东道国经济增长的效应及影响因素分析、与国际贸易的关联、跨国公司、溢出效应、专利保护等。具体来说，关于 FDI 的本质，有的学者强调"经营资源"，例如小岛清（1987）认为 FDI 是以经营管理上的技术性专门知识为核心；有的学者则强调"控制权"，例如 A.G.Kenwood 和 A.L.Lougheed（1992）认为，FDI 是指一国的某公司在另一国设立分支机构，或获得该国某企业的控制权[17]。OECD（2002）认为外国直接投资对东道国经济增长的影响可以是积极的也有可能是消极的，主要影响机制有新技术和知识的转移、人力资源的形成、东道国日趋激烈的竞争、跨国公司的发展和重组、经济政策实施中存在的阻碍以及经济全球化等。Delfim Gomes Neto 和 Francisco José Veiga（2013）从生产率和技术创新的角度分析 FDI 对东道国经济增长的影响[18]。Rui Moura 和 Rosa Forte（2010）认为外国投资对东道国经济增长的影响依赖于其内部条件（政治、经济、社会、文化或其他因素）。Timo Mitze、Björn Alecke 和 Gerhard Untiedt（2010）对德国与欧盟 27 国的贸易和外国直接投资关联的本质进行分析，通过联立方程的方法对德国区域数据进行分析，发现外国直接投资和国际贸易两者之间存在额外的补充相关性，还发现区域异质性，指出在分析两者交叉关系时有必要考虑区域维度因素[19]。Tajul Ariffin Masron、Abdul Hadi Zulkafli 和 Haslindar Ibrahim（2012）对 FDI 的溢出效应进行分析，以马来西亚制造业为例，采用相关分析法评估 FDI 的溢出效应[20]。Tatsuo Ushijima（2013）通过对知识产权保护和 FDI 之间的关系进行验证，认为加强投资目的地国知识产权的保护可以减少投资者对专有技术外泄的担心，从而促进 FDI 持续增长[21]。

本书主要研究投资便利化，因此重点针对研究投资影响因素的文献进行梳理。随着中国 ODI 规模的逐步扩大以及中国在全球影响力的显著提升，国外很多学者对中国 ODI 的影响因素进行研究。Wang C.等（2012）从制度、产业组织和资源等视角分析中国 ODI 的决定因素，研究发现：政府支持和母国的制度结构作用突出；而技术和广告资源作用不明显[22]。Bala Ramasamy（2012）将中国对外投资的企业按照所有权的不同分为国企和私企，研究认为中国国有企业青睐自然资源丰富且政治环境风险高的国家，而中国的私营企业更倾向寻求东道国潜在的市场[23]。Peter J. Buckley（2007）就中国对外直接投资的决定因素进行研究，认为中国 ODI 与东道国文化相近性、较高的政治风险、东道国市场规模、地理位置以及东道国的自然资源禀赋相关[24]。Kevin Daly（2011）认为中国 ODI 的主要动机与双边和多边贸易关系、市场规模、GDP 增长率以及资源禀赋有关[25]。Yiu 与 Malino（2002）分析了东道国制度因素对于跨国公司进入模式选择的影响[26]。Sumon Kumar Bhaumik（2011）对中国与投资有关的经济合作进行研究，认为中国对自然资源丰富的国家进行投资不具有经济意义，且中国愿意与政治权利较弱的国家合作，资金更多流向腐败水平较低的国家[27]。Ivar Kolstad（2012）将中国 ODI 对象分为经济合作组织（OECD）成员国和非成员国，认为针对经合组织成员国中国 ODI 与其市场规模正相关，针对非经合组织成员国中国 ODI 与自然资源禀赋和制度不规范正相关[28]。Cheung 和 Qian（2008）指出，中国政府能够根据国家目标，通过许可体系或货币控制机制来调控对外直接投资[29]。

2.2 国内文献研究综述

截止到 2015 年 2 月，以"贸易便利化"为题名搜索 CNKI，结果显示：

硕博论文 37 篇，核心期刊 82 篇。从表 2-2 可以看出国内研究中亚地区贸易便利化的文献较少。

表 2-2 贸易便利化研究文献统计

类型	研究区域	文献数量
硕博论文（37）	中亚地区/上海合作组织	1
	东盟/大湄公河次区域	8
	日本/东亚	2
	蒙古	1
	中国	18
	其他	7
期刊（82）	中亚	3
	东盟	9
	东亚	2
	金砖国家	3
	东北亚	1
	上海自贸区	6
	APEC	3
	其他	55

2.2.1 贸易便利化相关文献研究综述

以"贸易便利化"为关键词在 CNKI 搜索，截止到 2015 年 2 月，核心期刊文献数量共有 82 篇。国内学者对贸易投资便利化的研究尚处于起步阶段，研究内容主要集中在贸易便利化的相关理论模型；贸易便利化的重要性，包括经济效益和成本分析、评价指标体系、贸易便利化水平的测算及与贸易流量的关系；贸易便利化协议等。

2.2.1.1 贸易便利化相关理论模型

王俊（2014）构建贸易便利化的理论模型——"三螺旋模型"，对国家、区域贸易组织与多边贸易组织三者之间的关系进行探讨，得出的结论是：贸易便利化是囚徒困境下的选择,需要国家、区域组织和多边组织合力而为[30]。李豫新、帅林遥(2014)利用"电路模型"模拟边境贸易链,将边贸企业视为"电源层",将物流及金融等服务部门视为"传导层",将海关、检验检疫、口岸等监管部门视为"开关层",将政治与政策和环境视为"滑动电阻层",将贸易相对国贸易便利化发展水平视为"电器层",认为这五个环节影响边境贸易便利化作用的机理是:五个环节的作用方向是前后之间层层递进、相互依赖的[31]。

2.2.1.2 贸易便利化水平的评价指标体系、测算及影响

国内学者探讨贸易便利化的重要性,主要是构建贸易便利化评价指标体系,对贸易便利化水平进行测算,进而分析其对贸易流量的影响并提出相关政策建议。国内学者对贸易便利化水平与贸易流量的关系观点基本一致,即贸易便利化水平对贸易流量具有正面影响作用。国内学者基于不同的研究区域探讨贸易便利化对贸易流量的影响。

以中国整体为研究区域对贸易便利化进行研究。例如,周茜(2008)根据层次分析法构建了贸易便利化综合评价指标体系,测算出包括中国在内的48个国家在贸易便利化领域的综合分值,并运用引力模型进行分析,指出各贸易方的贸易便利化水平对中国对外贸易有显著的影响[32]。周升起、付华(2014)探讨了贸易便利化对中国出口贸易的影响,认为基础设施对中国出口影响最大[33]。

以东盟为贸易便利化研究区域,国内学者取得了一系列研究成果,主要包括分析贸易便利化的指标构成、水平测算、经济影响等。方晓丽、朱明侠(2013)对中国及东盟国家的贸易便利化水平分别进行了测算,同时选取了中国、东盟6国之间多边出口流量面板数据,运用贸易引力模型验证了贸易便利化水平对一国出口的影响,其选取的贸易便利化指标主要包括口岸效率、

海关环境、规制环境、电子商务等[34]。孙林、倪卡卡（2013）基于面板数据分析了东盟贸易便利化对中国农产品出口的影响，其贸易便利化指标也包括口岸效率、海关环境、规制环境、电子商务等四部分[35]。

以 APEC 为研究对象，佟家栋、李连庆（2014）利用一般均衡模型探讨在 APEC 内提高贸易政策透明度以及减少腐败现象的经济影响和福利收益，研究发现：福利收益、GDP、贸易额、资本存量、居民效用等均出现不同程度的增加[36]。李坤望（2009）重点分析评估了 APEC 成员实施贸易便利化的成果，引入 CGE 模型进行模拟分析，探讨了 APEC 贸易便利化对于 WTO 谈判进程的推动作用。

以上合组织、独联体以及中亚地区为研究区域探讨贸易便利化问题，主要集中在以下几个方面：

第一，分析贸易便利化水平与贸易流量的关系，并分析存在的问题，提出对策建议。张晓倩、龚新蜀（2015）研究了上合组织贸易便利化对中国农产品出口的影响，认为贸易便利化水平和加入上合组织这两个因素的影响作用最大[37]。程中海、孙培蕾（2014）采用灰色关联模型对中国与中亚周边国家贸易便利化的影响因素进行分析，得出结论：口岸效率、基础设施建设和电子商务环境等三个指标与双方贸易规模的关联度呈现上升趋势；而海关环境指标则呈下降趋势[38]。肖影（2014）使用指标体系赋值法对独联体地区国家的贸易便利化水平进行测算和评价，认为独联体国家贸易便利化水平较低，且改善不显著，独联体区域合作机制在提高区域贸易便利化水平上作用不大，更多是一种排外性的自我保护[39]。艾赛提江、郭羽诞（2012）通过引力模型分析中亚五国的贸易便利化程度，研究发现：物流发展水平、基础设施和海关效率等变量对贸易便利化影响显著[40]。胡颖（2011）首先分析了中国新疆与中亚地区贸易便利化合作现状，从口岸建设、交通基础设施建设、海关通关建设、标准一致化方面介绍现有成绩并总结存在的问题,最后提出政策建议:推进边境口岸"大通关"建设、积极打造国际大通道、加强贸易便利化和经济合作等[41]。韩东(2014)采用政策环境、海关及边境管理、物流和通信设施、商业环境四个指标,应用经调整的国际贸易引力模型,从实证角度探讨了贸易便利化对上海合作组织成员国进出口贸易的影响,最后针对四个指标提出相应的政策建议[42]。

第二,分析具体的贸易便利化举措。从贸易结算角度,玉素甫·阿布来提(2008)分析了人民币在中亚五国对外贸易计价结算中地位较弱的原因,认为制约因素主要有:地缘因素、缺乏市场需求、缺乏制度供给,并从制度安排和政策准备两个角度提出相应政策建议[43]。韩东(2014)分析了中国与中亚国家跨境贸易人民币结算存在的问题,并提出相应的对策建议[44]。上海海关学院课题组(2010)对海关监管制度进行介绍,包括关注贸易便利化的国际组织、海关监管制度以及海关监管制度的新趋势等方面[45]。

第三,研究中亚自由贸易区和上合组织自由贸易区的机制建设问题。何伦志、王德全(2000)较早提出建立中亚自由贸易区的构想[46];王习农(2012)指出建立中国-中亚自由贸易区已初步具备现实的基础和条件,应充分利用中国-亚欧博览会、上海合作组织平台,并将建立中哈自由贸易区作为突破口[47]。李宝琴(2012)以次区域经济合作为视角,提出推动中国-中亚自贸区建设,应率先推动中哈自由贸易区成功建立[48]。王海燕(2009)对中哈自由贸易区的建设前景、机遇和挑战进行了分析[49];陈军和龚新蜀(2011)以中哈边境自由贸易区为切入点,探讨了其贸易影响因素、目标设计和预警问题[50]。张银山、秦放鸣(2014)以丝绸之路经济带为背景,分析了建设中国-中亚自由贸易区的有利条件和制约因素,从理念、平台、基础设施建设以及软环境建设等多个角度提出政策建议[51]。可以看出,国内学者观点基本一致：建设中国-中亚自由贸易区具有重要意义，且具备一定条件，应加快推进。李立凡（2007）探讨了上合组织经贸一体化的设想[52]；张猛、丁振辉（2013）探讨了组建上海合作组织自由贸易区的可能性[53]。

此外，国内学者还以上海自贸区、新疆等地区为研究对象，探讨贸易便利化与贸易流量的关系。例如，何勤、杨琼（2014）以上海自贸区为研究对象，探讨了贸易便利化对贸易流量的影响，研究结果表明：GDP、人均GDP、人口数量以及贸易便利化水平等影响因素中，贸易便利化水平对贸易流量的影响是最大的[54]。李豫新、帅林遥（2014）采用"电路模型"模拟了边境贸易流程与影响因素，分析中国新疆边境贸易便利化的影响因素时采用因子分析与结构方程模型[55]。

表2-3 有关贸易便利化的实证研究文献

研究对象	代表作者	研究方法	选取指标	便利化内容/结论
上合组织	张晓倩 龚新蜀（2015）	引力模型	距离、GDP、是否为上合组织/世界组织成员国、TF	距离指标为负相关，其他指标正相关，且贸易便利化水平和加入上合组织这两个变量影响最大
独联体	肖影（2014）	指标体系赋值法	口岸效率、海关环境、规制环境、电子商务	口岸效率、海关环境、规制环境、电子商务
中亚	程中海 孙培蕾（2014）	灰色关联模型	口岸效率、海关环境、基础设施建设、电子商务	与双方贸易规模的关联度呈现上升趋势的指标有：口岸效率、基础设施建设和电子商务环境；呈下降趋势的为海关环境指标
中亚	艾赛提江 等（2012）	引力模型	GDP、距离、虚拟变量（上合组织、欧亚共同体、共同边界、语言、WTO等）、物流绩效	影响显著的变量：共同边界、语言、贸易双方的GDP、物流绩效等
中国新疆	李豫新 帅林遥（2014）	因子分析与结构方程模型	电子商务、金融支持、物流运输、边贸企业、政策因素、口岸设施、口岸效率	关键影响因子为政策因子和服务质量因子

（续表）

研究对象	代表作者	研究方法	选取指标	便利化内容/结论
东盟	方晓丽等（2013）	引力模型	GDP、距离、便利化水平	口岸效率、海关环境、规制环境、电子商务
APEC	佟家栋李连庆（2014）	CGE模型	出口商和进口商透明度指数；进口透明度指数包括对海关管理的可预见性、贸易政策简化和海关管理简化共11个变量	随着提高透明度和降低腐败程度，全球各经济体都会获得显著的贸易和福利收益
上海自贸区	何勤杨琼（2014）	引力模型	GDP、人均GDP、人口数量、距离、TF	TF是对贸易流量影响最大因素，口岸效率、海关环境、金融服务、制度环境
中国	周升起等（2014）	引力模型	GDP、人均GDP、关税、距离、TF、是否与中国接壤、是否为APEC或东盟成员国	基础设施、电子商务、规制环境、海关环境。基础设施对中国出口影响最大，其次是电子商务，规制环境和海关环境的影响不显著

注：TF代表贸易便利化水平。

从表2-3可以看出，对贸易便利化进行实证研究主要有三种模型，一是可计算的一般均衡模型（Computable General Equilibrium，CGE），二是引力模型（Gravity Model，GM），三是灰色关联度模型。CGE模型主要从成本和收益角度分析贸易便利化，引力模型和灰色关联度模型主要分析贸易便利化对贸易流量的影响。在贸易便利化研究对象方面，以往针对世界范围或者发展中国家群体的实证分析较多，而针对特定区域组织成员国之间的研究较少，近年来国内学者对东盟贸易便利化的分析逐渐增多，但对上海合作组织、中国-中亚地区贸易便利化对进出口贸易影响的实证研究太少，这与上海合作组织及中亚在全球经济贸易领域所扮演的日益重要的角色不相匹配。

2.2.1.3 WTO 框架下的贸易便利化协议

朱永强、高正桥（2003）对WTO框架下贸易便利化问题进行了研究，认为提升发展中国家的贸易便利化水平是WTO框架下推进贸易便利化的核心问题[56]。杨荣珍、王玮（2014）对2013年WTO第九届部长级会议达成的"巴厘一揽子协议"中最重要的文件——《贸易便利化协议》的影响进行分析，认为《协议》可以降低贸易成本，减少贸易障碍[57]。张立莉（2009）对WTO框架下贸易便利化问题进行研究，主要关注谈判进程、成本和收益、中国推进贸易便利化的现状及问题等[58]。

2.2.2 投资便利化相关文献研究综述

以"投资"和"便利化"为关键词作为题名在CNKI中搜索，截止到2015年1月共有硕博论文7篇、期刊文章17篇。

表 2-4 投资便利化研究文献统计

类型	研究区域	文献数量
硕博论文（7）	中亚/上海合作组织	1
	东盟/大湄公河次区域	2
	东亚	1
	中俄	2
	APEC	1
期刊（17）	中亚/上海合作组织	1
	东盟	2
	东亚	1
	上海自贸区	1
	APEC	3
	其他	9

2.2.2.1 对外直接投资影响因素

国内学者对中国ODI的影响因素也进行了广泛的研究。项本武（2009）

研究发现影响中国 ODI 的因素有东道国市场规模、以出口度量的双边贸易联系及双边汇率等，且中国对东道国的直接投资缺乏连续性[59]。邱立成（2008）从母国角度分析影响中国 ODI 的宏观经济因素，认为对外贸易、资源需求、工资水平等因素对中国 ODI 有显著的影响[60]。陈恩（2011）对2007—2009 年中国 ODI 进行研究，认为该阶段中国 ODI 以市场追寻为目的，而汇率、通货膨胀率、投资保护制度、自然资源禀赋与距离等不是影响中国 ODI 的主要因素，这与国外学者研究结论有所不同[61]。此外，国内学者还针对中国具体投资区域进行研究，例如非洲、美国、日本和英国等。以非洲为例，沈军（2013）主要从金融发展和国家风险两个视角分析中国对非洲 ODI 的影响因素[62]。陈岩（2012）则选择从资源和制度两个视角分析中国投资非洲的决定因素[63]。张娟（2013）对中国民营企业在非洲的 ODI 决定因素进行研究，认为中国民营企业主要受到市场规模、东道国与中国的文化相近性影响，而自然资源禀赋则不是主要影响因素[64]。

总之，在中国对外直接投资的影响因素方面，国内外学者的观点大致相同，但国外学者更倾向于中国企业的"资源寻求"动机以及东道国的政治和制度因素；国内学者更关注自然资源禀赋以外的其他因素，例如贸易、金融、国家风险、文化等因素。通过文献查询，中国对中亚五国 ODI 影响因素的研究文献相对较少，且现有研究主要关注中亚五国的投资环境和投资领域，缺乏对投资影响因素的实证研究。例如，许云霞（2010）从新疆视角分析对中亚 ODI 的投资现状，认为中亚国家的投资政策与环境、新疆对外投资管理体制、服务机制及产业发展水平是制约新疆对中亚投资的主要因素[65]。段秀芳（2010）针对中国对中亚五国投资区位进行了分析并提出产业选择建议[66]。虽然，李东阳（2012）通过实证方法研究中国对中亚五国 ODI 与双边贸易之间的关系，但并没有涉及其他影响因素[67]。现有文献在解释中国对中亚五国

ODI 影响因素方面不够全面和系统，本书在分析中国对中亚五国 ODI 现状的基础上，立足中亚五国的经济现实，结合现有文献选取多个指标，通过实证方法研究中国对中亚五国 ODI 的影响因素。

2.2.2.2 推进投资便利化具体举措方面

表 2-5　投资便利化研究内容

研究对象	代表作者	投资便利化内容
上合组织	徐雅雯（2012）[68]	交通运输、能源、通信、农业等领域
东盟	徐佳宁（2013）[69]	资金结算、投资准入、海外投资保险、交通运输、自由贸易区
中俄	张建华（2011）[70]	资金结算、投资准入、投资保护、投资待遇、争端解决
APEC	刘重力等（2014）[71]	投资环境、投资政策、投资准入、国际合作等

徐雅雯（2012）对上海合作组织投资便利化问题进行研究，选取主要投资领域进行分析，例如交通运输、能源、通信、农业等领域，提出加快国际大通道和大通关建设以及加快人民币国际化进程等建议。徐佳宁（2013）对中国-东盟投资便利化促进问题进行研究，从东道国、母国及区域三个层面，分别就投资准入、投资保护、交通运输便利化、资金结算等问题提出政策建议。张建华（2011）对中国和俄国之间投资便利化的路径进行研究，认为要加速投资便利化应遵循五个方面的原则：简化投资准入、提升投资待遇、强化投资保护、公平解决争端、方便利润汇回等。刘重力、杨宏（2014）从八个方面介绍了 APEC 投资便利化行动计划（IFAP），分别是：提升投资政策的开放性和透明度，加强投资环境稳定性和投资保护，提高投资政策的可预测性和一致性，提高投资效率和有效性，建立建设性的利益攸关关系，改善投资环境，监督和评估投资政策的实施，加强国际合作等。

2.3 国内外相关研究文献综述总结

总结一下,相对于其他地区的贸易投资便利化研究文献,目前国内外学术界对中亚与中亚五国贸易投资便利化的研究文献数量较少。研究内容上,定性分析较多,定量分析较少。贸易便利化方面,具体措施分析不够全面,现有文献侧重于贸易结算、交通运输便利化,对通关商检、人员流动、融资保险以及贸易投资保护和争端解决方面研究较少。投资便利化方面,有关上合组织开发银行的研究文献较少;非资源领域虽然提法较多,但对具体投资领域的分析还有待完善。

2.4 本章小结

本章主要对国内外研究贸易投资便利化的文献进行梳理,为后续研究打下基础。国外文献研究综述主要包括贸易投资便利化的效应、影响因素分析以及直接投资影响因素分析两部分内容。国内文献综述主要包括贸易便利化的理论模型、贸易便利化水平测度及其与贸易流量的关系、自贸区建设、贸易便利化政策、投资便利化研究内容及直接投资影响因素等六个方面内容。

第3章 相关概念和理论基础

3.1 相关概念

3.1.1 贸易便利化相关概念

3.1.1.1 贸易便利化概念

贸易便利化最早是1996年在新加坡部长会议上提出的，当时一共提出了关于国际贸易的四个议题，贸易便利化是其中之一[72]。如表3-1，目前"贸易便利化"定义众多，没有形成统一明确的定义。综观表3-1，可以看出，各组织对贸易便利化的定义和涵盖范围的共同点，均在于减少贸易障碍，降低贸易成本。

表3-1 贸易便利化定义[73]

定义机构	贸易便利化定义	涵盖范围
WTO（世界贸易组织）	简化和协调国际贸易过程，包括国际贸易货物运输有关的收集、展示、交流和处理数据及其他所需信息的各项活动、实践和手续[74]	包括进出口程序（如海关或许可证程序）、运输手续、支付、保险和其他金融需求等；贸易便利化两个基本方面：削减货物进出口的烦琐程序，海关程序信息的获得性
UNCTAD（联合国贸易和发展会议）	将任何缓解贸易事务、降低贸易事务周转时间和成本的措施都概括为贸易便利化	手续，程序，文件和标准的使用，贸易交易的电子信息；改进货物运输服务，法律框架，运输和通信基础设施，服务提供者和用户对电子信息技术工具的使用；贸易相关信息的传播

（续表）

定义机构	贸易便利化定义	涵盖范围
OECD（经济合作组织）	精简国际贸易流程、简化与贸易相关的程序，使国际贸易和商品流转在国内与国际两个层面都变得更加容易[75]	2013年5月，OECD发布了最新的《贸易便利化指标》，该指标涵盖了事先裁定、上诉程序、贸易参与度、费用与收费、治理与公正、内部边界机构合作、信息可信性、文件手续、手续自动化、手续程序等内容[76]
World Bank（世界银行）	一系列复杂的边境措施，包括所有引起海关制度、监管改革及提高港口效率的措施，旨在使贸易过程更简单、成本更低[77]	关注的焦点有：基础建设投资、海关现代化和过境环境、精简所需文件和信息流动过程、自动化和电子数据交换、港口效率、物流和运输服务、监管
WCO（世界海关组织）	避免不必要的贸易限制措施。现代科技和国际协调控制对贸易便利化的实现很重要[78]	增加商品通报，提高文件的透明度，使过程简化和标准化，鼓励尽量多地应用IT加速清关[79]
WEF（世界经济论坛）	没有进行专门定义，只是具体描述评价指标体系，2009年首次发布《The Global Enabling Trade Report》	将贸易便利化具体分为四个指标：市场准入、边境管理、交通和通信基础设施以及商业环境
APEC（亚太经合组织）	宗旨是消除国际贸易往来中的障碍，包括统一标准和认证的要求、规范原产地、行政管理的方法和措施、海关通关的程序等[80]	将贸易便利化行动措施分为四大类：海关程序、标准和一致化、商务流动以及电子商务
ECOSOC（联合国经济与社会理事会）	通过综合协调降低贸易中的交易成本，保证各项活动的高效性、透明性以及可预见性，并且建立的基础是国际上通行的规范、标准和惯例	基本内容有：简化或取消烦琐的程序；协调法律法规；改善基础设施，使其标准化；统一信息通信技术，保证通信和交流的无障碍

3.1.1.2 贸易便利化和贸易自由化的区别与联系

贸易便利化和贸易自由化的区别主要有两点：一是，两者关注的重点不同，贸易便利化关注的是如何通过简化程序、协调标准或采用其他方法减少贸易障碍，降低交易成本，通常包括海关和口岸通关效率提高、检验检疫标准一致化、交通便利化、人员流动便利化等几个方面；贸易自由化关注的是如何创造公平的国际贸易环境，通常通过贸易谈判实现降低关税，从而促进区域内的商品互通有无。二是，二者形成动因不同，贸易便利化的动因在于随着贸易自由化的不断提升，制约国际贸易的主要原因不再是传统的关税和非关税壁垒，而是由于口岸效率低下、通关不畅、标准不一致、政策透明度较低造成交易成本大幅提升，进而成为影响贸易流量的主要因素，因此推进贸易便利化势在必行；贸易自由化的动因是，随着世界经济的发展，经济全球化和国际分工成为趋势，加强国家之间的贸易往来并推进贸易自由化便具有一定的必然性[81]。尽管贸易便利化与贸易自由化有一定的区别，但不能将二者完全独立并割裂开来，实际上二者还存在一定的联系。一方面，贸易自由化是贸易便利化的前提，如果两国之间有较高的关税壁垒，甚至市场准入问题都没有解决，贸易往来极少，贸易便利化也就失去了存在的依托；另一方面，贸易便利化和贸易自由化的最终目标相同，都是实现世界或区域范围内要素的自由流动和资源的最佳配置，二者紧密相连，可以看成是一个整体。

3.1.2 投资便利化相关概念

3.1.2.1 投资便利化定义和内容

投资便利化作为一个独立的议题提出始于 2008 年 APEC 公布的《投资便利化行动计划（IFAP）》。IFAP 首次给予投资便利化定义："投资便利化是政府采取的一系列旨在吸引外国投资，并在投资周期的全部阶段上使其管理有效性和效率达到最大化的行动或做法。"

投资便利化的内容，根据前文文献综述，通常包含六个方面的内容：资金结算、投资准入、投资保护、投资待遇、争端解决、国际合作。资金结算主要是指将在东道国获得的利润顺利汇回母国；投资准入主要是指投资领域的开放和在东道国设立企业和管理企业程序的简便；投资保护主要是指东道国在投资企业面临征收风险、政治风险等非商业风险时，对投资企业提供的保护措施和保护力度以及母国是否具备完善的海外投资保险制度；投资待遇主要是指东道国是否给予投资企业非歧视待遇、最惠国和国民待遇等；争端解决主要是指发生法律纠纷时管辖权的归属；国际合作主要是指通过建立自由贸易区等经济合作形式促进两国投资便利化。

3.1.2.2 投资便利化与投资自由化的区别和联系

投资便利化与投资自由化的关系类似于前文分析的贸易便利化和贸易自由化的关系，即二者既有区别又相互联系。一方面，二者有所区别，侧重点不同，投资便利化内容上更为具体，包括审批效率的提高、腐败的减少或消除、资金结算便利化等多方面内容；投资自由化更关注市场准入和投资待遇问题，例如实现国民待遇、公平公正待遇等。另一方面，二者相互补充，相互促进，最终在区域或全球范围内合理配置各类资源。

3.1.3 贸易便利化和投资便利化——贸易投资便利化

无论是文献研究还是实际政策制定，通常将贸易便利化和投资便利化合二为一，即简称为"贸易投资便利化"，通过文献查询只有少数学者将二者区分对待，大多数学者在研究"贸易投资便利化"问题时，实际上将其等同于"贸易便利化"，较多关注了二者的共性，忽视了"投资便利化"的独特之处。二者的共同点在于都是通过相关程序和手续的精简，使贸易和投资环境更为透明，降低交易成本；且二者之间存在关联效应，投资便利化有助于带动贸易额的提升，贸易便利化的推进也会促进直接投资需求的放大。但二者也有不同之处，主要体现在具体执行环节方面，毕竟二者属于不同的活动，国际贸易强调两个国家之间商品和服务的流动，直接投资则是强调一国企业到另外一国进行投资设厂，开展经营活动，二者在大部分内容上有共通之处，推进贸易便利化直接有利于投资便利化，但贸易便利化不能完全涵盖投资便利化，例如，在企业运营方面，对外投资是在东道国设立企业，其商业环境与外贸企业的母国商业环境有极大的差异；在保险方面，二者保险险别也不相同，贸易便利化涉及的险种是出口信用保险，投资便利化所涉及的险种是海外投资保险；在人员流动方面，直接投资劳务人员流动的附加条件要明显多于贸易业务员。本书将二者主要内容通过列表形式进行展现并加以对比，并在后续研究中既分析二者的共通之处，也突出各自特点。具体见表3-2。

表3-2 贸易便利化和投资便利化内容

具体执行环节	贸易便利化	投资便利化	
资金结算	贸易结算	将利润汇回母国	√
交通便利化	进出口货物运输	机器设备运输	√
人员流动	进出口贸易人员	直接投资的管理人员、劳务人员等	×
通关商检	进出口货物	机器设备	√
保险/法律	出口信用保险、争议解决	海外投资保险、争议解决	×
企业运营环境	国内商业环境	东道国商业环境	×
自由贸易区	降低税率水平	给予直接投资税收优惠待遇	√
中亚国家相关政策	贸易政策	投资政策	×

注：若贸易便利化能够涵盖投资便利，则√；相反，不能完全涵盖，则×。

3.2 贸易投资便利化相关理论

贸易投资便利化相关理论，主要包括区域经济合作理论、交易成本理论。

3.2.1 区域经济合作理论

区域经济合作理论是与贸易投资便利化相关的重要理论基础，通常认为区域经济合作包含国际经济合作和区域经济一体化两个方面。国外学者对区域经济一体化的研究范围很广泛，包括区域经济一体化的模式路径、制度建设、投资效应、贸易效应等多个方面。Shintaro Hamanaka（2012）提出了区域经济一体化的两种可能路径：整合与扩张，并明确了两种方法在谈判时间、协议范围和成员国发展方面等演变参数的不同之处，以及每种路径的区域协议背后的驱动力；还从演变参数和驱动力角度分析了亚洲区域性协议的三种可能路径：东盟自由贸易协定、TPP 和亚太贸易协定[82]。Stephan Haggard、Jennifer Lee 和 Marcus Noland（2012）以中国和朝鲜跨国经济合作为例，分析经济一体化过程中的制度建设，认为在中国市场经济体制背景下，中朝经济合作必须解决法律和制度弱化问题，否则将会影响跨国经济合作的领域和程度[83]。Alvaro Cuervo-Cazurra 和 C. Annique Un（2007）对区域经济一体化对公司研发投资的影响进行研究，研究发现主要有两方面影响：一方面，区域经济一体化会促使公司加大内部研发力度从而提高技术竞争力；另一方面，要素市场的便利使得公司更容易将技术外包，经过实证研究发现，区域经济一体化对研发投资的影响驱动力主要在于产品市场，即公司不仅加大内部研发而且会将更多技术外包[84]。Hatice Kerra Geldi（2012）对区域一体化协议的贸易投资效应进行研究，采用引力模型和面板数据进行分析，研究发现投资效应的解释力超过了贸易效应[85]。

根据区域经济一体化的程度，区域经济合作模式的主要类型有：优惠贸易安排（Preferential Trade Arrangements），自由贸易区（Free Trade Area），关税同盟（Customs Union），共同市场（Common Market），经济同盟（Economic Union），完全经济一体化（Complete Economic Integration）。

优惠贸易安排是最低级最松散的一种区域经济一体化形式，表现在各成员国仍然保留原有的关税制度和结构。自由贸易区理论以米德（J.E.Meade）为代表，认为自由贸易区会产生"贸易偏转"效应[86]，因而有必要采用"原产地原则"。自由贸易区成员国之间废除关税与数量限制，使区域内各成员国的商品自由流动，但每个成员国仍保持对非成员国的独立贸易壁垒；自由贸易区理论主要从政治经济学的视角对其收益进行解析，是贸易便利化的重要形式之一。关税同盟是指两个或两个以上的国家完全取消关税或其他壁垒，对非成员国实行统一的关税壁垒而缔结的同盟，是比自由贸易区高一级的一体化形式。关税同盟理论的渊源可以追溯到19世纪德国F.List的保护贸易理论，认为其实质是集体保护贸易。1950年，美国经济学家维纳（J.Viner）对关税同盟理论作出进一步解释，在《论关税同盟问题》中提出关税同盟的贸易创造和贸易转移效应，注重对关税同盟实际效果的定量分析，开创了战后关税同盟理论研究的新阶段[87]。关税同盟理论的假设前提是完全竞争理论，有一定的局限，对关税同盟的静态效应，例如行政费用的降低分析较多，对动态效应，例如对成员国就业、产出、物价水平等方面所造成的影响分析不足。共同市场是指成员国之间除了完全废除关税与数量限制外，成员国的生产要素也实现自由流动，如允许劳动、资本等在成员国之间自由流动。T.Scitovsky（1958）和J.F.Deniau（1962）对共同市场进行动态分析并提出大市场理论，认为共同市场的目的是把以往被保护主义分散孤立的小市场统一起来，组合成大市场，通过大市场激烈的内部竞争，实现大批量生产等的技术利益和规模效应[88]。经济同盟将成员国的经济组织形成一个整体，具有统一的货币、社会福利等制度及其相应的机构，并在一定程度上执行共同的对外经济政策，与前几种形式相比，最大的不同之处在于它具有新的超国家的权威机构。完全经济一体化是区域经济一体化的最高形式，目前还未形成这种形式的组织。

3.2.2 交易成本理论

交易成本理论的代表人物为 Ronald H.Coase，早在 1937 年就在《企业的性质》一文中提出："交易成本是获得准确市场信息所需要的费用，以及谈判和经常性契约的费用。"其基本思路是将交易作为分析单位，围绕节约交易费用的重心，分析不同交易的特征因素，继而探讨根据交易类型采用相应的体制组织进行协调。O.E.Wimamson 认为交易成本分为事先的交易费用和签订契约后的后续费用。K.J.Arrow 认为交易成本是经济制度的运行费用，交易成本可以看成是由信息搜寻成本、谈判成本、缔约成本、监督成本以及可能的违约成本所构成。

与企业经营类似，国际贸易也存在交易成本，主要是指进出口环节所发生的相关费用，例如口岸效率的低下、海关手续的不透明和繁杂、交通运输的不便利等都会增加贸易的成本。推进贸易投资便利化的实施，加强基础设施建设，完善贸易和投资环境，加强政策法规透明度以及区域经济合作，都能降低贸易和投资过程中的交易成本，增强贸易和投资积极性，对贸易和投资双方都具有重要的积极意义。

3.3 本章小结

本章主要介绍贸易投资便利化的相关概念和理论基础。概念方面，首先，对贸易便利化定义进行介绍，阐述贸易便利化和贸易自由化的区别与联系；其次，介绍投资便利化定义和内容，阐述投资便利化和投资自由化的区别与联系；第三，对贸易便利化和投资便利化的范围进行比较分析。理论基础方面，贸易投资便利化相关理论，主要包括区域经济合作理论、交易成本理论，其中，区域经济合作模式的主要类型有：优惠贸易安排，自由贸易区，关税同盟，共同市场，经济同盟，完全经济一体化。

第4章　推进中国与中亚五国贸易投资便利化的条件分析

4.1 地缘优势

中亚五国都是内陆国家，均无出海口，远离海洋，缺少与其他国家的海运联系，区位劣势成为中亚五国经济发展的瓶颈之一；但其位于亚欧大陆的结合部，经过中亚五国的交通线可以大大缩短太平洋与印度洋、太平洋与大西洋之间的运输距离，进而加强亚洲与欧洲甚至亚洲与非洲的经济联系。中国新疆地区作为中国向西开放的桥头堡，与中亚五国中的哈萨克斯坦、塔吉克斯坦、吉尔吉斯斯坦接壤，还与乌兹别克斯坦、土库曼斯坦邻近，为中国与中亚五国贸易投资便利化的推进节省了空间距离。近年来，经过新疆通向中亚的铁路基础设施建设不断完善，例如，被誉为"新丝绸之路"的"渝新欧"铁路于2011年3月正式投入运营，较航空货运成本节约50%左右，较海运时间大约节省70%，缩短了中国西部地区同国际接轨的时空距离，成为连接亚欧两大经济体的国际铁路联运大通道。2012年12月，中国霍尔果斯口岸与哈萨克斯坦阿腾科里口岸铁路顺利接轨，这是继新亚欧大陆桥阿拉山口口岸站之后，中国第二条向西开放的国际铁路通道正式开通。2014年兰新高铁的投入运营，不仅使青藏高原告别无高铁的历史，还能够大大提升亚欧大陆桥铁路通道的运输能力。在建设丝绸之路经济带背景下,新疆将交通运输通道建设放到重要位置,并规划出三条通道,分别是:从渤海湾经内蒙古进新疆北疆地区,一直到哈俄边境;从上海经过兰州、乌鲁木齐到哈萨克斯坦;从格尔森通达南疆到巴基斯坦、吉尔吉斯斯坦边境,这些通道的建成将进一步减少中国与中亚地区乃至欧洲地区的时空距离。

4.2 人文优势

推进中国与中亚五国贸易投资便利化的人文优势主要体现在中国和中亚五国具有密切的历史联系和中国新疆地区与其相似的民族构成。

一方面,从历史联系看,中国与中亚五国有着深厚的历史渊源,古代的"丝绸之路"体现了中国与中亚五国的密切联系。公元119年,张骞出使西域开启了中国和中亚国家直接联系的序幕。此后,中国与中亚地区的政治经济交往从汉朝、隋朝、唐朝、元朝及清朝一直延续到中华人民共和国的成立。近一个半世纪里,中国与中亚的自然联系虽然发生过断裂,但中国与这一地区久远浓厚的历史联系所形成的深厚积淀,只是被封存,但没有消失[89]。苏联解体之后,中国是当时世界上最早承认中亚国家主权并与其正式建交的国家之一,从此中国与中亚五国的关系稳步发展。近些年来,中国进一步推进睦邻友好政策,巩固和深化双边关系,加强与中亚国家的各个领域合作,借助上海合作组织平台,中国与中亚国家联系更为紧密。

另一方面,从民族关系看,中国与中亚五国共有同源跨国民族9个,具体包括哈萨克族、维吾尔族、俄罗斯族、回(东干)族、柯尔克孜(吉尔吉斯)族、塔吉克族、乌孜别克(乌兹别克)族、塔塔尔族和汉族,这些民族都是中国新疆维吾尔自治区的主体民族。中国与中亚跨国民族的存在,促进了一种特有的跨国民族文化共有观念的形成。跨国民族通过自身民族的纽带作用，促进双方的政治、经济、文化交流，他们浓厚的民族、宗教、文化情结和长期以来密切不间断的经济社会文化联系，形成中国与中亚各国相关地区开展合作的独特人文资源优势[90]。在经济交往活动中，跨界民族基本不存在语言障碍，例如，哈萨克族与维吾尔族之间不需要翻译就可以直接交流，且生活习惯相近，民风民俗相似，中国新疆地区与中亚五国沟通比较容易，为推进中国与中亚五国贸易投资便利化增添助力。

4.3 中国与中亚五国经济利益契合

4.3.1 经济发展战略契合

横看整个丝绸之路经济带，能够发现，在经济发展程度上整个区域大体呈现"U"型特征。经济带的两端亚太经济圈（中日韩）、欧洲经济圈（欧盟成员国）处于"U"型的两个高端，中亚经济带（主要指中亚五国，更大范围也可加入环中亚经济圈）处于"U"型的凹陷底端。中亚五国对此有极为清醒的认识，在各自的发展规划中制定出详细的发展任务。如作为中亚领头羊的哈萨克斯坦，2010年1月9日，纳扎尔巴耶夫总统发表《哈萨克斯坦的新十年、新经济腾飞、新机遇》国情咨文，文中指出，2020年前十年是《2030年前战略》承上启下的关键时期，最终目标是进入世界前50强最具竞争力国家行列。这期间，哈经济领域的主要任务是发展多元化经济，加快工业化和基础设施建设进程，加强地区一体化，大力吸引外资，实现经济可持续发展，提高民众生活水平。2013年9月，中国国家主席习近平提出建设"丝绸之路经济带"，这一倡议得到中亚国家的积极认同，在共建丝绸之路经济带的背景下，中国政府鼓励电力、家电、纺织、农业、环保、电子等非资源领域有实力的中国企业到中亚五国投资兴业,加大进口中亚五国的农产品以优化贸易结构,并为中亚五国的企业到中国参加、举办展览会提供便利。可见,中亚五国有发展贸易和引进外资的需求,中国政府也有对外贸易和直接投资的希望,双方在经济发展战略上是契合的。

4.3.2 经济结构契合

4.3.2.1 中亚五国加工制造业水平低、能源资源优势明显

"产业分工"是苏联时期各个加盟共和国产业结构的最主要特征。考虑到各加盟共和国的经济发展水平和资源禀赋不同,苏联将全国分为19个基本经济区来保证苏联经济有计划、按比例地协调增长。在每个基本经济区内,根据各地区(基本经济区内的不同地域)的气候条件、资源储量、生产力水平、人口数量、民族分布,采取"地域生产综合体"形式组织生产。地域生产综合体的建立依托于交通条件、人口密度、能源资源的富集程度等因素,着重发展原材料开采工业和能源工业,并在此基础上进一步发展加工工业。从生产部门的性质来看,每个基本经济区内都有三类部门:具有全局意义的专业化部门、为专业化部门服务的配套部门以及满足自身消费的自给性部门。地域生产综合体彼此之间都相互制约,相互联系,形成有机的整体。换句话说,"每个基本经济区既有自己相对完整的工业体系,同时也是全国生产分工的一部分"[91]。

苏联解体后,原有的分工协作关系被打破,中亚五国的经济又陷入彼此孤立的局面。时至今日,中亚五国以能源资源开采加工为主的经济结构使得经济发展极易受外部国际市场波动的影响。这些国家每年都需要进口大量外国制成品,而本国产品在国内市场占有率极低。中亚五国加工制造企业的生产能力和竞争能力过低的原因主要体现在以下几个方面:首先,企业设备总

体比较落后。以五国中工业基础相对较好的哈萨克斯坦为例，从 2011 年哈国相关统计数据可以看出，哈国生产效率和能源综合利用率比较低，冶金工业的单位能耗高出发达国家大约 3 倍，全国电网损失量平均为 15%，约 31% 的高压电线已经工作 30~40 年，约 26%超过 40 年，热力网中有 60%的管线超过服役年限。其次，固定资产投资陷入恶性循环。加工制造业竞争力差、效益低，企业缺乏追加投资的积极性。五国中，固定资产投资率最高的哈国也仅为 15%左右，这几个国家均陷入"竞争力低—市场需求差—经济效益低—再投资率低—竞争力更低"的恶性循环。再次，劳动力素质不高，企业科技研发能力弱。相关的教学、科研、培训的投入严重不足，本国的科技人才队伍和技能型工人队伍没有成长起来，很多本土企业和合资企业宁愿直接雇用外籍员工也不愿投资培训本国的劳动力，薪酬较高的技术和管理工作大多由外籍员工从事。工业领域的科研投入占总投资比重过低，比例最高的哈国也仅为 4%左右。最后，产品质量达不到国际标准的要求。中亚五国产品的国家标准已经落后于当今国际通行的技术设备和材料要求，致使很多企业采用行业标准而放弃国家标准，但同时又无力广泛执行欧盟标准或国际标准。

能源资源优势明显。中亚五国拥有世界闻名的油气沉积地带：卡拉库木大沙漠、咸海盆地、里海近海及沿岸地区、费尔干纳盆地。2014 年《BP 能源统计年鉴》数据显示，中亚五国 2013 年石油探明储量 41 亿吨，其中 95%位于哈萨克斯坦；天然气探明储量 20.5 万亿立方米，其中 85%分布于土库曼斯坦，乌兹别克斯坦和哈萨克斯坦分别占 5.4%和 7.3%。此外，BP 的 2012 年研究报告还显示，中亚五国的油气资源分布相对集中，里海沿岸及近海地区已探明的天然气储量 7.89 万亿立方米、石油储量 27.4 亿吨。

同时，中亚五国还拥有多种能源资源。哈萨克斯坦煤炭探明可采储量达 336 亿吨，用于核燃料和制造核武器的铀的产量排世界第一位，钨储量居世界首位，铬和磷矿石储量居世界第二位，铜、铅、锌、钼和磷的储量占亚洲第一位。乌兹别克斯坦资源丰富，探明有近100种矿产品，铀矿探明储量居世界第二位，黄金探明储量居世界第四位，棉花产量和出口量居于世界前列并有"白金之国"的美誉。塔吉克斯坦、吉尔吉斯斯坦的矿产资源储量虽不及哈萨克斯坦、乌兹别克斯坦、土库曼斯坦丰富，但水力资源极其丰富。例如，塔吉克斯坦水力资源位居世界第八位，人均拥有量居世界首位，占整个中亚的一半左右。

4.3.2.2 中国加工制造业能力强，能源资源对外依存度高

改革开放以来，中国加工制造业生产能力迅速提高，彻底改变了长期困扰经济生活的工业品紧缺局面，市场供给由萧条、短缺走向繁荣和富足。工业主要产品产量居世界前列，2013年中国制造业有200多种产品产量居于世界首位，中国如今已成为一个名副其实的工业制造大国。中国产业门类齐备，目前已拥有39个工业大类、191个中类、525个小类。一些新兴的工业部门如电子工业、航空航天工业、汽车工业等也从无到有，迅速发展起来。中国政府积极面对"经济新常态"，着力推动加工制造业向中高端迈进，战略性新兴产业和服务业的支撑作用逐步增强，经济增长方式将从依靠要素投入的粗放模式向依靠科技进步的集约模式转变。《国家创新指数报告2013》显示，中国创新能力稳步上升，国家创新指数排名在全球40个主要国家中升至第19位。知识服务业增加值居世界第三位。中国发明专利的申请数已连续三年超过美国，处在世界第一位。仅以2013年为例，中国科技界就取得了多项"诺奖级"成就：嫦娥三号登陆月球、神舟十号飞船和天宫一号交会对接、实现量子反常霍尔效应、成功研发出世界上第一个半浮栅晶体管、研发出世界上运算速度最快的计算机"天河2号"，等等。"中国制造"正逐步向"中国智造"转化。

1980年至今，中国年均GDP增速达到9.8%，经济规模已居世界第二位。经济的快速增长带来了资源环境的巨大压力，能源资源安全问题已成为经济可持续发展的主要瓶颈。与世界上资源丰富的国家相比，中国煤炭资源地质开采条件较差，石油、天然气总量和人均占有量较低。根据2012年《BP能源统计年鉴》数据，化石能源结构中，煤炭探明可采储量10345亿吨，占世界的13%；石油探明可采储量20亿吨，占世界的0.89%，人均探明可采储量相当于世界平均水平的10%；天然气探明可采储量3.1万亿立方米，占世界的1.5%，人均探明可采储量相当于世界平均水平的5%。另据中国海关总署统计，2013年中国原油进口量突破2.8万吨达到2.82万吨，对外依存度达到57.39%，较2012年的56.42%有近1个百分点的提升；天然气进口515亿立方米，进口依存度30.5%，相较2012年25.5%的进口依存度增加5个百分点。2009年，中国政府在哥本哈根世界气候变化大会上郑重承诺：到2020年，中国单位GDP二氧化碳排放将比2005年下降40%~45%。国际能源机构首席经济学家比罗尔说，到2020年，全球需要削减大约38亿吨二氧化碳排放，中国就将削减10亿吨。换句话说，中国作出的减排承诺相当于同期全球减排量的四分之一。中国工程院2010的研究报告分析认为，在未来较长时期内，为完成二氧化碳排放要求，中国对作为清洁能源的天然气和石油在一次能源消费结构中所占比重将从2010年的23.4%上升到2015年的26%~28%和2030年的30%以上[92]。天然气、石油的消费量也将分别从2010年的1076亿立方米、4.3亿吨增至2015年的2300亿立方米、5.6亿吨。另据国际能源署2010年的预测，2020年和2030年中国石油进口量将达到4.5亿吨和5.7亿吨，对外依存度分别达72%和81%。

4.3.2.3 基于经济结构差异的贸易互补特征明显

经济结构决定贸易结构，出口产品结构通常是一国（地区）经济结构的指示器，反映该国（地区）的经济结构特点和发展水平。以哈萨克斯坦为例，根据哈萨克斯坦统计委员会统计，哈萨克斯坦对中国出口的主要产品是矿产品，2013年出口额为100.6亿美元，占哈萨克斯坦对中国出口总额的71%，为哈萨克斯坦对中国出口的第一大类商品。出口额较大的还有贱金属及制品，出口额为25.6亿美元，占哈萨克斯坦对中国出口总额的18.1%。此外，化工产品对中国出口额为13.3亿美元，占哈萨克斯坦对中国出口总额的9.4%。哈萨克斯坦自中国进口的主要商品为机电产品，2013年进口额为34亿美元，占自中国进口总额的41.5%。贱金属及其制品进口13.2亿美元，占哈萨克斯坦自中国进口总额的16.2%。此外，运输设备进口6.5亿美元，占哈萨克斯坦自中国进口总额的7.9%。

表4-1 中亚五国主要出口商品及中国从中亚五国主要进口商品目录

哈	出口：矿产品、初级产品、石油、天然气、煤和石油产品、小麦和棉花等
	中国进口：原油、铁/铬矿、铜矿矿石、加工产品、燃油、铀、皮革制品等毛织物
吉	出口：黄金为主的贵金属、部分矿产品、玻璃制品、塑料、皮革原料/制品和牲畜等
	中国进口：废钢、废铝、废铜、铝材、畜皮和毛等
塔	出口：非贵重金属及其制品、纺织原料及纺织制成品、矿产品、车辆和机械设备等
	中国进口：初级铝产品、棉花、皮毛、蚕丝等
土	出口：天然气、成品油、原油、液化气、电力、化工产品、皮棉、棉纱及其他纺织品等
	中国进口：天然气、石油、皮棉、棉纱及其他棉纺织品
乌	出口：能源载体（天然气、金属铀）、黄金、棉花、汽车及设备、有色金属、化工产品等
	中国进口：原棉、蚕茧、棉机织物、有色金属、皮革、化工品等

数据来源：《对外投资国别产业指引（2011版）》。

总之，中国与中亚五国之间存在着较强的贸易互补性。体现在，一方面中亚五国是中国经济发展所需能源和其他矿产资源的主要进口国，另一方面中亚五国制造业较为薄弱，同时也是中国工业制成品的重要消费市场。可以预见，中国与中亚五国的经济结构差异在短期内不会出现根本性改变，双边贸易和投资合作潜力将进一步得以释放。

4.3.3 能源战略契合

哈、乌、土三国是中亚五国中能源资源相对富集的国家，石油、天然气是其主要出口创汇产品。苏联时期，三国的能源管道均和俄罗斯的主管道相连，能源出口就必须要通过俄罗斯的主管道，经济发展严重受制于俄罗斯。如要实现能源独立就必须另辟蹊径。作为近邻的中国经济增长强劲，2010年经济规模超越日本成为世界第二，能源资源需求量与日俱增，中国经济对能源的高度依赖恰恰切合了哈、乌、土三国能源出口的多元化战略。据中国海关总署数据，2014年中国原油对外依赖度为59.6%，较2013年上升了2.6%。另据中国国家发改委统计数据显示，2014年中国天然气对外依赖度达到31.9%，同比又有小幅增长。可以预见，中国对于沿带国家特别是中亚五国的能源资源投资只会增加不会减少，中国与中亚五国的能源战略契合度会日益增强。

4.3.4 通道战略契合

中亚五国处于欧亚大陆腹地，虽然资源丰富但没有出海口，这在很大程度上限制了其与外界的经济联系，是一个明显的地缘劣势。"丝绸之路经济带"倡议使得中亚国家一下子变成连接发达的欧洲经济圈和快速发展的亚太经济圈的最短桥梁。丝绸之路经济带倡议着力打造立体交通运输通道，经由通道网络把沿带中心城市和城市群连为一体，城市之间商品流、资金流、信息流、技术流借此通道互联互通。在丝绸之路经济带上，既要建设以信息传输、高压电网、航空为重点的"空中丝绸之路"，又要建设以高等级公路、货运铁路专线、客运铁路专线为重点的"地面丝绸之路"，还要建设以天然气管道、成品油管道、原油管道为重点的"地下丝绸之路"。中国完全有能力发挥资金实力支持中国与中亚五国的基础设施互联互通建设。2014年11月，习近平主席在题为《联通引领发展 伙伴聚焦合作》的重要讲话中，指出要以亚洲国家为重点方向，以经济走廊为依托，以交通基础设施为突破，以建设融资平台为抓手，以人文交流为纽带，加强"一带一路"务实合作，深化亚洲国家互联互通伙伴关系，共建发展和命运共同体[93]。中国将出资400亿美元设立丝路基金以实际行动支持丝绸之路经济带建设[94]。此外，中国欢迎吉、土、塔三国（哈、乌已签署《筹建亚投行备忘录》，成为亚投行创始成员国）加入亚洲新多边开发机构"亚洲基础设施投资银行"中来，该银行法定资本为1000亿美元，重点支持包括中亚五国在内的亚洲基础设施建设，总部将设在北京。

4.4 中国与中亚五国外交和安全战略契合

中国和中亚五国外交战略契合。中亚五国自独立以来，为维护国家利益、获得应有的国际地位和空间，实行全方位、平衡、务实的外交政策，积极开展对外合作，巩固国家独立与主权，维护国家安全，促进经济发展。中国提出建设的丝绸之路经济带倡议符合中亚五国的外交政策取向，它之所以是"创新的合作模式"，其中一个很重要的原因在于，它不是传统意义上的通过建立超国家的管理机构或者排他性的关税同盟来实现合作，而是在各国认同同一理念、尊重国家主权及自由选择发展道路的前提下，以"平等、互利、共赢"为基本精神扩大经济交流，出现争端通过政治和外交方式化解矛盾。中国政府寄于"丝绸之路经济带"的外交战略遵循"与邻为善、以邻为伴，坚持睦邻、安邻、富邻"的理念，在增加相互信任和理解的基础上，巩固中国与西部周边国家及欧亚国家的全方位合作，建立新型的伙伴与经济合作关系，为中国经济的可持续发展创造良好的外部环境。

中国和中亚五国安全战略契合。中国与哈、吉、塔三国山水相连，共同边界长达 3300 千米。恐怖活动、毒品走私、跨国有组织犯罪等非传统安全问题是中国与中亚五国共同面对的难题。如 2013 年 9 月，习近平主席到访土库曼斯坦，就下一步深化两国务实合作指出，两国应加强执法安全和防务合作，共同打击包括"东突"在内的三股势力，维护两国共同安宁，确保大型合作项目顺利实施。在安全稳定上，中亚五国的政治稳定、国家安全受到"三股势力"的严重侵扰。例如，乌兹别克斯坦伊斯兰运动（乌伊运）制造恐怖爆炸事件，甚至塔吉克斯坦伊斯兰复兴党曾控制领土 50%以上。阿富汗与土、乌、塔三国有着漫长的共同边界，随着以美国为首的北约联军撤离阿富汗，中亚安全局势引发国际社会的普遍担忧，甚至有专家悲观预计，薄弱的塔吉克斯坦边防能力最多能够抵御塔利班进攻一周的时间。除了外部因素严峻外，内部形势也不容乐观，犬牙交错的费尔干纳盆地民族众多，意识形态多样，聚集着中亚近 2000 万人口，现已成为恐怖主义滋生之地。不可否认，贫困是恐怖主义的温床。消除贫困、增强就业能力成为中亚五国化解恐怖威胁的现实选择。通过共建丝绸之路经济带，沿带国家彼此之间可以加强政治互信、繁荣经济，保障国防安全和边疆稳定。以在建的中国-中亚天然气 D 线管道为例，该管道贯穿土、乌、塔、吉四国，中方投资十几亿美元，可为沿线各国增加财政收入近 20 亿美元，创造上千个就业机会，是名副其

4.5 上海合作组织为开展贸易投资便利化提供合作平台

4.5.1 制定贸易投资便利化相关政策

上海合作组织于2001年6月15日成立,中亚五国中除了土库曼斯坦,其余四国都是上海合作组织成员国。上合组织成立以来,各成员国除了在安全领域加强合作,经贸领域合作也不断加强。迄今为止,上合组织签署了多个有关贸易投资便利化的文件,例如:《上海合作组织成员国多边经贸合作纲要》《〈上海合作组织成员国多边经贸合作纲要〉落实措施计划》《上海合作组织银行间合作(联合体)协议》《上海合作组织实业家委员会理事会首次会议纪要》和《上海合作组织成员国政府海关合作和互助协定》等多项指导性文件,为中国和中亚国家贸易投资便利化的推进提供政策保障。

4.5.2 初步建立官、民、学并举的贸易投资便利化合作机制

目前,在贸易投资便利化合作方面,上合组织已初步建立官、民、学并举的多层次立体合作机制(见表4-2),即官方积极指导、大力推动、加大投入;鼓励企业和金融机构在上合组织多边框架内开展直接合作以解决民间实力不足和融资困难等问题,同时学者积极参与合作出谋划策。

4.6 本章小结

本章主要对中国与中亚五国贸易投资便利化的条件进行分析。主要包括:第一,地缘优势;第二,从历史联系和民族关系分析人文优势;第三,中国与中亚五国经济利益契合,体现在整体经济发展战略契合、经济互补性

强,能源战略契合以及通道建设战略契合等四个方面;第四,中国与中亚五国外交和安全战略契合;第五,上海合作组织为开展贸易投资便利化提供合作平台,体现在制定贸易投资便利化相关政策以及初步建立官、民、学并举的多层次立体合作机制。

表 4-2　上合组织贸易投资便利化合作机制的建设情况

分类	合作机制	合作内容
官方	国家元首理事会	上海合作组织的最高权力机构,主要负责宏观的原则性和战略性决策。例如,2014年习近平主席在上合组织元首理事会第14次会议中提出"探讨在贸易和投资领域开展更广泛和更高层次合作,推进区域经济一体化进程,构筑本地区统一经贸、投资,物流空间"
	总理会晤	研究并决定组织框架内发展各经济领域相互协作的问题;缔结相关政府之间的多边合作条约文件;监督各部门领导人会议决议的落实和经济方案的实施情况,是经济职能的决策机构。例如,2001年首次会议便签署了《上海合作组织成员国政府间关于开展区域经济合作的基本目标和方向及启动贸易和投资便利化进程的备忘录》
	各部门领导人会议	现在已经运作的有外交部长会议、经贸部长会议、交通部长会议、教育部长会议、文化部长会议、国防部长会议、边防部门领导人会议、执法安全部门领导人会议和紧急救灾部门会议等9个部门领导人会议。其中,经贸部长会议与贸易投资便利化联系最紧密
	专业工作小组	在经贸领域已经设有7个工作小组,负责各个具体合作领域的协调合作事宜,分别是:中国牵头的电子商务工作组、俄罗斯牵头的海关工作组和能源工作组、哈萨克斯坦牵头的技术规则标准和合格评定程序应用工作组、塔吉克斯坦牵头的投资促进工作组、乌兹别克斯坦牵头的发展过境潜力工作组、吉尔吉斯斯坦牵头的现代信息和电信技术工作组。这几个工作小组与贸易投资便利化都有紧密的联系
非官方	实业家委员会	实际成立于2005年10月25日,该委员会是一个民间非政府机构,由各成员国的实业家委员会各派三名代表组成,专门负责民间与上海合作组织的联系及合作事宜,主要任务是让民间了解上合组织的决议和发展动向,让上合组织了解民间的意见和想法,通过充分调动民间力量,使民间广泛参与上合组织的活动,以便为执行《多边经贸合作纲要》及其《落实措施计划》提供有效协助

（续表）

分类	合作机制	合作内容
非官方	银联体	成立于2005年11月16日，是俱乐部式的合作机构，不是法律实体，由成员各国指定的开发性或商业性银行组成，旨在对上合组织各成员国政府支持的项目提供融资及相关金融服务。
	上海合作组织论坛	一个多边学术机制和专家咨询机构，主要职能是为上海合作组织的发展提供智力支持。

资料来源：上海合作组织区域经济合作网，http://www.sco-ec.gov.cn。

第5章　中国与中亚五国贸易投资合作发展状况分析

5.1 中亚五国对外贸易和吸引外资概况分析

5.1.1 中亚五国对外贸易政策及发展概况

5.1.1.1 中亚五国对外贸易政策

（1）哈萨克斯坦

哈萨克斯坦的贸易管理制度，主要包括五个方面：一是，进口税收制度，哈萨克斯坦海关有三种不同的关税征收方式：从价税、从量税和混合税；哈萨克斯坦进口关税税率通常每年调整一次，进口增值税方面，税基是进口货物的清关价值和海关关税之和，税率为15%；部分消费品例如各种酒及酒精、香烟、鱼子酱等产品的进口还将征收消费税；此外，哈萨克斯坦还对每笔进口产品征收50~70欧元的清关费用。二是，贸易权开放方面，"所有自然人和法人均可从事对外贸易活动；除武器、弹药、药品等11类产品限制进口之外，其余商品均可自由进口，也不受配额及许可证限制"。三是，出口鼓励政策，"除武器、弹药等9类产品需要取得出口许可证之外，其余商品均可自由出口"；根据《海关事务法》，"除对某些动物的皮毛以及废弃金属的出口征收出口关税外,其余商品免征出口关税和增值税"。四是,原产地制度,一般情况下,哈萨克斯坦不要求对进口产品提供原产地证明,但是根据哈萨克斯坦《海关事务法》第 41 条的规定,"进口产品在下列情况下必须出示原产地证书:需要对进口货物提供关税优惠;从某些国家进口的货物适用于非关税调节措施,哈萨克斯坦海关部门有理由认为该进口货物产于上述国家;哈萨克斯坦参加的国际协议和哈萨克斯坦关于保护自然环境、居民健康,保护哈萨克斯坦消费者权利,维持社会秩序和国家安全以及涉及哈萨克斯坦国家利益的法律对此有规定的。"五是,外汇管理,哈萨克斯坦有关法律规定,个人和法人在提供相关证明条件下均可通过银行向境外汇出其合法的外汇收入。

需要注意的是,哈萨克斯坦近年来一直为加入 WTO 进行相关谈判,一旦哈萨克斯坦加入 WTO,中国与其都是 WTO 成员方,在贸易待遇上就可以享受最惠国待遇和国民待遇,根据《哈萨克斯坦真理报》2014 年 3 月 27 日讯,哈萨克斯坦入世后,将进一步降低进口关税税率。所有进口商品平均加权关税税率将由目前的 10.293%降低至 7.147%。其中,农产品进口关税税率由目前的 15.634%降低至 11.275%;工业品进口关税税率由目前的 9.387%降低至 6.41%。哈降低进口关税税率不是一步到位,而是有 2~3 年的过渡期,对一些特别敏感商品更有 5~7 年的过渡期。

(2)吉尔吉斯斯坦

吉尔吉斯斯坦是中亚五国当中最早加入世贸组织的国家,主要的贸易政策包括以下几个方面。一是,税收方面,吉国的进口关税计算方法包括从价税、特种税和混合税;对汽油、柴油等部分物品征收消费税;在报关货值与关税的基础上按照一定比例征收增值税;此外还有海关手续费,一般按照报关货值的 0.15%收取。二是,关税优惠方面,吉尔吉斯斯坦对世贸组织成员国给予最惠国待遇,对非成员国或没有双边协议的国家以及没有注明原产地的国家,进口关税则通常加倍征收;对于保障吉国特殊利益的一些产品免征进口关税,例如:为保障拥有吉国籍的船只或吉租用船只在境外进行海上捕捞所需而带出境外的各类物品及其境外捕捞产品等;对于作为固定资产投资的技术设备等免征增值税;对于用于吉政府或国际组织慈善项目和技术援助项目的物资。三是,配额和许可证制度方面,吉国对少数商品的进出口实行许可证管理,分为自动许可证和非自动许可证,不限制进口商品的数量和价格;许可证的发放分别由相关政府部门负责,如国防部,安全部,农业、水利和加工工业部,卫生部等。四是,商品原产地规定和检验检疫制度方面,根据吉政府《关于对进口商品安全指标进行监督的决定》,部分商品在进入吉境内时须接受强制性安全检验;该文件对商检的检验机构、检验时间、收费标准、投资项下进口产品检验以及不符合安全标准的受检商品的处理方法都做了比较明确的规定。五是,外汇政策方面,吉国实行浮动汇率制,主要法律依据是《吉尔吉斯共和国外汇交易法》以及吉政府与国际货币基金组织签署的有关协定。

(3) 乌兹别克斯坦

乌兹别克斯坦贸易政策主要包括以下几个方面:一是,关税政策,关税进行管理调节,其平均进口税率为14.8%,进口税率统一分为4个档次:0%、5%、10%和30%;乌兹别克斯坦取消了所有商品(服务)的出口关税,并规定对以外汇结算的出口商品(包括对独联体国家)增值税为0%,并免缴消费税[95],但2011年乌兹别克斯坦为乌采矿企业技术改造增加资金来源,对《税法典》第208条第12款进行修改,取消贵金属出口免税政策,决定自2011年4月1日起对贵金属出口征收20%增值税;为推进本国高水准的成衣加工生产,乌国海关委员会决定自2010年10月1日起调整纺织品进口关税,旨在创造平等竞争,最终降低"灰色清关"的进口服装的比例。二是,非关税政策,乌兹别克斯坦的非关税调节手段主要有:禁止进口、进口许可证,外汇管制等。禁止进口方面,禁止进口的产品目录依据 1997 年颁布的第 1871 号总统令"附件 5"规定执行;2005 年乌国还通过第 247 号政府决议《臭氧层破坏物质及其产品的进出口管制》的规定。外汇管制方面,乌兹别克斯坦在早期实行严格的外汇管制,所有外汇用项须经乌兹别克斯坦中央银行及货币信贷委员会批准,并且只有调汇权的单位才能在调汇额度内调剂外汇,如数额较大,则由乌兹别克斯坦内阁批准。三是,出口鼓励政策,乌国为鼓励出口,在税收政策上给予出口商一定优惠,根据乌总统 2010 年 12 月 24 日第 1449 号《关于 2011 年国家预算主要宏观经济指标和数据预测》的命令,根据出口成分的不同,对出口自产商品企业应缴纳的利润税、财产税和统一税税率进行相应的降低。四是,外汇政策,根据 2000 年 6 月 29 日乌内阁《关于进一步发展和加强交易所外外汇市场的措施》第 245 号命令,微型公司、小企业通过出口商品(工程、服务)获得的外汇收入免于强行结汇(出售给国家)。

(4)塔吉克斯坦

塔吉克斯坦相关贸易政策主要包括以下几个方面:一是,关税措施,塔政府结合本国社会经济实际状况,对进口关税税率不断作出调整,其中近 40%的商品税目都有不同程度的提高,最高税率上调至 30%,目前实行的仍是此次调整后的进口关税税率。二是,非关税措施。许可证制度。根据 1995 年 6 月 27 日塔政府颁布的《关于塔吉克斯坦共和国对外贸易自由化》第 261 号总统令,自 1995 年 7 月 1 日起,取消除棉花和铝锭以外商品的配额和许可证制度;进口增值税,塔增值税税率为 20%;消费税,2001 年 12 月 1 日塔发布第 533 号政府令,将征缴个别商品消费税的种类下调至 5 种,即烟、酒、燃料、轮胎及汽车；限制商品，1997年2月19日，塔政府第111号《关于实行对外经济活动的措施》的决议规定，为保障塔国家经济安全，对一些商品的进出口实行限制措施；价格核准，塔政府规定，对某些商品的对外销售价格必须经塔商品原料交易所审核，核准后的对外贸易合同方能生效，缺少此项程序，出口货物不准出境。三是，许可证管理，塔对重要出口商品棉花和铝锭仍保留出口配额和许可证管理，同时征收销售税。这两种商品无论是在境内，还是境外市场销售，都应缴纳销售税，棉花的税率为23％，铝锭为4％；征税基准价格由塔商品原料交易所核准，销售税必须以外汇形式支付[96]。四是，塔国税收体系中对下列进口类别免除增值税：输入外汇和有价证券；塔吉克斯坦国家银行、财政部对金、银、白金、钯的进口；输入人道主义援助，国家机构无偿拨发的物品；技术设备进口；农业技术、药品、医疗器械和设备进口；国家资助或贷款的专项工程所需物品的进口；特别重要工程物品的进口；塔吉克铝厂原料及设备的进口；残疾人用品进口；国际运输相关服务和工作的供应；出口商品零税率，棉花半成品、棉纤、原铝、贵金属、贵重矿石及其珠宝制品除外[97]。此外，塔国会根据本国实际情况对税收进行调整，例如，2005年8月1日塔对用于充当和追加企业注册资金或用于现有生产设备更新的生产型技术设备及其配件免征关税和增值税[98]。

（5）土库曼斯坦

土库曼斯坦的贸易管理政策主要包括以下三个方面[99]：一是，贸易主管部门为贸易和对外经济联络部，负责管理对外贸易，出具出口欧美商品的原产地证明，执行国际清算协议，管理边境贸易，通过采取关税和非关税措施调节进出口贸易；监督参加的双边和多边经贸协议执行情况。此外，国家商品原料交易所是协调进出口贸易和市场供求关系的重要经济部门之一，负责组织商品交易；审查、注册外贸合同，协调进出口贸易；审核进出口商品价格,对进出口商品的合理性进行评估。二是,主要的贸易法规体系包括《对外经济活动法》《贸易法》《进出口商品海关征税规定》《能源产品外销交易程序》等。三是,具体的贸易管理措施,土库曼斯坦对本国产品出口实行计划配额管理,并由国家统一联合经营,即国家根据产品的实际产量和国内需求,确定当年出口计划,并将全部出口产品统一投放国家商品原料交易所进行竞卖。大致操作程序为:交易所竞卖—签订买卖合同—交易所对合同进行注册—买方支付全额预付款—工厂交货(EXW)—货运目的地。进口方面,土库曼斯坦主要通过关税措施进行管理和调节,同时对烟酒类商品、机动车、化工产品进口实行许可证管理制度。此外,与土库曼斯坦企业签订的供货合同,同样须经过国家商品原料交易所、财政部等单位的审核、注册。四是,海关税率方面,土库曼斯坦对于大多数商品,进口关税税率为2%,出口关税税率为5%;免征进口关税和非限量进口的商品,例如生肉、植物油、小麦、大米、糖等;免征出口关税和非限量出口的商品,例如缝纫制品、针织品、鞋、布、烟草、酒精饮料、小轿车、矿泉水等[100]。

5.1.1.2 中亚五国对外贸易发展概况

随着中亚五国经济实力的增强,对外交往能力相应不断提高,贸易规模呈现持续上涨的态势。但是,从表5-1的数据可以看出,经济结构单一的问题并未得到根本性的改变。进口方面,中亚五国进口额占GDP的比重均大于25%,吉、塔两国该数值大于50%,吉尔吉斯斯坦甚至高于90%,同时,进口的商品也主要以机械设备、交通工具、五金、建材、药品、食品、烟酒等工业制成品为主,这说明中亚五国工业基础薄弱、体系不完备、竞争力不强的问题不容乐观,只是在各国表现程度不同而已。出口方面,出口额占GDP的比重在哈、土、乌等资源相对富集的国家比重较高;在塔吉克斯坦这样资源贫瘠的国家该数值在20%以下;出口产品主要以石油、天然气、煤、金属矿石等资源性产品为主，这说明中亚五国资源出口型的特征明显。贸易平衡方面，哈、土为贸易顺差，乌基本保持贸易平衡，吉、塔贸易赤字严重，吉、塔两国为满足国内民众生活方面的刚性需求，经济发展过度依赖于国际援助和优惠贷款。总之，中亚五国对外贸易的数据背后折射出发展非资源领域的现实需求，经济结构调整任重道远。

表 5-1　中亚五国对外贸易发展情况

（单位：亿美元）

中亚五国	2010	2011	2012	2013
哈萨克斯坦 GDP	1480	1880	2035	2319
进口额/GDP（%）；进口额	29.9%；444	27.3%；526	30.5%；611	26.7%；619
出口额/GDP（%）；出口额	44.2%；651	47.6%；895	45.1%；918	38.2%；886
乌兹别克斯坦 GDP	393	453	512	568
进口额/GDP（%）；进口额	28.5%；112	31.2%；150	32.9%；168	31.6%；179
出口额/GDP（%）；出口额	31.7%；125	33.1%；149	27.7%；142	27.2%；157
土库曼斯坦 GDP	221	292	352	419
进口额/GDP（%）；进口额	45.3%；100	43.5%；127	44.4%；156	—
出口额/GDP（%）；出口额	77.8%；172	74.7%；218	73.3%；258	—
吉尔吉斯斯坦 GDP	48	62	66	72
进口额/GDP（%）；进口额	81.7%；39	81.6%；50	95.3%；63	95.9%；69
出口额/GDP（%）；出口额	51.6%；25	54.5%；34	44.4%；29	47.2%；34
塔吉克斯坦 GDP	56	65	76	85
进口额/GDP（%）；进口额	52.6%；29	67.2%；44	69.1%；53.2	68.3%；57.8
出口额/GDP（%）；出口额	15.3%；8.6	17.9%；11.6	21.5%；16.3	19.2%；16.3

数据来源：由世界银行数据整理得到，http://data.worldbank.org.cn/indicator/NE.EXP.GNFS.ZS/countries。

5.1.2 中亚五国吸引外资政策及发展概况

5.1.2.1 中亚五国吸引外资政策

（1）哈萨克斯坦

哈萨克斯坦国内政局稳定，经济快速增长，投资环境总体上不断改善，涉及外国投资的法律法规在中亚五国中最为完备。早在独立前，就于1990年12月通过《外国投资法》。独立后，哈政府陆续颁布《国家支持外国直接投资法》（1997年2月28日）、《吸引外国直接投资的优先经济领域清单》（1997年4月5日）、《与投资优先经济领域的投资者签订合同时的便利与优惠政策》（2000年3月6日）等相关法令，鼓励外商投资。2003年1月8日，哈政府颁布《投资法》，该新法对之前的法律法规予以整合、修改和补充，是调节投资关系的基本法规。《投资法》奠定了促进投资的法律和经济基础，主要内容分为保障投资人的权利和对于优先领域实施特惠政策两个部分。在保障投资人权利方面，新投资法规定：除法院的判决外，任何人都不能剥夺个人财产。在法律没有规定的特殊情况下，对用于国家目的的财产强制收归国有，可按其等价的条件予以赔偿；投资者有权自由使用税后营业收入，依据外汇法规有权在哈银行开立坚戈和外汇账户；投资纠纷通过协商无法解决时，可通过哈法院或通过双方在协议中所确定的国际仲裁法庭来解决。为国内外投资人提供特惠政策方面，投资特惠政策有三种形式，即投资税收特惠、免征海关关税、国家实物赠予。投资于优先领域清单中项目的哈法人企业，将获得主要包括财产税和利润税的减免，投资项目的进口设备及其配件可享受期限不超过5年的免征关税。在完成投资义务的情况下，投资委员会与相关部门作为奖励，向投资者提供国家实物赠予，国家实物赠予的内容包括财产（建筑、运输工具、楼房、测量仪器、机械与设备等）所有权和土地使用权，价值不超过投资总规模的30%。

2011年7月,哈总统纳扎尔巴耶夫签署了《〈哈萨克斯坦文件审批制度完善法〉修正案》,该修正案旨在优化许可文件审批制度,减轻企业行政负担。根据该修正案,哈国家机关将普及"一窗式"服务,通过规定审批时限、削减行政审批文件数量(由1051个审批文件减到720个)、免除申请人文件公证手续等办法简化办事程序、缩短办理时间。2011年7月21日,哈政府颁布新《经济特区法》。这是该法2007年以来的最新一次全面修订,新法旨在提高6个经济特区的管理水平,为投资者提供稳定的法律保障,丰富区内生产类型。新法增补修订的主要内容有:一是组建由入区企业、地方政府和国家共同参与的股份制管理公司取代原有的特区管理机构;二是在经济特区内全面实行"一个窗口对外服务",缩短行政审批的流程和时间,提高行政审批效率;三是税收优惠,包括区内入驻企业免除财产税、土地税和公司所得税,区内销售的完全用于生产活动的产品免增值税,阿拉套"信息技术园"内的企业免交社会税。

2012年1月,哈萨克斯坦议会通过《投资法》修订案。该修订案中规定,对以实施投资项目为目的运入关税同盟成员国境内的技术设备及其配件和具有特殊用途的原材料等免征关税。2014年6月,哈议会下院通过《关于对哈萨克斯坦共和国与完善投资环境有关部分法规进行修改和补充的法案》。该法案规定,对与外国投资者签订合同的机制与条件进行重新审定,扩大投资优惠,改善投资环境。国家在投资合同范围内提供的国家支持措施有:免除投资企业10年的所得税、10年的土地税,8年的财产税,投资设施运营后国家赠予投资者30%的基建费用。哈与投资者签署合同后,除增值税和消费税外其他税费水平将保持10年稳定。签订投资合同后,投资者有权在投资项目建设期间,以及投产运营后的1年内对企业雇佣外国劳动力免除配额和许可。

目前,哈已与中、英、美、法、俄等多国签订了互相保护投资的双边协议。此外,哈萨克斯坦还积极加入解决投资纠纷的多边国际公约,最重要的是,于 2000 年 10 月加入《关于解决国家与其他国家国民之间投资争端公约》(亦称《1965 年华盛顿公约》)。该公约是在国际复兴开发银行(世界银行)主持下缔结的、为解决一缔约国与其他缔约国私人投资者之间投资争端的多边国际公约。其目的在于提供解决国家和外国私人投资者争议的调节和仲裁的便利,促进相互信任的气氛,并鼓励私人资本的国际流动。哈萨克斯坦的法律规定,哈批准的国际协议优先于国家法律。如果国际协议中的规则不同于国家法律中的原则内容,将接受国际协议中的规则。

(2)吉尔吉斯斯坦

吉政府一直致力于加大招商引资力度,以此来改善进出口结构,增强自身生产能力,减少进口需求,努力扭转外贸逆差局面,充实国家外汇储备,提高还债能力和抵御外部经济风险的能力。招商引资已成为吉国家战略的一部分。

吉政府出台一系列法律法规以规范吉投资环境,主要的法律法规如下:一是 1992 年 12 月 16 日通过的《自由经济区法》;二是 1995 年 7 月 5 日通过的《外汇业务法》;三是 2003 年 3 月 27 日通过的《投资法》;四是 2009 年通过的《国家和私人合作法》;五是 2010 年 4 月 26 日通过的临时政府《投资保护法令》;六是 2010 年 8 月 5 日通过的《关于政府直属的发展营商和投资委员会》政府令;七是 2014 年 2 月 11 日通过的新版《自由经济区法》。吉还签署或加入了若干支持、鼓励和保护投资的国际协议,如双边的《投资保护协议》,多边的《保护投资者权益公约》《成员国相互促进和保护投资协议》等。

具体而言,2003年3月通过的《投资法》规定:吉对在其境内从事投资的外国投资人，在其经济活动领域实行与本国自然人和法人同等的待遇；对在优先发展的经济和社会领域及国家发展纲要规定的地区的投资人，如吉政府鼓励的农业、水电、冶炼、食品、药品、造纸、玻璃等优先发展领域和在4个自由经济区投资兴业的外国投资人，可根据吉相关法律给予投资优惠；除按照吉法律规定程序，根据非歧视原则，在及时、适当、现实地赔偿损失的基础上，为满足社会需要而实施的没收行为以外，外国投资不得被没收（收归国有、征收或采取其他同样效果的措施，其中包括由于吉国家职能部门的作为或不作为而导致被强行没收或丧失对其投资成果的使用权）；投资人有权自由、自主地拥有、使用和支配自己的投资、投资收益和利润，用于吉法律所不禁止的任何目的。

2010年8月5日生效的《关于政府直属的发展营商和投资委员会》政府令，是吉政府吸引外国投资"精细化、专业化"的体现。发展营商和投资委员会作为吉政府招商引资的专设机构，其设立可谓一波三折，间接折射出吉破除官僚体制、走市场化道路的坚定决心。为更好地吸引外资和保护投资者的利益，吉于2007年4月曾在经济调节部下设专门负责投资政策和投资事务的部门，还成立总统直属的"国家投资委员会"，主要任务是改善投资环境，大力吸引国内外资金，为此还制定了若干法律法规，如《关于对企业实施检查活动的程序》《关于调节企业活动的法律基础》等，旨在减轻企业负担，防止国家机关干扰企业正常经营，保护企业合法经营等。2009年10月，时任总统巴基耶夫将其改组为"国家发展、投资和创新局"，任命他的女儿担任局长。不过，2010年"4月革命"后撤销该局，同年8月吉政府成立"发展营商和投资委员会"。

吉2014年新版《自由经济区法》决定，对区内企业实行优惠的税收和行政措施，如简化注册手续，当其向境外出口商品时，须向经济区管理委员会缴纳出口报关货值一定比例的管理费，免除所有税收，对区内企业的产品出口和所需原材料进口免征关税，且不受配额和许可证限制。截至 2014 年 12 月 31 日，吉境内共建立 4 个自由经济区，吸引了来自 30 多个国家的外商，成立了 200 多家独资或合资企业，涉及商贸、食品、轻工业、建材、家具、旅游等行业：一是 1992 年设立的纳伦自由经济区，位于吉中边界沿线，总面积 4.52 万平方千米。二是 1994 年设立的卡拉克尔经济自由区，位于天山脚下，伊塞克湖边，重点发展旅游休闲和商贸批发。三是 1995 年设立的比什凯克自由经济区，位于首都比什凯克市郊的楚河谷地，距离玛纳斯国际机场不远，面积 3.46 平方千米。四是 1997 年设立的迈马科自由经济区，位于塔拉斯州吉哈边界附近，面积 5.21 平方千米。

（3）乌兹别克斯坦

独立以后，乌兹别克斯坦经济保持快速增长，经济结构不断优化，就业能力不断增强，所有这些成绩的取得得益于大力吸引外资的国家战略。

乌兹别克斯坦的投资政策体系由两大部分组成，一部分是法律，另一部分是总统令和行政法规。促进投资的法律主要有《组织、公司及企业纳税法》《外国投资者活动保障法》《外国投资法》；促进投资的总统令和行政法规主要有《关于深化经济改革、保护私有财产和发展企业经营活动总统令》《关于鼓励创建外资企业的补充措施总统令》《关于鼓励外国私人直接投资的补充措施的总统令》《内阁关于国家扶持轻工业和地方工业的措施的规定》《内阁关于进一步完善和放宽对外经济活动的规定》《内阁关于进口关税制度的规定》。此外，乌政府为降低外国投资的运行成本，提高规模效益水平，近年来着力倡导并稳步推进工业特区战略。2008 年至今，乌在全国已建立 4 个以招商引资为特色的工业经济区，具体见表 5-2。

表5-2 乌兹别克斯坦工业园区税收优惠政策及招商现状（时间截止到2014年6月）

工业特区名称	批准时间	免税税种	免税期限标准	园区概况（乌方统计）
纳沃伊自由工业经济区	2008年12月批准建立；占地5.64平方千米；毗邻纳沃伊市；附近有机场、国际公路和铁路；距塔什干467千米	利润税；法人财产税；社会基础设施建设税；小企业统一税；共和国道路基金强制缴费；土地税；共和国学校基金缴费；生产出口产品所需的设备、配件、原材料的海关关税	投资额300万~1000万欧元,优惠期7年；1000万~3000万欧元，优惠期10年；3000万欧元以上,优惠期15年	区内现有13家企业，6个在建项目和51个计划项目；投资额9000多万美元；投资领域包括电子电气、建材、家电等
安格连工业特区	2012年4月批准设立；占地16.34平方千米；有国际公路和物流中心；距塔什干109千米	利润税；法人财产税；社会基础设施建设税；小企业统一税；共和国道路基金强制缴费；在乌政府批准的项目范围内，进口乌不生产的产品所需的设备、配件、原材料的海关关税	投资额30万~300万美元,优惠期3年；300万~1000万美元,优惠期5年；1000万美元以上，优惠期7年	9个在实施项目，投资额2亿美元；计划实施项目10个，投资额1.2亿美元；投资领域主要为制糖、铜管加工、废油加工等
吉扎克工业特区	2013年3月批准设立；占地3.345平方千米，储备用地0.815平方千米；距塔什干207千米	利润税；法人财产税；社会基础设施建设税；小企业统一税；共和国道路基金强制缴费；在乌政府批准的项目范围内，进口乌不生产的产品所需的设备、配件、原材料的海关关税	投资额30万~300万美元,优惠期3年；300万~1000万美元,优惠期5年；1000万美元以上，优惠期7年	计划在2013—2018年，实施17个项目，投资4832万美元；2013—2015年计划投资2949万美元
鹏盛工业园	2013年3月批准设立；目前占地0.326平方千米，州政府承诺提供另2.5平方千米；距塔什干70千米	利润税；法人财产税；社会基础设施建设税；小企业统一税；共和国道路基金强制缴费；在乌政府批准的项目范围内，进口乌不生产的产品所需的设备、配件、原材料的海关关税	投资额30万~300万美元,优惠期3年；300万~1000万美元,优惠期5年；1000万美元以上，优惠期7年	总投资额4100万美元

资料来源：根据乌兹别克斯坦经济参赞处相关资料整理，http://uz.mofcom.gov.cn。

（4）塔吉克斯坦

塔吉克斯坦自独立后，经历长期内战，经济下滑，民生凋敝，2004年以后政局逐渐稳定，吸引外国投资振兴本国经济成为塔经济发展战略导向。2007年1月1日，塔吉克斯坦颁布实施新的《塔吉克斯坦共和国投资法》。该法旨在为国内外投资者创造公平、公正的投资环境，保障投资者的合法权益不受侵害。新《投资法》规定，国家保障本国投资者与外国投资者享有平等的权利；如投资法发生修改和补充，投资者有权在自其正式公布之日起5年内选择对自己更为有利的条款；完税及缴纳其他应缴费用之后，可自行支配所得利润；被国有化和被征用的投资财产，其赔偿额度应依据市场价格而定，并在双方同意的期限内以自由兑换货币进行。为鼓励外国资本进入生产领域，加速工业化进程，塔政府于2007年1月1日对《税法》和《海关法》进行修订。新规定指出，注册资本在700万索莫尼（当时约合200万美元）以下企业和注册资本在700万索莫尼以上的企业，自注册或重新注册（因追加注册资本）之日起，进口用于充当和追加企业注册资本的生产性设备和配件及外企员工的自用物品，分别享受3年内、5年内免征关税和增值税待遇。

（5）土库曼斯坦

根据《土库曼斯坦外国投资法》，外国直接投资在签证制度、进出口管理、海关、税收等方面享受优惠待遇。签证的时效优惠：外国投资人、所投资企业中的外籍员工及其家属有权取得不少于一年的多次往返签证。进出口产品优惠：外资企业有权出口自产产品（含工程、服务）和进口自需产品（含工程、服务），无须办理许可证等。海关简化手续优惠：对作为外资企业注册资本投入的财产和用于企业生产产品所需的财产免征关税和海关手续费等。税费减免优惠：在首批投资回收期内，以可自由兑换货币所进行的投资额占注册资本的30%以上的外资企业，免征利润税；将利润用于再投资的外资企业,在首批投资回收后,对其再投资的部分予以免税;投资项目和外资企业的注册免征注册手续费;外国投资者运抵土库曼的设备、材料免征认证服务费等[101]。

5.1.2.2 中亚五国吸引外国直接投资发展概况

中亚五国吸引外国直接投资规模(Foreign direct investment,FDI)总体呈现上升趋势,资金主要投向能源资源领域。中亚五国坚持吸引外国直接投资战略,努力创造有利条件,投资环境总体上不断改善,经济外向度逐渐提高,中亚五国目前已成为丝绸之路经济带上颇具投资吸引力的主要区域。

从表5-3数据来看,中亚五国除塔吉克斯坦外,总体上金融危机后的每年FDI规模均有所增长,资源富集的国家较资源匮乏的国家吸引外商直接投资的能力更强。2013年,哈萨克斯坦吸引外国直接投资的规模是土库曼斯坦的3.2倍,乌兹别克斯坦的9倍,吉尔吉斯斯坦的12.8倍,塔吉克斯坦的90.2倍。从上述比较可以发现,塔吉克斯坦、乌兹别克斯坦、吉尔吉斯斯坦三国吸引外资的能力明显较弱。能矿资源相对有限、高昂的运输成本、远离市场、潜在的政治风险都是导致三国引资能力弱的原因[102]。

表5-3 中亚五国外国直接投资净流入(流量)情况

(单位:亿美元,以现价美元计算)

国家	2010	2011	2012	2013
哈萨克斯坦	74.6	137.6	137.8	97.4
土库曼斯坦	36.3	34	31.2	30.6
乌兹别克斯坦	16.3	16.5	6.7	10.8
吉尔吉斯斯坦	4.4	6.9	2.9	7.6
塔吉克斯坦	-0.16	0.7	1.9	1.1

数据来源:世界银行数据库,http://data.worldbank.org.cn/ indicator/ BX.KLT.DINV.CD.WD。

一直以来，对中亚五国的外来投资具有"资源寻求型"特点。下面以资源丰富的哈萨克斯坦和资源相对贫瘠的吉尔吉斯斯坦予以比较分析。从独立到2014年，除1998年俄罗斯金融危机和2008年次贷危机期间（2008—2009年）出现过外国直接投资减少现象以外，总体上，哈萨克斯坦吸引外国直接投资的能力越来越强，规模越来越大，这主要得益于得天独厚的石油天然气资源。据哈萨克斯坦国家银行数据，截至2014年9月30日，累计吸引外国直接投资总额1270亿美元，从外资流向的行业领域分布看，外国直接投资最多的领域依次是：地质勘探业685亿美元，占哈累计外国直接投资总额的54%；采掘业255.8亿美元，占20%；加工业127亿美元，占10%；金融业64亿美元，占5%；商贸51.5亿美元，占4.1%。从投资来源地看（截至2014年9月30日），欧美国家是主要投资国，中国在哈能矿资源投资面对众多竞争对手。按累计外国直接投资净额计算，规模顺序依次是：荷兰（629亿美元，占哈累计外国直接投资总额的50%）、美国（184.5亿美元，占14%）、法国（111.2亿美元，占8.8%）、日本（49.4亿美元，占4%）、中国（39.1亿美元，占3%）。

吉尔吉斯斯坦是一个对外部资源需求较大的国家，虽然独立后头十年经济不景气，第二个十年政局又比较动荡，但是吉努力改善投资环境，减少营商中的官僚主义及行政壁垒等，早在1998年就先于其他中亚国家成功加入世贸组织。据吉尔吉斯斯坦国家统计委员会公布的数据，2013年吉吸引外国直接投资9.932亿美元，同比增长68%。从分布行业看，能矿资源加工业及日常生活服务业始终是吉吸引外国直接投资最多的领域，金融和房地产业的投资则从2004年开始升温，2008年达到高潮，此后受次贷危机的影响而减少，到2013年回升明显。具体见表5-4。

表 5-4　2006—2013 年吉尔吉斯斯坦吸引 FDI 的情况

（单位：万美元）

FDI 总计	33559	43682	86620	66095	66609	84920	52100	99320
行业	2006 年	2007 年	2008 年	2009 年	2010 年	2011 年	2012 年	2013 年
加工业	14101	13493	24117	16654	33139	48974	23898	34980
房地产	2528	6012	14670	14800	21893	17004	16643	40660
金融业	6185	11311	34469	23658	3488	4815	4672	9470
商贸、维修、日用	2669	3979	5620	5296	5348	6479	3141	6940
采掘业	5578	5464	750	638	103	2754	2780	2670
交通通信	928	1349	1758	2236	1309	3977	534	130

资料来源：根据吉尔吉斯斯坦国家统计委员会网站相关数据整理得到，http://stat.kg。

从投资来源地看，2013 年中国取代加拿大成为吉第一大直接投资国（流量），位于前八位的国家分别是：中国 4.55 亿美元，占 2013 年外国直接投资总额的 45.8%；加拿大 1.53 亿美元，占比 15.4%；英国 0.82 亿美元，占比 8.2%；俄罗斯 0.7 亿美元，占比 7.1%；哈萨克斯坦 0.55 亿美元，占比 5.6%；塞浦路斯 0.34 亿美元，占比 3.5%；土耳其 0.18 亿美元，占比 1.9%；韩国 0.15 亿美元，占比 1.5%。吉尔吉斯斯坦矿产资源大体分为金属矿产、非金属矿产和化石能源三部分，资源结构以金属矿产为主，金属矿产中，黄金、汞、锑的储量较大。加工业是吉累计外国直接投资规模最大的行业，外资布局加工业的领域主要围绕能矿资源展开。以 2013 年对吉直接投资最大的中国为例，吉尔吉斯总理萨特巴尔季耶夫，曾在 2013 年 12 月 9 日的议会"预算与财政委员会"扩大会议上称，来自中方的直接投资包括卡拉巴尔塔和托克马克两个炼油厂，以及塔尔德布拉克左岸金矿等[103]。

总之，不论是自然资源富集的国家，还是自然资源贫瘠的国家，外国直接投资均主要投向能源资源领域。

5.2 中国与中亚五国双边贸易发展分析

5.2.1 中国与中亚五国双边贸易发展现状

5.2.1.1 贸易规模增长迅速

中国和中亚五国的贸易联系开始于20世纪90年代初，贸易由最开始的易货贸易发展到一般贸易、加工贸易、租赁贸易、工程承包等多种形式。2001年以来，中国和中亚五国的贸易规模呈现出高速增长态势。2001—2013年，中国和中亚五国的贸易规模年均增速达38.8%，明显高于中国对外贸易总额年均增速，个别年份对乌兹别克斯坦、哈萨克斯坦等国增速甚至超过800%。《2013年中国海关统计年鉴》显示，2013年，中国和中亚五国的双边贸易总额总计高达420亿美元，比2001年增长约26.8倍。

5.2.1.2 中国的贸易伙伴地位愈加巩固

中亚五国正处于工业化初期，经济总量不大，并非中国对外贸易的主要伙伴国。2001年以来，中亚五国占中国对外贸易总额比重已由2001年的0.38%上升到2013年的1.01%，地位快速上升，但仍处较低水平。但是，对于中亚五国而言，中国已经基本取代俄罗斯，成为其最主要的贸易伙伴国。截至2014年7月，中国已经是哈萨克斯坦和土库曼斯坦第一大贸易伙伴，是乌兹别克斯坦、吉尔吉斯斯坦第二大贸易伙伴，塔吉克斯坦第三大贸易伙伴。2013年，对华贸易总额占哈国贸易总额比重超过1/4，占塔国2/5，占乌国1/5，占土、吉两国一半以上。

在中亚五国中，哈萨克斯坦和中国开展经贸合作具有得天独厚的区位优势，两国有着1700千米的共同边界线，拥有霍尔果斯、阿拉山口等5个已开放的陆路口岸。哈萨克斯坦是中亚经济"领头羊",在五国中经济体量最大,工业化水平较高,一直是中国在中亚五国中最主要的贸易伙伴,2001年中哈贸易占中国和中亚五国贸易总额的比重一度达到近90%。近年来,随着中亚其他国家经济实力的不断增强以及能源矿产资源的不断开发,特别是中国-中亚天然气管道的建成,有效促进了乌兹别克斯坦、土库曼斯坦向中国出口天然气资源,中哈贸易占比有所下降,但2013年仍高达67.8%。

5.2.1.3 贸易结构稳中有进

贸易结构是指国与国之间某一时期贸易的构成情况。贸易结构有狭义和广义之分。狭义贸易结构也叫货物(商品)贸易结构,主要是指国与国之间一定时期内货物贸易中各种商品的构成情况。广义的贸易结构包括货物贸易和服务贸易的构成情况。此处的贸易结构是指广义的贸易结构。

中亚五国对中国出口以能源矿产品为主。中亚五国由于工业基础薄弱尚未形成完整的工业体系,经济发展水平低,对中国出口的商品较为单一,以自身资源禀赋具有优势的能源矿产类初级产品为主。哈萨克斯坦里海沿岸的石油储量较为丰富,通过中哈石油管道,其对华出口额中石油占比接近60%,2013年中国累计进口原油2.82亿吨,从哈萨克斯坦进口原油1185万吨,占中国原油总进口量的4.2%,排名第八位。此外,哈萨克斯坦也是中国重要战略资源铀矿砂的主要来源地,进口量占中国总进口量的70%以上。其他中亚国家的出口结构均受其能矿资源禀赋的影响。土库曼斯坦拥有丰富的天然气资源,且和中国有中国-中亚天然气管道联通,是中国第一大天然气进口国。2013年,新疆口岸进口来自土库曼斯坦的天然气1771万吨,占中国天然气进口总量的89%。乌兹别克斯坦除在天然气、铀矿等领域具有资源优势外,还是世界第二大棉花出口国,对中国出口主要商品除天然气、铀矿外,还包括棉花和初级棉织品。2013年,中国从乌兹别克斯坦进口天然气、铀矿、棉花分别占总进口额的50%、12%、35%。吉尔吉斯斯坦贵金属储量相对丰富，非货币黄金是吉尔吉斯斯坦出口金额最大的商品，对中国出口中黄金等贵金属占比超过1/3，是中国重要的黄金进口国。塔吉克斯坦在铅、铝、锑等有色金属矿产资源上具有比较优势，有色金属矿砂及矿渣占其对中国出口比重接近80%。

中国对中亚五国出口的产品以劳动密集型产品为主。中亚五国独立后相当长一段时间内，由于苏联的"分工协作"关系打破，中亚五国的工业体系基本陷于崩溃，绝大部分生活必需品依赖进口。故此，中亚五国从中国大量进口低附加值的劳动密集型产品：家电、玩具、鞋帽、食品、饮料、陶瓷、纸张、纺织、塑料、五金电料、玻璃等。近年来，生活性消费品一直是中国向中亚五国出口的主要商品，占比一度超过一半以上，而且中亚五国中经济发展水平高的国家占比相对较低。2013年，中亚五国从中国进口产品中，劳动密集型产品占比超过40%，哈萨克斯坦进口产品中劳动密集型产品占比30%，吉、塔两国进口产品中劳动密集型产品占比超过60%。

中国和中亚五国的双边贸易结构总体比较稳定，贸易结构逐步优化。近些年，服务贸易中的工程承包规模增长迅速，由此带动中亚五国对橡胶、钢铁制品、机械设备等资本技术密集型产品的需求量快速上涨。据统计，2012年中国对中亚五国工程承包营业完成额为40.3亿美元，较上年增长34.8%，明显高于12.8%的全国平均增速[104]。如2013年9月由中铁隧道集团有限公司承建的乌兹别克斯坦安革连至琶布铁路隧道是至今中国在中亚五国建设的最长隧道，4.55亿美元的工程总造价使其成为中乌经济合作领域单个最大工程，该工程所使用的钻机、推土机、平地机、铲运机、电机等机械设备均从中国进口。

5.2.2 贸易便利化水平对贸易流量影响的定量分析

5.2.2.1 研究对象的选定

上海合作组织是中国与中亚五国推进贸易便利化进程最为依赖的平台。上合组织在贸易便利化制度建设方面取得许多突破性进展。2001年9月，上合成员国于阿拉木图共同签署《上合组织政府间启动贸易投资便利化进程备忘录》，2007年11月，在塔什干共同签署《上合组织政府海关合作与互助协定》，又于2014年9月，在杜尚别共同签署《上合组织成员国政府间国际道路运输便利化协定》。土库曼斯坦虽然不是上合成员国，但其他中亚四国与中国的贸易便利化合作会直接影响到中土贸易便利化合作进展。从地理上看，中土之间没有共同边界，其他中亚四国成为沟通彼此的中转站，中土双方无论是交通、海关，还是商检等贸易便利化合作都和其他中亚四国密不可分。因此，本书在上合组织框架下研究中国与中亚五国贸易便利化相关问题。同时，世界经济论坛历年发布的《全球贸易便利化报告》不包括土库曼斯坦和乌兹别克斯坦。鉴于研究视角和研究数据的可得性，上合框架下的研究对象未包括乌兹别克斯坦。中土、中乌双边贸易便利化的"个性"问题将在后面章节论述，在此仅论及"共性"问题。

5.2.2.2 贸易便利化水平指标体系构建及水平测算

第一步，构建贸易便利化水平指标体系。

国际上对贸易便利化还没有标准的定义，综合国内外对贸易便利化的诠释，通常集中于跨国因素和国内因素两大方面，本指标体系从贸易便利化的内涵出发，采用世界经济论坛发布的《全球贸易便利化报告》中使用的贸易便利化评价指标。整个指标体系分为4个一级指标、10个二级指标，基本上涵盖了贸易便利化所涉及的全部内容，具有完整性和科学性。构建指标体系如表 5-5 所示。

表 5-5　贸易便利化的衡量指标

一级指标	二级指标	取值范围	二级指标构成变量
A 政策环境	关税 A1 贸易措施 A2	1~7（分值越高越好）	关税及非关税壁垒、关税复杂性 免税商品份额、是否是 WTO 成员方
B 海关及边境管理	海关管理效率 B1 进出口手续效率 B2 边境管理透明度 B3	1~7（分值越高越好）	海关程序负担、海关服务指数 清关效率、进出口天数和文件 进出口不规范支付、腐败感知指数
C 交通和通信基础设施	交通基础设施质量 C1 交通运输服务质量 C2 信息通信技术利用度 C3	1~7（分值越高越好）	航空、铁路、公路基础设施质量 运输公司便利性及物流供应能力 因特网使用、手机、宽带利用率
D 商业环境	规制环境 D1 物理安全 D2	1~7（分值越高越好）	知识产权、腐败、政府效率及金融市场效率 警察服务可靠性及犯罪、暴力和恐怖的商业成本

政策环境，该指标衡量的是该国欢迎国外商品进入该国以及帮助该国出口商进入国外市场的程度。具体来说，该指标衡量的是一个国家市场保护水平、贸易体制质量以及对出口商面临目标市场的保障水平，涉及平均关税率、进口免税商品分割、关税变化以及关税高峰的频率等。

海关及边境管理，该指标衡量的是政府当局在边境促进商品进出口的程度，包括海关管理效率、进出口手续效率以及边境管理透明度等。海关管理效率衡量的是私营部门所感知的海关手续以及由海关当局和相关机构提供的海关服务效率；进出口手续效率定期评估海关及相关边境管理机构通关过程的效率和有效性，进出口货物所需天数和文件，进出口去掉关税和贸易税以外的总官方成本；鉴于腐败在贸易中可以造成的显著障碍，边境管理透明度主要评估与进出口相关的贿赂普遍程度及对每个国家腐败的整体感知程度。

交通和通信基础设施，该指标衡量的是该国是否具备必要的交通和通信基础设施，从而方便货物的进出境，包括交通基础设施质量、交通运输服务质量、信息通信技术利用度等。交通基础设施质量度量的是每个国家各种运输方式的基础设施状态，涉及机场密度、铺设道路百分比以及转运节点的便利程度；交通运输服务质量指标是对基础设施质量指标的补充，主要度量的是货运服务的便利性，包括班轮公司提供服务的数量、跟踪并追踪国际货运的能力、货物到达目的地的时效性、一般邮政效率、物流行业的整体绩效等；鉴于信息通信技术对货运管理与日俱增的重要性，以及这些技术在促进海关通关中所扮演的核心角色，信息通信技术指标主要考察移动电话、互联网以及宽带等工具的普及率，除此之外还包括政府网上服务的可用性等。

商业环境，该指标衡量的是影响进出口商活动的政府以及总体监管和安全环境，包括规制环境和物理安全。规制环境主要衡量的是哪个国家的规制环境有利于国际贸易，包括政府管理绩效、对外资开放度、雇佣国外劳动力的方便性、鼓励国外直接投资的程度、贸易金融的可获得性等；安全环境对货物安全运到目的地是十分重要的，物理安全指标主要度量国家水平的暴力犯罪以及警察执行法律和秩序的可靠性等。

二级指标是由一系列具体的变量构成，数据包括实数据及世界经济论坛的调查数据。实数据主要取自于国际知名组织的公开数据，例如世界银行、国际航空运输协会等。调查数据是由世界经济论坛在各地的研究机构完成。由于二级指标的构成变量数量较多，本书仅列举具有代表性的变量。

第二步，测算贸易便利化水平。

表5-5中，二级指标的构成变量在世界经济论坛发布的《全球贸易便利化报告》中均能找到，按照该报告中设定的权重就可以计算出二级和一级指标值，然后再按照25%的权重就能计算出各国的贸易便利化水平。从表5-6

（上合组织成员国贸易便利化水平测算结果）可以看出：中国的贸易便利化水平是五个国家中最高的，其次是俄罗斯和哈萨克斯坦，塔吉克斯坦和吉尔吉斯斯坦两国物流和通信设施以及商业环境指标评分较低，尤其是吉尔吉斯斯坦，虽然它在五个样本国家中最早加入 WTO，在政策环境方面具有优势，但由于其是恐怖主义的重灾区，很大程度上影响了与其他国家的贸易活动。

表 5-6　贸易便利化水平测算结果

贸易便利化水平	2008	2009	2010	2012	2013
中国	4.25	4.66	4.70	4.76	4.78
哈萨克斯坦	3.73	3.50	3.99	3.50	3.65
塔吉克斯坦	3.13	3.10	3.20	3.48	3.55
吉尔吉斯斯坦	3.03	3.31	3.60	3.75	3.82
俄罗斯	3.25	4.14	4.13	4.10	4.20

数据来源：根据全球贸易便利化报告（Global Enabling Trade Report，2009—2014，其中，2012 年没有发布报告，每年报告均对上一年度贸易便利化进行总结）数据整理。

5.2.2.3 引力模型构建及说明

引力模型是研究贸易量决定模式的重要工具，起源于牛顿物理学中的引力法则。最早将引力模型应用到国际贸易领域的是 Tinbergen（1962）和 Poyhonen（1963），他们认为两国双边贸易流量的规模和各自的经济总量成正比，与两国间的距离成反比。

其基本形式为 $\ln X_{ij}=\alpha_0+\alpha_1\ln Y_i+\alpha_2\ln Y_j+\alpha_3\ln D_{ij}+u_{ij}$，其中，$X_{ij}$ 根据表示 i 国到 j 国的出口量，Y_i 和 Y_j 表示 i 国和 j 国的 GDP，D_{ij} 表示 i 国到 j 国之间的距离，α_0 为常数项，u_{ij} 为随机误差项。α_1，α_2，α_3 均为弹性系数。在此之后，很多学者尝试将其他诸多解释变量加入该模型中用来解释双边贸易流量，从而使得引力模型能够更好地解释现实中的经济现象。本书在基本引力模型的基础上，加入人口和贸易便利化指数变量，构建模型如下：

$$\log(EXP_{ij}) = \beta_0 + \beta_1 * \log(GDP_i) + \beta_2 * \log(GDP_j) + \beta_3 * \log(PP_i) + \beta_4 * \log(PP_j)$$
$$+ \beta_5 * \log(DIS_{ij}) + \beta_6 * \log(TF_{ij}) + \xi_{ij}$$

其中，GDP_i 和 GDP_j 表示 i 国和 j 国的经济规模总量，反映了潜在的贸易需求，预期系数 β_1 和 β_2 的符号为正。PP_i 和 PP_j 表示 i 国和 j 国的人口数量，人口增长一方面会创造贸易需求，增加贸易，另一方面会深化国内分工，从而减少贸易，解释变量的系数 β_3 和 β_4 预期符号不确定。DIS_{ij} 表示的是 i 国和 j 国首都之间的距离，通常两个经济体之间的距离越远，运输成本越高，不利于双边贸易，预期系数 β_5 为负值。TF_{ij} 表示的是 i 国和 j 国贸易便利化指数平均值，通常贸易便利化指数越高，贸易额越大，预期系数 β_6 为正值。

5.2.2.4 样本数据选定及实证分析

基于数据的可得性（乌兹别克斯坦贸易便利化数据缺乏），本书从上海合作组织成员国中选取其余五个国家为样本国家，分别为中国和中亚三国（哈萨克斯坦、塔吉克斯坦、吉尔吉斯斯坦）以及俄罗斯。上海合作组织成员国的 GDP 数据及人口数据均来源于世界银行在线数据库《世界发展指标》。成员国间进出口贸易数据来源于联合国的 COMTRADE 数据库。贸易伙伴之间的距离，不同的研究者采用不同的变量，有的学者采用一国经济中心到另一国经济中心的实际千米数来代表，有的学者使用运输成本来代表距离，还有的学者用从出口国主要港口到进口国主要港口所需要的运输时间，笔者采用第一种方式，将各国首都作为其经济中心城市（哈萨克斯坦比较特殊，其首都为阿斯塔纳，是哈国政治中心，经济中心城市为前首都阿拉木图，因此在计算距离时采用阿拉木图作为中心城市），数据来自 http://www.geobytes.com/CityDistanceTool.htm?loadpage/。贸易便利化指标数据主要来自于世界经济论坛发布的《全球贸易便利化报告》及《全球竞争力报告》，其中 2011 年没有发布《全球贸易便利化报告》，因此本书选取 2008—2013 年（2011 年除外）数据进行分析。

本书使用 EViews 6.0 软件，采用普通最小二乘法，基于 2008、2009、2010、2012 和 2013 年截面数据进行多元线性回归分析。鉴于所使用的样本为单一时点的截面数据，模型应当不存在序列相关问题，而通过对数变换也基本上克服了引力方程的异方差问题。而且笔者在基本模型的基础上依次增加变量，发现符号和显著性均未发生改变，通过稳健性检验。

表 5-7　模型回归结果

年份	项目	B0	B1	B2	B3	B4	B5	B6	调整 R^2	F 检验值	DW 值
2013	系数	-16.479	1.4230	1.2684	-1.3785	-0.7570	-0.6723	13.8650	0.89367	38.9830	1.7467
	t 值	-5.490*	5.3865*	6.5801*	-5.686*	-4.53**	-2.34**	4.8***			
2012	系数	-18.407	1.56096	0.92942	-1.2495	-0.9105	-0.4956	11.8841	0.92458	39.8224	1.5885
	t 值	-3.784*	7.5326*	4.4851*	-2.826*	-2.05**	-1.98**	1.4***			
2010	系数	-36.898	0.69670	1.19251	-0.9445	-2.0826	-0.7751	49.0463	0.83857	17.4501	2.4237
	t 值	-4.320*	1.75***	3.0122*	-1.4***	-3.107*	-1.7***	4.7267*			
2009	系数	-11.436	1.30827	0.73560	-0.9227	-0.6929	-0.0026	5.99773	0.88633	25.6922	2.5411
	t 值	-3.508*	5.2060*	2.9272*	-2.04**	-1.53***	-0.0084	0.47599			
2008	系数	-19.123	1.5637	1.0128	-1.4652	-1.3823	-0.04946	18.5871	0.88628	25.6803	1.5888
	t 值	-3.710*	6.414*	4.1549*	-2.807*	-2.6482**	-0.1533	1.8183**			

注：带*为在 1%水平上显著，带**为在 5%水平上显著，带***为在 10%水平上显著。

五组截面数据模型的回归结果均比较理想，R^2 值在 0.80 以上，DW 值接近于 2，解释变量 GDP 和 TF 的影响系数比较大，而且基本通过了 t 检验，这充分说明 GDP（国内生产总值）和 TF（贸易便利化指数）是影响上合组织成员国间贸易流量的重要因素，这与之前的分析是基本一致的。

从回归结果可以看出：第一，反映经济规模的指标 GDP 对双边贸易流量影响显著。如果一个国家的贸易规模主要由 GDP 总量决定，则表明该国的贸易结构尚处于较低级阶段，该国参与国际贸易的主要商品是资源型和劳动密集型的产品，这点符合中国与上合组织其他成员国之间贸易商品的要素特点。第二，人口对双边贸易流量的影响是反向的。人口数量对贸易额的影响不确定，人口增加，一方面导致国内需求增加从而进口增加，另一方面也会导致国内实行进口替代，减少贸易机会；本书中人口增加导致的替代作用更大，因而系数符号为负。第三，模型显示距离对中国与中亚国家的出口影响是反向的，表明两国距离越远，贸易成本越高。第四，贸易便利化指数对双边贸易流量影响显著。贸易便利化涵盖多个方面，其中任何一个因素的变动都会对双边贸易流量产生很大的影响。

5.2.2.5 基于实证结果的中亚国家贸易便利化瓶颈分析

从上述实证结果可以看出，贸易便利化水平越高越能促进双边贸易流量的增长。中亚五国受经贸法律法规不完善、政策随意性大、缺乏透明度以及技术标准不规范等问题影响，在贸易便利化领域中普遍存在一些问题。通关不畅仍然是制约中国与中亚五国间贸易流量的主要因素；交通基础设施及运输车辆等的技术标准不同，各国基础设施建设发展不平衡，是制约进出口贸易发展的瓶颈；海关领域的通关效率低、手续繁杂和不透明等问题增加了通关成本和风险；检验检疫标准方面，各国执行国际标准的程度很低，检验检疫标准的制定和变更透明度较低，检验检疫程序复杂；金融机构比较单一，政府干预强，融资效率低、成本高，贸易结算以美元为主，中方企业汇率风险大。上述问题的存在严重制约中国与中亚五国间贸易的发展。

5.3 中国与中亚五国双边投资发展分析

5.3.1 中国与中亚五国双边投资发展现状

由于本书主要站在中国立场，基于中国企业利益，分析中国与中亚五国贸易投资便利化的推进，因而，在介绍中国与中亚五国双边投资发展现状时，重点分析中国对中亚五国直接投资现状，对中亚五国对中国的投资状况进行简要介绍。

5.3.1.1 中国对中亚五国直接投资现状

中国对中亚五国直接投资现状主要表现在以下两个方面：

一是，投资规模增长迅速。中国和中亚五国的投资合作晚于贸易合作，起点较低，发展较快。总的看来，次贷危机以后，中国对中亚五国直接投资规模总额呈现快速增长态势。根据 2006—2013 年《中国对外直接投资统计公报》，从流量上看，2006—2013 年，中国对中亚五国 ODI 流量整体呈快速上升趋势，但个别国家波动较大。其中，中国对乌兹别克斯坦的 ODI 流量相对于其他四个国家处于较低水平，尤其是 2012 年还出现近 2679 万美元的撤资；中国对土库曼斯坦的 ODI 波动较大，2008 年之前投资水平很低，每年流量不足 150 万美元，此后随着天然气大型能源项目陆续落地，投资额逐渐增加，2010 年高达 4.5 亿美元的投资成为当年整个中亚五国之最，随之 2011 年就出现 3.8 亿美元的巨额撤资，2013 年的 ODI 又为负值，但规模大幅减少仅为 3200 万美元；中国对哈、塔、吉三国的 ODI 呈现稳定增长趋势，流量峰值都在 2012 年出现。从整体看，2006—2013 年，直接投资规模年均增长 53%。

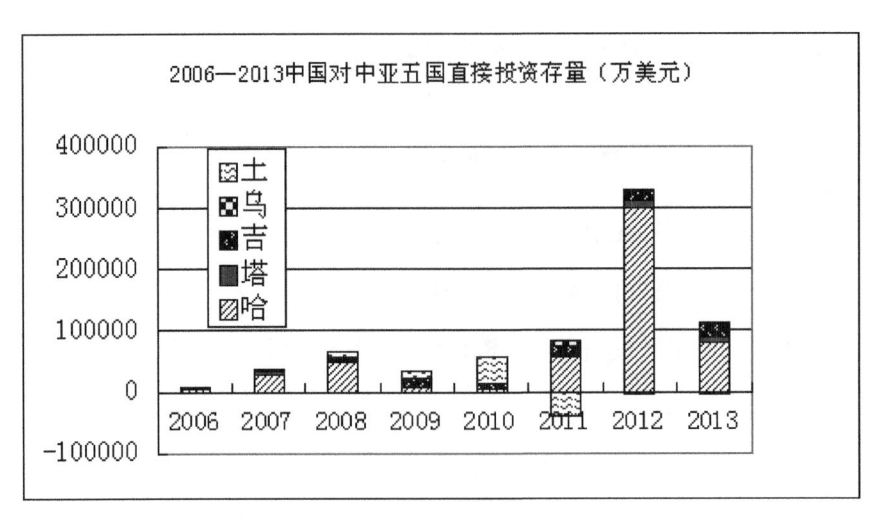

图 5-1 中国对中亚五国直接投资存量

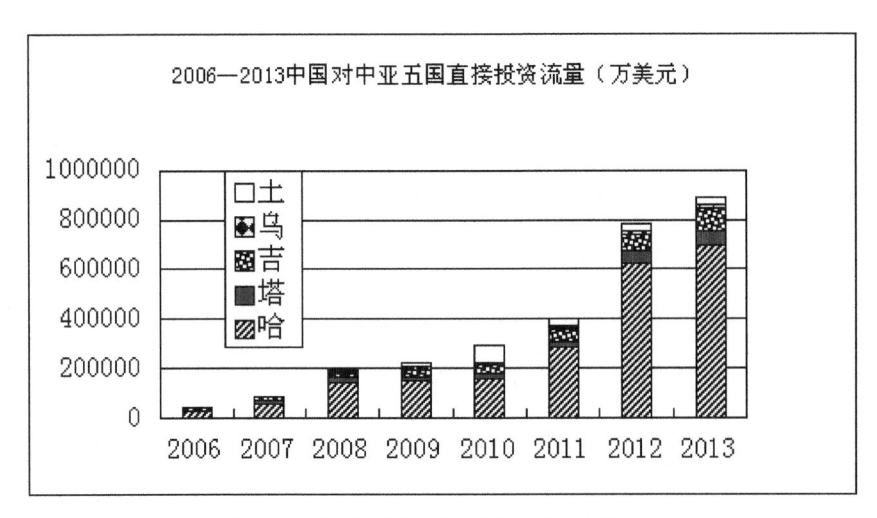

图 5-2 中国对中亚五国直接投资流量

从存量上看，2006—2013 年，中国对中亚五国 ODI 存量上升趋势明显。其中，哈萨克斯坦作为中亚五国中经济实力最强的国家，吸引中国的 ODI 也最多，2013 年达到 69.6 亿美元，占中国对中亚五国 ODI 存量的 78%。中国对土库曼斯坦的 ODI 存量的峰值出现在 2010 年，达到 6.6 亿美元，此后一路震荡下行。在 2008 年金融危机后，中国对塔吉克斯坦的 ODI 呈下滑趋势，直到 2012 年才转为增长，中国对吉、乌的 ODI 增速也出现同步放缓迹象。2013 年中国对中亚五国直接投资的流量（单位：千万美元）分别为：哈萨克斯坦 81.1、吉尔吉斯斯坦 20.3、塔吉克斯坦 7.2、土库曼斯坦-3.2、乌兹别克斯坦 4.4。

需要指出的是，中国对中亚五国直接投资的流量并不稳定，受工程进度、对方政策变动的影响，个别年份甚至出现净流入的状况。哈萨克斯坦是中国在中亚五国中的最主要投资目的地国，对其他中亚四国的投资规模相对偏低。2013 年年底，中国对哈萨克斯坦的投资存量占中国对中亚五国直接投资流量的 80%。从投资来源地看，中国对中亚五国的投资规模仍远低于西方发达国家。以中国在中亚地区投资规模最大的哈萨克斯坦为例，据哈萨克斯坦央行数据，自 2008 年以来，对哈投资额第一的荷兰一直是中国对哈投资额的 10 倍左右。

二是，投资结构不平衡。中亚五国除哈萨克斯坦、土库曼斯坦外其余国家经济发展水平较低，中亚五国普遍存在：国内市场容量较小，法律法规不够健全，投资壁垒高，制造业配套能力较弱，政策法规多变，且政府腐败滋生，但能源矿产资源丰富，因此流入中亚五国的外商投资多属于"资源寻求型"。哈萨克斯坦央行的数据显示，从外资流向的行业领域分布看，历年来，外商直接投资流入的前五大行业领域依次是：地质勘探、采掘业、加工业、金融保险、商贸和汽车家电维修。从流入规模看，自 2008 年以来，流向哈萨克斯坦能矿行业的外资占 2/3 以上，而流向加工制造业等非资源行业的不到 1/5。中国对中亚五国投资也主要以能矿行业为主，如截至 2014 年 6 月底，中国在哈国投资存量中 2/3 以上流向采矿业，其他主要流向商贸、金融、建筑、房地产等行业，流入制造业的规模很小。

从中国对中亚五国 ODI 的产业分布看，根据商务部、国家发改委和外交部发布的《对外投资国别产业指引（2011版）》，中国对中亚五国直接投资的产业分布广泛，涉及采矿业、制造业、建筑业、金融业、批发和零售业等多个产业。首先，基于中国经济的快速发展对能源的需求与日俱增，为保证中国的能源安全，很多能源类企业在中亚五国投资采矿业及与之相配套的地质勘探业等。其次，考虑到中国本土市场潜力，例如建筑业几近饱和，而中亚五国的基础设施建设发展空间广阔，很多中国企业承接了中亚五国大量的建筑工程项目。再次，随着中亚五国经济的发展、购买力的增强以及中国产品的价格优势，很多中国企业在中亚设立代表处，从事进出口贸易。同时，由于中国劳动力和原材料成本的提高以及人民币汇率的不断升值，为了降低生产成本和运输成本，很多厂商直接在中亚国家投资建厂从事制造业。最后，中亚五国吸引外资的优惠政策也吸引大量的中国企业到中亚寻找投资机会。

5.3.1.2 中亚五国对中国直接投资现状

由于经济科技发展水平较低、加工制造业相对落后等原因，中亚五国对外直接投资规模很小，对外经济合作以吸引外资为主。截至2014年6月底，哈萨克斯坦对华直接投资规模为1.78亿美元，在中亚五国中位居榜首；其他四国对华直接投资规模都在100万美元上下。

基于表5-8，可以看出，中亚五国对中国的直接投资波动较大，且整体投资规模较小。中亚五国中的哈萨克斯坦经济实力最强，对中国每年都有一定的投资额；乌兹别克斯坦在2011—2013年对中国都有投资，但规模逐渐降低；其他三个国家，即吉、塔、土三国只在个别年份对中国进行直接投资。可见，中亚五国对中国的直接投资规模与其经济发展水平有很大关系。

表 5-8 中亚五国对中国直接投资状况

（单位：万美元）

国家	2010	2011	2012	2013
哈萨克斯坦	155	1127	555	363
吉尔吉斯斯坦	—	—	27	—
塔吉克斯坦	7	—	11	—
土库曼斯坦	—	—	—	19
乌兹别克斯坦	—	457	155	5

数据来源：中国统计年鉴（2011-2014），2010 年之前的统计年鉴中没有分别显示中亚五国的数据。"—"代表统计年鉴中该项目没有数据。

5.3.2 中国对中亚五国直接投资影响因素的实证研究

5.3.2.1 研究出发点

根据联合国贸发组织（UCTAD）2014 年《世界投资报告》，中国对外直接投资（以下简称 ODI）近年来快速增长，2013 年对外投资额高达 1010 亿美元，较 2012 年增长 15%，成为美国、日本之后的全球第三大对外投资国；截至 2013 年年底，中国对外投资存量达 6136 亿美元，全球排名从 2011 年第 17 位上升至 2013 年的第 11 位。其中，中国对中亚五国（哈萨克斯坦、乌兹别克斯坦、塔吉克斯坦、吉尔吉斯斯坦和土库曼斯坦）的对外直接投资也增长迅速，根据《2013 年中国对外直接投资公报》，2013 年中国对中亚五国的 ODI 流量达到 109895 万美元，占中国对外投资总额的 1.02%，而且哈萨克斯坦在 2013 年中国对外直接投资流量前 20 位国家中位居第 13 位。可见，中亚五国在中国 ODI 中占据重要的一席之地。

国内外很多学者对中国 ODI 行为进行研究，一些西方学者认为中国对中亚五国直接投资的主要目的是"资源掠夺"，不可否认的是，寻求"能矿资源"的确是中国企业投资中亚五国的重要动机，中国基于能源安全考虑与石油、天然气资源丰富的哈、土、乌三国有着密切的经济合作，但也不能以偏概全。中亚五国中，塔、吉两国的石油、天然气等能矿资源比较匮乏，但中国在这两个国家的 ODI 却远高于对能矿资源相对丰富的乌国。因此，有必要全面分析中国对中亚五国 ODI 的影响因素。本书从中亚五国的资源、社会、投资环境等多个角度通过实证方法研究中国对中亚五国 ODI 的影响因素。[105]

5.3.2.2 研究假设

第一，经济自由度与中国 ODI。

经济自由度变量衡量的是一个国家或地区生产、交换、消费商品和服务的自由程度，可以较全面地测度一个国家或地区的投资环境。东道国投资环境越宽松，企业的交易成本就越低；而且，经济自由度较高的国家与经济自由度较低的国家相比，经济更容易保持长期的增长速度，该国就更容易受到国外投资者的青睐。沈军（2013）和陈岩（2012）在分析中国投资非洲的影响因素中都肯定了经济自由度的地位。

假设1：东道国经济自由度越高（1a），母国 ODI 流入越多。

第二，东道国的腐败状况与中国 ODI。

通过文献查询，被投资国的腐败因素通常被单独考量。对于腐败是否影响东道国吸引外资流入，学术界有很多争议。一些学者认为腐败会降低投资者的投资信心，肯定会影响外国投资流入；另外一些学者认为东道国政治腐败为投资者创造了一个更为宽松友好的环境，他们可以通过贿赂官员从而获取政策上的优惠和扶持并增加投资。从近年的文献看，Jung-Yeop Woo和Uk Heo（2009）对非经济合作组织（OECD）亚洲成员国政府腐败和FDI流入关系进行实证检验，结果表明腐败的确有害于这些国家FDI的吸引力。Aparna Mathur（2013）也认为发展中国家的腐败与FDI流入负相关，本书也倾向这个观点。

假设2：东道国腐败程度越低，即清廉指数越高（2b），母国ODI流入越多。

第三，能矿资源与中国ODI。

随着中国经济的快速增长，国内的能源产能远不能满足经济发展的需求，中国已经成为能源进口大国，尤其是石油和天然气资源。基于能源安全考虑，中国会多方面拓展能矿资源来源，所以国外学者认为中国投资者更倾向投资能矿资源丰富的国家，例如，Mina（2007）通过实证方法研究中国对东道国投资的影响因素，发现石油产量、储备和价格影响了中国对东道国的投资；Bala Ramasamy（2012）研究也认为中国国有企业青睐能矿资源丰富的国家。

假设3：东道国能矿资源富集（3c），母国ODI流入越多。

5.3.2.3 中国对中亚五国直接投资影响因素的实证分析

首先，明确研究对象、数据来源和解释变量。

本书研究的样本国家有哈萨克斯坦、塔吉克斯坦、吉尔吉斯斯坦、乌兹别克斯坦和土库曼斯坦，时间跨度为2006—2013年。指标选用与数据来源如下：

表5-9 指标名称、符号及数据来源

变量	变量符号	数据来源
中国对中亚五国直接投资流量	ODI	2013年中国对外直接投资统计公报（商务部、外交部和外汇管理局发布）
东道国市场特征		
经济自由度	IEF	Heritage Foundation（《华尔街日报》和美国传统基金会发布）
腐败（清廉指数）	CPI	Transparency International（透明国际组织发布）
能矿资源	RES	《BP世界能源统计年鉴》

具体变量解释如下：

被解释变量：中国对中亚五国直接投资（ODI），采用年度流量数据。

解释变量一：经济自由度（IEF），由《华尔街日报》和美国传统基金会每年定期发布。该指数根据经济自由度50个指标评价各个国家和地区的得分，根据得分将所有国家和地区分为如下五个等别：完全自由（80～100分），比较自由（70～79.9分），有限度自由（60～69.9分），比较压制（50～59.9分），压制（49.9分或以下）。50个小指标归属于10个大类指标，分别是：贸易政策、政府财政开支、政府对经济的干预、货币政策、资本流动和外国投资、银行业和金融业、工资和物价、产权、规制以及非正规市场活动（黑市）。2006—2013年中亚五国经济自由度指数如图5-3所示。

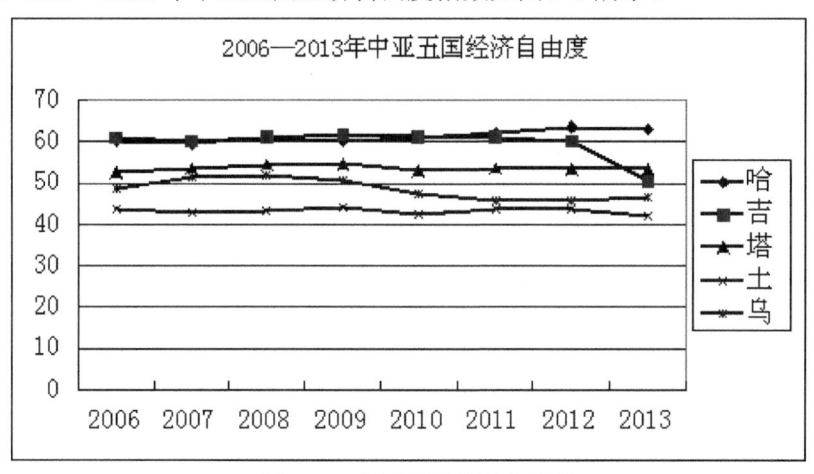

图5-3 中亚五国经济自由度

解释变量二：清廉指数（CPI）。为了强调中亚五国的腐败对中国对外投资的影响，本书专门将腐败作为独立的解释变量，并用清廉指数（CPI）进行单独考查。清廉指数（CPI）每年由透明国际组织公布，该指数以对商人的问卷调查作基础，按世界各国本土贪污情况的普遍性进行排名。CPI（清廉指数）采用10分制，10分为最高分，表示最廉洁；0分表示最腐败；8.0～10.0之间表示比较廉洁;5.0～8.0分之间为轻微腐败;2.5～5.0分之间为腐败比较严重;0～2.5分之间则为极端腐败。2006—2013年中亚五国清廉指数如图5-4所示。

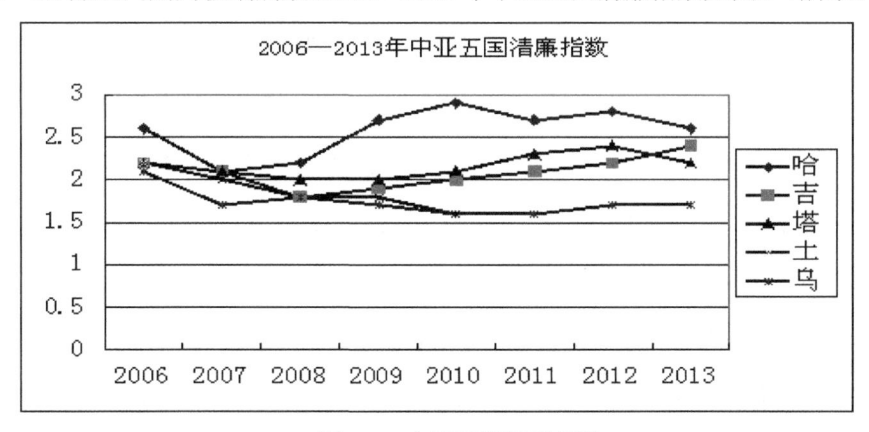

图5-4 中亚五国清廉指数

解释变量三：能矿资源（RES）。根据中国商务部、发展和改革委员会、外交部2011年发布的《对外投资国别产业指引（2011版）》，结合《境外投资企业（机构）名录》以及《BP世界能源统计年鉴》，可以看出中亚五国中哈、土、乌三国能矿资源禀赋突出，塔、吉两国石油、天然气等主要能矿资源相对贫乏。本书将该变量设为虚拟变量，即哈、土、乌三国为1，塔、吉两国为0。

其次，进行面板数据检验及回归。

下面简略叙述该模型基于规范的 Panel Data 建模所用到的单位根检验、协整检验、模型形式设定等检验思想，以便准确理解本模型的经济学意义。

第一步，面板数据的单位根检验。

对面板数据考虑下面的AR（1）过程：

$$y_{it} = \rho_i y_{it-1} + x'_{it}\delta_i + u_{it} \quad i=1,2,\cdots,N \quad t=1,2,\cdots,T \quad (5-1)$$

其中，x_{it} 表示模型中的外生变量向量，包括各个体截面的固定影响和时间趋势。N 表示个体截面成员的个数，δ_i 表示第 i 个截面成员的观测时期

数，参数 ρ_i 为自回归的系数，随机误差项 u_{it} 相互满足独立同分布假设。可见，对于式（5-1）所表示的 AR（1）过程，如果 $|\rho_i|<1$，则对应的序列 y_i 为平稳序列；如果 $|\rho_i|=1$，则对应的序列 y_i 为非平稳序列。

根据对式（5-1）中参数 ρ_i 的不同限制，可以将面板数据的单位根检验方法划分为两大类：一类为相同根情形下的单位根检验，这类检验方法假设面板数据中的各截面序列具有相同的单位根过程（common unit root process），即假设式（5-1）中的参数 ρ_i 满足 $\rho_i=\rho$（i，2，…，N）；另一类为不同根情形下的单位根检验，这类检验方法允许面板数据中的各截面序列具有不同的单位根过程（individual unit root process），即允许参数 ρ_i 跨截面变化。

第一种情况：相同根情形下的单位根检验。

LLC 检验思想：

$$\Delta y_{it}=\eta y_{it-1}+\sum_{j=1}^{pi}\beta_{ij}\Delta y_{it-j}+x'_{it}\delta_i+u_{it} \quad i=1, 2, \cdots, N \quad t=1, 2, \cdots, T$$

（5-2）

式（5-2）中，$\eta=p-1$，δ_i 为第 i 个截面成员的滞后阶数，在该模型中允许其跨截面变化。

LLC 检验的假设：

$$\begin{cases} H_0: \eta=0, \text{原假设为面板数据中的各截面序列均具有一个相同单位根。} \\ H_1: \eta<0, \text{备择假设为各截面序列均没有单位根。} \end{cases}$$

第二种情况：不同根情形下的单位根检验。

Im-Pesaran-Skin 检验、Fisher-ADF 检验和 Fisher-PP 检验对面板数据的不同截面分别单位根检验，其最终的检验在综合了各个截面的检验结果上，构造出统计量，对整个面板数据是否有单位根作出判断。

一是，Im-Pesaran-Skin 检验。在 Im-Pesaran-Skin 检验中，首先对每个截

面成员进行单位根检验:

$$\Delta y_{it} = \eta y_{it-1} + \sum_{j=1}^{pi} \beta_{ij} \Delta y_{it-j} + x'_{it}\delta_i + u_{it} \quad i=1, 2, \cdots, N \quad t=1, 2, \cdots, T$$

(5-3)

$$\begin{cases} H_0: \eta_i = 0, \text{ for all i} \\ H_1: \begin{cases} \eta_i = 0, \text{ for i} = 1, 2, \cdots, N_1 \\ \eta_i < 0, \text{ for i} = N_1+1, N_1+2, \cdots, N \end{cases} \end{cases}$$

二是,Fisher-ADF 检验和 Fisher-PP 检验。Fisher-ADF 检验和 Fisher-PP 检验应用了 Fisher 的结果（1932）,通过结合不同截面成员单位根检验的 P 值,构造出两个统计量,渐进服从于卡方分布和正态分布,用来检验面板数据是否存在单位根。

Fisher-ADF 检验和 Fisher-PP 检验原假设和备择假设:

$$\begin{cases} H_0: \eta_i = 0, \text{ for all i} \\ H_1: \begin{cases} \eta_i = 0, \text{ for i} = 1, 2, \cdots, N_1 \\ \eta_i < 0, \text{ for i} = N_1+1, N_1+2, \cdots, N \end{cases} \end{cases}$$

两个渐进统计量分别为:

渐进卡方统计量定义如下:

$$-2\sum_{i=1}^{N} \log(\pi_i) \to \chi^2(2N)$$

(5-4)

式中,π_i 为第 i 组截面成员单位根检验的 P 值,卡方分布的自由度为 $2N$。

渐进正态统计量定义如下:

$$z = \frac{1}{\sqrt{N}} \sum_{i=1}^{N} \phi^{-1}(\pi_i) \to N(0,1)$$

(5-5)

式中:ϕ^{-1} 是标准正态分布函数的反函数,π_i 为第 i 组截面数据单位根检验

的 P 值。

依据上述单位根检验思想，对 ODI?、IEF?、CPI?等面板数据进行单位根检验，检验结果如下：

表 5-10　变量 ODI?、IEF?、CPI?等面板数据单位根检验结果

面板数据序列 检验方法	ODI? 统计量值（P 值）	CPI? 统计量值（P 值）	IEF? 统计量值（P 值）
原假设：存在单位根（相同根情形下的单位根检验）			
Levin, Lin & Chu t*	−7.6804（0.0000）	−9.6911（0.0000）	−4.1338（0.0000）
原假设：存在单位根（不同根情形下的单位根检验）			
Im, Pesaran and Shin W-stat	−0.7699（0.2207）	−3.8562（0.0001）	−1.3900（0.0823）
ADF - Fisher Chi-square	19.3637（0.0359）	34.6517（0.0001）	22.5684（0.0125）
PP - Fisher Chi-square	42.7105（0.0000）	32.0622（0.0004）	15.8285（0.1046）

结果显示：对于面板数据 ODI?，LLC 检验、Fisher-ADF 检验、Fisher-PP 检验的统计量 P 值均小于 0.05，拒绝存在单位根的原假设，只有 IPS 检验的统计量 P 值均大于 0.05，接受存在单位根的原假设；对于面板数据 CPI?，LLC 检验、IPS 检验、Fisher-ADF 检验、Fisher- PP 检验的统计量 P 值均小于 0.05，拒绝原假设；对于面板数据 IEF?，LLC 检验、IPS 检验、Fisher-ADF 检验、Fisher- PP 检验的统计量 P 值均小于 0.1（放宽限制条件至显著性水平为 10%），拒绝原假设，只有 Fisher-PP 检验的统计量 P 值均大于 0.1，接受原假设。按照"少数服从多数"的原则，面板数据 ODI?、CPI?、IEF?均为平稳序列，即 ODI? ~ I（0），CPI? ~ I（0），IEF? ~ I（0）。

第二步，面板数据的协整检验。

面板数据的协整检验方法可以分为两大类，一类是建立在 Engle and Granger 二步法检验基础上的面板协整检验，具体方法主要有 Pedroni 检验和 Kao 检验；另一类是建立在 Johansen 协整检验基础上的面板协整检验。

一是，Pedroni 检验思想。

Pedroni（1999）提出了基于 Engle and Granger 二步法检验基础上的面板

协整检验方法，考虑下面的回归模型：

$$y_{it} = \alpha_i + \delta_i + x'_{it}\beta_i + u_{it} \tag{5-6}$$

式（5-6）中，k 为模型中解释变量个数，参数 α_i 和 δ_i 是每个截面的个体和趋势效应。由 Engle and Granger 二步法可知，在原假设下即变量之间不存在协整关系的条件下，残差序列为非平稳序列。因此，基于 Engle and Granger 二步法的面板数据协整检验通常的做法是通过式（5-6）获得残差序列，然后利用辅助回归检验残差序列是否为平稳序列，辅助回归的形式如下：

$$\hat{u}_{it} = \rho_i \hat{u}_{it-1} + v_{it} \quad i=1, 2, \cdots, N$$

在上式中，ρ_i 表示对应于第 i 个截面个体的残差自回归系数，Pedroni 检验在对残差进行平稳性检验时，使用的具体原假设和备择假设分为以下两种情形：

$$\begin{cases} (1) \ H_0: \rho_i=1 \quad H_1: (\rho_i=\rho)<1; \\ (2) \ H_0: \rho_i=1 \quad H_1: \rho_i<1 \end{cases}$$

二是，Kao 检验思想。

Kao 检验与 Pedroni 检验遵循相同的基本方法，即也是在 Engle and Granger 二步法基础上发展起来的。但不同于 Pedroni 检验在第一阶段将回归方程设定为每一个截面个体有不同的截距项和相同的系数，即在第一阶段在估计式（5-6）所示的协整方程时设定其中的 α_i 是不同的，β_i 是相同的，并将所有的趋势系数 δ_i 设定为0。

在第二阶段 Kao 检验基于 DF 检验和 ADF 检验的原理，对第一阶段所求得的残差序列进行平稳性检验。

三是，Johansen 面板协整检验思想。

该方法通过联合单个截面个体 Johansen 协整检验的结果获得对应于面板数据的检验统计量。

Johansen 面板协整检验的核心步骤如下：

首先，分别对各截面个体 i 进行单独的 Johansen 协整检验。设 π_i 为截面个体 i 的特征根统计量或最大特征根统计量所对应的 P 值。

其次，利用 Fisher 的结论建立式（5-7）所示的相应于面板数据协整检验的统计量。

$$\text{Fisher} = -2\sum_{i=1}^{N}\ln(\pi_i) \tag{5-7}$$

Johansen 面板协整检验原假设和备择假设：

$$\begin{cases}(1)\ H_0：存在相应个数协整向量\\(2)\ H_1：不存在相应个数协整向量\end{cases}$$

Johansen 面板协整检验要求年度数据越长越好，本模型所能采集到的数据为 2006—2013 年的相关数据，由于数据可得性的客观限制条件，本书采用建立在 Engle and Granger 二步法检验基础上的面板协整检验，即 Pedroni 检验和 Kao 检验思想。

对面板数据 ODI?、CPI?、IEF?进行协整检验，各检验方法的检验结果见表 5-11。

表 5-11 Kao 检验与 Pedroni 检验结果（滞后阶数由 SIC 准则确定）

检验方法	检验假设	统计量名	统计量值（P 值）
Kao 检验	H_0：不存在协整关系（$\rho=1$）	ADF	0.09474（0.0172）*
Pedroni 检验	H_0：$\rho_i=1$	Panel v-Statistic	-0.2929（0.0152）*
		Panel rho-Statistic	-0.6697（0.2515）
	H_1：（$\rho_i=\rho$）<1	Panel PP-Statistic	-10.7719（0.0000）*
		Panel ADF-Statistic	-2.1991（0.0139）*
	H_0：$\rho_i=1$	Group rho-Statistic	1.0910（0.8624）
		Group PP-Statistic	-10.8347（0.0000）*
	H_1：$\rho_i<1$	Group ADF-Statistic	-2.5607（0.0052）*

注：加"*"表示在 5%的显著性水平下拒绝原假设而接受备择假设。

上述检验结果检验的样本区间为2006—2013年,从检验结果可以看出,除Panel rho-Statistic、Group rho-Statistic外,其他Statistic均支持存在协整关系。按照"少数服从多数"的原则,面板数据ODI?、CPI?、IEF?之间存在协整关系。

第三步,模型形式设定检验思想。

Panel Data模型划分为三种类型:无个体影响的不变系数模型、变截距模型、含有个体影响的变系数模型。在Panel Data模型形式中,含有N个截面方程和含有T个时期方程的模型估计方法一致。下面以含有T个时期方程的模型予以表述。

无个体影响的不变系数模型的单方程回归形式可以写成:

$$y_t = \alpha e + x_t \beta + u_t \quad t=1, 2, \cdots, T \quad (5\text{-}8)$$

在该模型当中,假设在截面成员上既无个体影响也没有结构变化,即对于各时期方程,截距项α和$k\times 1$向量β均相同。

变截距模型的单方程回归形式可以写成:

$$y_t = \alpha_t e + x_t \beta + u_t \quad t=1, 2, \cdots, T \quad (5\text{-}9)$$

在该模型当中,假设在截面成员上存在时期影响而没有结构变化,并且时期影响可以用截距项α_t($t=1, 2, \cdots, T$)的差别来说明,即在该模型中各时期方程的截距项α_t不同,而$k\times 1$维系数向量β均相同。

变系数模型的单方程回归形式可以写成:

$$y_t = \alpha_t e + x_t \beta_t + u_t \quad t=1, 2, \cdots, T \quad (5\text{-}10)$$

在该模型当中,假设在截面成员上既存在时期影响,又存在结构变化,时期影响由变化的截距项α_t($t=1, 2, \cdots, T$)来表示,结构变化由$k\times 1$维系数向量β_t($t=1, 2, \cdots, T$)依时期的不同而变化。

建立Panel Data模型的关键一步就是检验被解释变量y_{it}的参数α_t和β_t是否对所有时期都是一样的,即检验样本数据究竟符合上面的哪种Panel Data

模型形式，从而避免模型设定的偏差，改进参数估计的有效性。常使用的检验是协方差分析检验，主要检验如下两个假设：

$$\begin{cases} H_1: \beta_1=\beta_2=\cdots=\beta_T \\ H_2: \beta_1=\beta_2=\cdots=\beta_T, \alpha_1=\alpha_2=\cdots=\alpha_T \end{cases}$$

可见，如果不拒绝假设 H_2，则可以认为样本数据符合不变系数模型，无须进行进一步的检验。

假设检验的 F 统计量的计算方法如下：

首先，变系数模型的残差平方和：S_1

$$y_t = \alpha_t e + x_t \beta_t + u_t \quad t=1, 2, \cdots, T \quad (5\text{-}11)$$

式（5-11）的残差平方和记为 S_1。

其次，变截距模型的残差平方和：S_2

$$y_t = \alpha_t e + x_t \beta + u_t \quad t=1, 2, \cdots, T \quad (5\text{-}12)$$

式（5-12）的残差平方和记为 S_2。

第三，无个体影响的不变系数模型的残差平方和：S_3

$$y_t = \alpha e + x_t \beta + u_t \quad t=1, 2, \cdots, T \quad (5\text{-}13)$$

式（5-13）的残差平方和记为 S_3。

由此可以得到如下结论：

第一，$S_1/\sigma_u^2 \sim \chi^2[N(T-k-1)]$；

第二，在 H_2 下，$S_3/\sigma_u^2 \sim \chi^2[N(T-k-1)]$ 和

$(S_3-S_1)/\sigma_u^2 \sim \chi^2[(N-1)(k+1)]$；

第三，$(S_3-S_1)/\sigma_u^2$ 与 S_1/σ_u^2 独立。

所以，在假设 H_2 下检验统计量 F_2 服从相应自由度下的 F 分布，即

$$F_2 = \frac{(S_3-S_1)/[(N-1)(k+1)]}{S_1/(NT-N(k+1))} \sim F[(N-1)(k+1), N(T-k-1)] \quad (5\text{-}14)$$

若计算所得到的统计量 F_2 的值小于给定置信度下的相应临界值,则接受 H_2,认为样本数据符合不变系数模型。

应用 Eviews 6.0 软件计算过程如下:

必须注意到,应用 Eviews 进行模型检验时,具体项目的填写要建立在经济实际的基础上。中国对中亚五国直接投资的实践证明,随着时间的推移,直接投资影响因素的结构发生了变化。因此,在检验过程中,选取时期影响而非个体影响,同时,为降低残差平方和选取时期加权的形式,检验结果见表 5-12。

表 5-12　Dependent Variable:ODI?　Method:Pooled EGLS (Period weights)

Variable(Ⅰ)	Variable(Ⅱ)	Variable(Ⅲ)
CPI?—2006、2007、2008、2009、2010、2011、2012、2013 IEF?—2006、2007、2008、2009、2010、2011、2012、2013 RES?—2006、2007、2008、2009、2010、2011、2012、2013 C--2006 C--2007 C--2008 C--2009 C--2010 C--2011 C--2012 C--2013	CPI? IEF? RES? C--2006 C--2007 C--2008 C--2009 C--2010 C--2011 C--2012 C--2013	CPI? IEF? RES? C
Weighted Statistics		
R-squared　0.995401 Adjusted　R-squared　0.977581 Sum squared resid　2212 F-statistic　55.86083 Prob (F-statistic)　1.462533	R-squared　0.868495 Adjusted　R-squared　0.823142 Sum squared resid　43947 F-statistic　19.1525303 Prob(F-statistic)　3.424625	R-squared　0.737821 Adjusted　R-squared　0.71597 Sum suared resid　58581 F-statistic　33.77028 Prob(F-statistic)　0.000000
Unweighted Statistics		
R-squared　0.977095 Sum squared resid　2212	R-squared　0.430469 Sum squared resid　55000	R-squared　0.284955 Sum suared resid　69052

从检验结果可知：S_1=2212，S_2=43947，S_3=58581。本模型中，N=5，k=3，T=8。由式（5-14）计算得到，F_2=31.85，F_1=31.45。

查 F 分布表，在给定 1%的显著性水平下，得到相应的临界值为

$$F_{2a}(16, 20)=2.7 \qquad F_{1a}(12, 20)=3.23$$

由于 F_2>2.67，所以拒绝 H_2；又由于 F_1>3.23，所以也拒绝 H_1。因此，本模型选择变系数模型。

应用 Eviews 6.0 进行变系数模型回归，估计结果显示：在经过系列检验所选择的"最优"模型中，普遍意义上的影响直接投资流量的三个"基础性"解释变量不再具有经济学解释意义。仅以经济自由度（IEF?）估计结果为例，从 2006—2013 年 8 个时期跨度内，就有 2007、2008、2009、2010、2011 年五个时期的经济自由度在 10%（甚至放宽到 20%亦是如此）的显著性水平下，P 值远大于 0.1（亦大于 0.2），说明这五个时期的经济自由度不显著，具体见表 5-13。

表 5-13 经济自由度（IEF?）估计结果

Variable	Coefficient	Std. Error	t-Statistic	Prob.
IEF?--2006	0.196623	0.052747	3.727673	0.0058
IEF?--2007	1.132072	0.789490	1.433927	0.1895
IEF?--2008	0.815418	0.946868	0.861174	0.4142
IEF?--2009	0.121486	1.457176	0.083371	0.9356
IEF?--2010	-1.538442	3.977184	-0.386817	0.7090
IEF?--2011	3.155778	3.779147	0.835050	0.4279
IEF?--2012	5.524909	1.482473	3.726818	0.0058
IEF?--2013	1.001009	0.492082	2.034230	0.0764

比较发现，针对本文的特定研究对象，"次优"模型即无个体影响的不变系数模型的回归结果更具经济学解释意义，也更符合中国对中亚五国直接投资的经济现实。回归结果如下：

表 5-14 无个体影响的不变系数模型的回归结果

Variable	Coefficien	Std. Error	t-Statistic	Prob.
C	-167.2429	18.95560	-8.822873	0.0000
IEF?	1.322877	0.377444	3.504831	0.0012
CPI?	47.74494	8.701612	5.486908	0.0000
RES?	24.32052	4.418305	5.504491	0.0000
Weighted Statistics				
Adjusted R-squared	0.715973		Durbin-Watson stat	1.833562
Prob（F-statistic）	0.000000		Sum squared resid	58581.48

5.3.2.4 回归结果分析

估计结果显示：在5%的显著性水平下，三个解释变量的 P 值均小于0.05，说明均显著。中亚五国的经济自由度指数（IEF?）对中国 ODI 有显著的正影响，中亚五国的货币自由度、劳工自由度、金融自由度、投资自由度、贸易自由度等经济自由度分指标越高，即投资环境越完善，越容易吸引中国企业，尤其是民营企业的投资。度量腐败程度的清廉指数（CPI?，该指数越高廉洁程度越高）对中国 ODI 亦有显著的正影响，这与中亚投资现实相吻合。中国企业更倾向腐败程度低，即清廉指数较高的国家，这样有助于企业节省成本。国内不少企业在与中亚国家投资项目确定后，迟迟不能落实或落实过程中阻碍重重，很大程度上是由于中亚国家官僚体系腐败比较严重，这个结论与 Sumon Kumar Bhaumik（2011）的研究结果一致[106]。能矿资源（RES?）对中国的 ODI 也有显著的正影响，自 2006 年至 2013 年，中国对中亚国家资源领域的直接投资不断升温，中哈原油管道、中国-中亚天然气管道 ABC 线等一大批经济带动性强的大项目顺利投产运营。可以预见，随着中国大力推动节能减排工作，中国同中亚五国的资源合作将更加紧密，估计结果与 Mina

（2007）[107]、Bala Ramasamy（2012）[108]的研究结论一致。

特别值得注意的是，该模型估计结果显示残差平方和很大，说明影响直接投资流量的因素，除了以上三个基本因素外，还有影响因素未量化纳入其中，未体现出来的影响因素都被归入到常数项下。毫无疑问，计量经济学模型方法的核心是依据样本信息估计总体参数，那么，充分利用尽可能多的样本信息，是任何一项计量经济学应用研究必须遵循的原则[109]。本模型残差平方和大恰恰印证了中国对中亚五国直接投资影响因素中存在一些难以量化的样本信息。实践证明，多种非经济因素对中国与中亚五国区域经济合作起到一定的制约作用。区域经济合作中的非经济因素主要包括社会政治因素、区域安全因素、大国博弈因素、地区文化因素等，而这些因素很难通过量化的手段引入到模型中来，这也就是为什么本模型残差平方和大的原因。

基于上述实证结论，中国可以采取如下策略：第一，中亚五国经济自由度因素和中国企业 ODI 之间存在显著的正相关，即中亚五国经济环境的改善有助于吸引中国企业对其投资。中国政府可以通过与中亚五国的各种合作关系和机制，力所能及地帮助其改善投资环境，这将有利于继续推动中国对中亚五国的投资。2001 年，随着上海合作组织的成立，中国与哈、塔、吉、乌都成为上合组织成员国，彼此间合作关系进一步加强，中国政府可以充分利用这个平台，加强与中亚五国多方面的经济合作，从而进一步提高中亚国家的经济自由度。第二，丰富的能矿资源有利于投资的持续流入，中亚五国具有特殊的地缘政治因素，直接影响中国 ODI。中国政府应继续深化与中亚五国的睦邻友好关系，积极关注其他国家在中亚的能源布局，制定针对中亚五国的长期资源合作战略。在对中亚五国 ODI 的布局方面，除了保障能源安全以外，为打消中亚五国的所谓"中国威胁论"顾虑以及巩固发展长远合作关系，中国可以把握机会积极迎合中亚五国非资源领域的引资需求。目前，中亚五国重点关注的发展领域有交通、环保、农业、通信、教育、基础设施建设等非资源领域和社会民生领域，而中国在这些领域正好具有优势，可以进一步加强这些领域的投资。

5.4 本章小结

本章主要对中国与中亚五国贸易投资合作发展状况进行分析。

第一，对中亚五国对外贸易和吸引外资概况进行分析，认为中亚五国对外贸易和投资环境总体上不断改善，经济外向度逐渐提高，中亚五国目前已经成为丝绸之路经济带上颇具吸引力的主要区域。

第二，对中国与中亚五国双边贸易发展状况进行分析，一方面，分析中国与中亚五国双边贸易发展现状，认为：贸易规模增长迅速，中国的贸易伙伴地位愈加巩固，贸易结构稳中有进，另一方面，定量分析贸易便利化水平对贸易流量的影响，得出结论：贸易便利化水平越高越能促进双边贸易流量的增长。

第三，对中国与中亚五国双边投资发展状况进行分析，一方面，分析中国与中亚五国双边投资发展现状，认为：中国对中亚五国直接投资规模增长迅速，投资结构不平衡；另一方面，对中国对中亚五国直接投资影响因素进行实证研究，得出结论：中亚五国的经济自由度指数、清廉指数、能矿资源对中国 ODI 有显著的正影响。

第6章 中国与中亚五国贸易投资合作中存在的问题

6.1 从中亚安全局势和商业环境角度分析

6.1.1 地区安全局势依然严峻

当前，中亚五国安全形势面临内外部双重风险。外部风险主要是：美俄地缘政治博弈对中亚五国的稳定造成的冲击，美军撤离阿富汗后可能引发"三股势力"在中亚泛滥成灾；内部风险主要指：一些国家间一直存在的水资源和边界争端，中亚国家间的民族矛盾有可能在内外因素作用下激化。一旦这些矛盾发生"共振"，极有可能引发地区局势紧张，进而阻断中国与中亚五国的贸易投资便利化合作进程。

6.1.1.1 外部风险

美俄地缘政治角力成为影响中亚安全局势走向的最主要外因。为在美军撤离阿富汗后营造新的均衡局面，美国政府抛出了以经济手段为核心的"新丝绸之路"计划。"新丝绸之路"计划的重点是建设贯穿阿富汗的交通和能源管线，使其成为推动地区经济增长的龙头，消除跨境障碍，推动中亚、南亚地区经济和社会综合发展[110]。美国在中亚的地缘政治诉求是：依托"新丝绸之路"计划巩固阿富汗的既有战果,加大对中亚地区的意识形态和军事渗透力度。在意识形态上,美国要积极推动中亚国家接受"民主""自由""人权"等普世价值观,竭力推广"土耳其式"的世俗制度;在军事上,强化其在中亚的军事存在,将中亚变为美国实施干涉伊朗的桥头堡,对俄罗斯和中国在中亚的影响形成战略威慑,并保证美国对阿富汗的恐怖主义活动能够作出快速反应。对俄罗斯而言,中亚地区是其阻挡地区"三股势力"、来自阿富汗毒品的缓冲地带,也是其拥有巨大人文、经济和军事利益的传统势力范围。随着美俄在中亚地缘政治竞争态势的此消彼长,中亚国家所奉行的"大国平衡外交"遇到了考验,一些国家不得不在美俄之间作出选择,中亚国家关系由此出现裂痕,代表性事件是 2012 年乌兹别克斯坦第二次宣布退出"独联体集体安全条约组织",此后逐渐与俄罗斯和其他中亚国家拉开距离,而与美政治、军事、经济合作日益升温。

国际社会普遍认为,北约联军撤离阿富汗后,中亚地区安全形势会进一步恶化。阿富汗与中亚国家有漫长的边境线,如阿富汗与塔吉克斯坦的边境线就长达 1300 多千米,但塔吉克斯坦防卫能力不足,盘踞在阿富汗的"乌伊运""伊扎布特""伊斯兰圣战联盟"等恐怖组织分子,将不可避免地越境向中亚国家、俄罗斯和中国流窜。来自阿富汗的"三股势力"将会对中亚安全形势构成最直接的冲击。

6.1.1.2 内部风险

中亚五国间普遍存在着复杂的跨界河流水资源利用争端和边界争端,这些争端对地区稳定形成现实威胁。吉、塔两国作为阿姆河和锡尔河跨界河流的上游国家,掌握中亚地区八成的淡水资源。与哈、土、乌拥有丰富的石油、天然气等能矿资源不同,吉、塔两国资源相对匮乏,开发得天独厚的水电资源既可以解决国内电力紧张又可以出口创汇振兴经济。塔吉克斯坦总统拉赫蒙直言:"修建罗贡水电站对塔吉克斯坦而言是生死存亡的问题,无论付出多大代价这一项目都将得到实施。"吉、塔两国建设水电工程,引发了下游国家哈、土、乌对饮用水和农田灌溉的担心。乌兹别克斯坦坚决反对塔吉克斯坦修建罗贡水电站,乌兹别克斯坦总统卡里莫夫曾就此公开表示:"情况正在变得更糟,它可能导致战争。" 在边界争端方面,乌、吉、塔三国在费尔干纳盆地的边界犬牙交错,领土争端常常引发边民冲突。哈与乌、吉之间也存在类似问题。2013 年 6 月,吉尔吉斯斯坦巴特肯州与塔吉克斯坦瓦鲁赫交界处发生吉塔边民对峙事件,吉 2000 多人、塔 500 多人参加。仅时隔一个月,吉南部贾拉拉巴德州阿克塞区与乌兹别克斯坦交界处发生边防军交火事件,吉边防军发现两名"越境"的乌边防军军人,双方发生互射,导致两名乌军人死亡[111]。此外,中亚五国之间国家边界与部族、民族边界并不统一,吉尔吉斯人、塔吉克人、乌兹别克人跨界而居现象非常普遍,这就导致一国的民族问题就可能演变成地区性民族或部族对立,甚至形成地区事件。例如,2010 年 6 月,在吉尔吉斯斯坦南部奥什州,当地的乌兹别克人与吉尔吉斯人发生激烈冲突,造成大量人员伤亡,中亚一国国内的民族问题通过民族和部族纽带,有可能对整个中亚地区稳定产生不利影响。

6.1.2 中亚国家的商业环境总体欠佳

商业环境评价是从交易成本的角度,对一个国家所特有的影响他国在本国从事贸易投资活动的一系列环境因素进行评价。本书从微观和宏观两个视角对中亚国家的商业环境现状进行分析,这里所说的微观视角是指企业从开办、日常运营到破产,每一个必经步骤所花费的交易成本,亦即通常所说的营商环境;宏观视角指的是,企业在存续期内,为发展壮大而从社会获取相关资源时所需承担的交易成本。研究发现,中亚国家的商业环境虽有不同程度的改善,但总体上商业环境现状并不令人满意。

6.1.2.1 微观视角

世界银行每年都从微观视角在其《营商环境报告》中公布世界各国的商业环境指标。该报告以企业存续期内的不同阶段(如图6-1)为线索,对一个好的营商环境应具备的基本要素进行经验性总结,强调政府在改善企业营商环境方面所面临的机遇和应履行的职能。本书利用世界银行发布的《营商环境报告 2012—2015》(每一年的营商报告是对上一年营商环境的评价)的数据,以 10 个指标对中亚国家(土库曼斯坦未被列为样本国家)的营商环境进行比较分析。这里需要指出的是,自 2013 年以后,世界银行将营商环境评价指标体系中二级指标的权重重新进行了调整,同时又增加了一些新的二级指标,这就使得各国 2013 年、2014 年的排名无法与之前年份进行比较分析,但是各项二级指标的赋分标准没有改变,仍具有可比性。

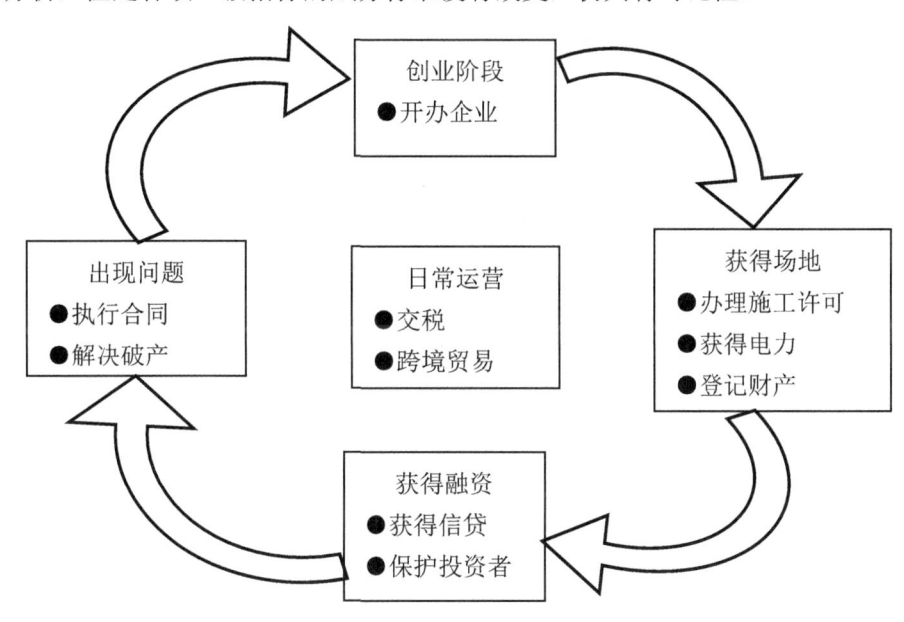

图 6-1 企业存续期内不同阶段

（1）哈萨克斯坦的营商环境

2013年和2014年的《营商环境报告》分别对全球185个经济体和189个经济体的营商环境进行了评估和排名，哈萨克斯坦的营商便利度排名分别为76、77名，其营商环境在中亚国家中是最好的。2011—2014年，哈萨克斯坦在营商环境上改革成果显著，各项具体指标变动情况详见表6-1。2011年7月，旨在优化许可文件审批制度、减轻企业行政负担的《〈哈萨克斯坦文件审批制度完善法〉修正案》获得通过。该修正案主要内容为，哈在国家机关推广"一窗式"服务，简化企业开办程序，简化办理施工许可证程序，并规定审批时限、削减行政审批文件数量（由1051个审批文件减到720个）。哈政府又于2011年7月颁布新《经济特区法》，新法增补修订的最大亮点是：经济特区内入驻的企业免除财产税、土地税和公司所得税，区内销售的完全用于生产活动的产品免增值税。2012年1月，哈萨克斯坦出台《投资法》修订案，对以实施投资项目为目的运入关税同盟成员国境内的技术设备及其配件和具有特殊用途的原材料等免征关税。2014年6月，《关于对哈萨克斯坦共和国与完善投资环境有关部分法规进行修改和补充的法案》施行，此法案旨在进一步扩大投资优惠，改善企业投资环境。具体政策包括，免除投资企业10年的土地税、10年的所得税、8年的财产税，以及放宽投资企业雇佣外国劳动力免除配额和许可。此外，在此期间，哈政府努力提高海关信息化水平，完善提货单网上提交流程，采用风险管理系统来控制货物的跨境流动，2014年比2013年进出口时间均有所降低；加大对投资者保护力度，要求企业关联交易信息必须及时准确披露。值得注意的是，2013年和2014年跨境贸易指标排名非常不理想，分别是186位和185位，2011—2014年的该指标分值出现不断下滑的情形，这主要是由于进出口成本（美元/箱）连年上升，拖累该项指标整体分数。

表 6-1 哈萨克斯坦 2011—2014 年营商环境指数

一级指标		二级指标	2011 年	2012 年	2013 年	2014 年
企业投资不同阶段	具体指标	营商便利化水平排名/得分	—/63.18	—/63.21	76/63.59	77/64.59
创业阶段	开办企业	排名/得分	—/87.9	—/87.92	53/89.68	55/90.19
		时间/天	19	19	12	10
		程序/个	6	6	6	6
		实缴资本下限（占人均国民收入的百分比）	0	0	0	0
		成本（占人均国民收入的百分比）	0.8	0.7	0.6	0.5
获得场地	办理建筑许可证	排名/得分	—/56.05	—/56.62	152/58	154/58.39
		时间/天	166	166	156	156
		程序/个	25	25	25	25
		成本（占人均国民收入的百分比）	3.2	2.6	1.7	1.5
	获得电力	排名/得分	—/72.8	—/72.9	92/72.92	97/72.96
		时间/天	88	88	88	88
		程序/个	6	6	6	6
		成本（占人均国民收入的百分比）	88.4	71.1	65.3	56.6
	登记财产	排名/得分	—/85.32	—/85.27	18/87.89	14/89.83
		时间/天	40	40	23	11
		程序/个	4	4	4	4
		成本（占财产价值的百分比）	0.1	0.1	0.1	0.1
获得融资	获得信贷	排名/得分	—/43.8	—/50	67/50	71/50
		合法权利指数（0~12）	2	3	3	3
		信用信息指数（0~8）	5	5	7	7
		公共注册处覆盖范围（%成年人）	0	0	0	0
		私营调查机构覆盖范围（%成年人）	37.6	39.3	45.6	51.7
	保护投资者	排名/得分	—/66.67	—/66.67	21/65.8	25/65.8

（续表）

一级指标	一级指标	二级指标	2011 年	2012 年	2013 年	2014 年
获得融资	保护投资者	披露指数	7	7	7	7
		董事责任指数	6	6	6	6
		股东诉讼指数	7	7	7	7
		纠纷调解指数（0~10）	—	—	6.7	6.7
		股东权利指数（0~10.5）	—	—	9	9
		治理制度强度指数（0~10.5）	—	—	4.5	4.5
		公司透明度指数（0~9）	—	—	6	6
		股东治理指数（0~10）	—	—	6.5	6.5
		投资者保护力度指数（0~10）	6.7	6.7	6.6	6.6
日常运营	跨境贸易	排名/得分	—/15.09	—/8.2	186/8.17	185/7.87
		出口文件/数	10	10	10	10
		出口时间/天	76	81	81	79
		出口成本/（美元/箱）	3130	4685	4885	5285
		出口文件/数	12	12	12	12
		出口时间/天	62	69	69	67
		进口成本/（美元/箱）	3290	4665	4865	5265
	缴纳税款	排名/得分	—/61.09	—/61.09	16/90	17/90
		纳税/次	6	6	6	6
		时间/小时	188	188	188	188
		利润税（占利润百分比）	—	—	15.9	15.9
		劳动税及缴付（占利润百分比）	—	—	11.2	11.2
		其他税（占利润百分比）	—	—	1.5	1.5
		应税总额（%毛利润）	28.6	28.6	28.5	28.6
出现问题	合同执行	排名/得分	—/68.29	—/68.29	35/68.29	30/69.33
		时间/天	370	370	370	370
		程序/个	37	37	37	36

(续表)

	一级指标	二级指标	2011年	2012年	2013年	2014年
出现问题	合同执行	成本（占标的额的百分比）	22	22	22	22
	企业破产	排名/得分	—/45.92	—/46.39	82/45.1	63/51.45
		回收率（1美元可收回的美分数）	42.7	43.1	43.2	43.3
		时间/年	1.5	1.5	1.5	1.5
		成本（占资产价值的百分比）	15	15	15	15

资料来源：Doing Business 2012—2015，http://chinese.doingbusiness.org/。

注：世界银行发布的《营商环境报告》都是对上一年度的企业营商环境的评价，时间截止至上年度的6月1日。

（2）乌兹别克斯坦的营商环境

乌兹别克斯坦的营商便利度排名在2013年和2014年分别为149、141名，其营商环境在全球处于较低水平，状况堪忧。办理建筑许可证、获得电力、登记财产的排名均在140名之后，获得信贷、保护投资者的排名在100名左右徘徊，表明上述各环节的办理时间过长，程序过于烦琐复杂。特别需要注意的是，2013年和2014年跨境贸易指标排名同为189位，处于全球最差水平，进出口贸易的办理天数和所需提交文件数在独联体国家中都是最多的。不过也应看到积极的一面，2011—2014年，乌兹别克斯坦在营商环境上进步明显，相应二级指标具体变动情况详见表6-2。尤其是，2011/2012年度，开办企业、获得贷款、解决破产三个方面的改革，被2013年《营商环境报告》列为全球第四位改善最多的国家。

表6-2 乌兹别克斯坦2011—2014年营商环境指数

一级指标		二级指标	2011年	2012年	2013年	2014年
企业投资不同阶段	具体指标	营商便利化水平排名/得分	—/44.83	—/47.69	149/50.02	141/54.26

(续表)

一级指标	一级指标	二级指标	2011年	2012年	2013年	2014年
创业阶段	开办企业	排名/得分	—/82.74	—/83.41	60/88.98	65/89
		时间/天	13	11	7.5	7.5
		程序/个	9	9	7	7
		实缴资本下限（占人均国民收入的百分比）	27.2	27.4	0	0
		成本（占人均国民收入的百分比）	5.3	3.8	3.3	3.3
获得场地	办理建筑许可证	排名/得分	—/60.02	—/59.99	147/60.05	149/60.28
		时间/天	176	176	159	160
		程序/个	23	23	23	23
		成本（占人均国民收入的百分比）	0.9	1	1.9	1.7
	获得电力	排名/得分	—/53.32	—/57.24	148/59.12	145/60.54
		时间/天	98	89	89	89
		程序/个	7	7	7	7
		成本（占人均国民收入的百分比）	3125	2489	2032	1688
	登记财产	排名/得分	—/51.74	—/52.37	146/53.74	143/55.21
		时间/天	62	62	62	55
		程序/个	13	13	13	13
		成本（占财产价值的百分比）	2.3	2.1	1.4	1.3
获得融资	获得信贷	排名/得分	—/31.25	—/37.5	99/40	104/40
		合法权利指数（0~12）	2	2	1	1
		信用信息指数（0~8）	3	4	7	7
		公共注册处覆盖范围（%成年人）	5	0	0	0
		私营调查机构覆盖范围（%成年人）	3.6	15.7	16.5	17.8
	保护投资者	排名/得分	—/40	—/40	118/45.83	100/50.83
		披露指数	4	4	4	7
		董事责任指数	1	1	1	1
		股东诉讼指数	7	7	8	8
		纠纷调解指数（0~10）	—	—	4.3	5.3
		股东权利指数（0~10.5）	—	—	7.5	7.5

（续表）

一级指标	二级指标		2011年	2012年	2013年	2014年
获得融资	保护投资者	治理制度强度指数（0~10.5）	—	—	1.5	1.5
		公司透明度指数（0~9）	—	—	5.5	5.5
		股东治理指数（0~10）	—	—	4.8	4.8
		投资者保护力度指数（0~10）	—	—	4.6	5.1
日常运营	跨境贸易	排名/得分	—/0	—/1.28	189/1.28	189/2.56
		出口文件/数	13	13	12	11
		出口时间/天	70	73	72	54
		出口成本/（美元/箱）	4285	4585	4785	5090
		进口文件/数	15	14	14	13
		进口时间/天	105	112	108	104
		进口成本/（美元/箱）	4767	4867	5352	6452
	缴纳税款	排名/得分	—/35.3	—/35.3	179/35.3	118/68.3
		纳税/次	45	45	45	33
		时间/小时	205	205	205	192.5
		利润税（占利润百分比）	—	—	2.1	12.1
		劳动税及缴付（占利润百分比）	—	—	28.2	28.2
		其他税（占利润百分比）	—	—	63.5	1.9
		应税总额（%毛利润）	97.7	98.7	93.8	42.2
出现问题	合同执行	排名/得分	—/68.43	—/68.43	29/69.47	28/69.47
		时间/天	195	195	195	195
		程序/个	42	42	41	41
		成本（占标的额的百分比）	20.5	20.5	20.5	20.5
	企业破产	排名/得分	—/25.49	—/41.41	72/46.45	77/46.45
		回收率（1美元可收回的美分数）	23.7	38.5	39.9	39.9
		时间/年	4	2	2	2
		成本（占资产价值的百分比）	10	10	10	10

资料来源：Doing Business 2012—2015，http://chinese.doingbusiness.org/。

（3）吉尔吉斯斯坦的营商环境

吉尔吉斯斯坦的2013年和2014年营商便利度排名都在100名左右,其营商环境在中亚四个样本国家中仅次于哈萨克斯坦,见表6-3。在2013年和2014年,获得电力指标分别排名169位和168位,办理时间为159天,费用开销大约为人均国民收入的20倍,所花费用是四个国家中最高的;企业破产指标都排157名,财产回收率仅为20%,属于较低的水平,但破产清理的时间却长达4年之久;跨境贸易指标均位列180名之后,2014年单位标准箱进出口成本分别较2011年增长74%和48%。值得肯定的是,2011—2014年,吉尔吉斯斯坦在营商环境方面进行了一系列改革,只是效果还有待观察。2011年以来,吉政府在企业投资便利化方面不断推出新举措,例如,取消对公司创办人的签名进行公证的要求,简化企业破产诉讼程序,降低电力连接的办理时限和缴费标准,减少财产注册所需的文件等。特别是,2014年吉颁布新版《自由经济区法》,对自由经济区区内企业实行优惠的税收和行政措施,如简化注册手续,对区内企业的产品出口和所需原材料进口免征关税,且不受配额和许可证限制。

表6-3 吉尔吉斯斯坦2011—2014年营商环境指数

一级指标		二级指标	2011年	2012年	2013年	2014年
企业投资不同阶段	具体指标	营商便利化水平排名/得分	—/60.33	—/61.64	99/60.96	102/60.74
创业阶段	开办企业	排名/得分	—/95.71	—/95.79	9/96.31	9/96.35
		时间/天	10	10	8	8
		程序/个	2	2	2	2
		实缴资本下限（占人均国民收入的百分比）	0	0	0	0
		成本（占人均国民收入的百分比）	3.5	2.8	2.4	2.4
获得场地	办理建筑许可证	排名/得分	—/76.97	—/77.94	49/78.3	42/78.8
		时间/天	141	141	141	141
		程序/个	10	10	10	10

（续表）

一级指标	二级指标		2011年	2012年	2013年	2014年
获得场地	办理建筑许可证	成本（占人均国民收入的百分比）	3.2	2.6	2.4	2.1
	获得电力	排名/得分	—/34.11	—/47.35	169/48.06	168/49.64
		时间/天	247	159	159	159
		程序/个	7	7	7	7
		成本（占人均国民收入的百分比）	2545	2428	2256	1872
	登记财产	排名/得分	—/88.94	—/93.15	6/93.21	6/93.25
		时间/天	5	5	5	5
		程序/个	3	3	3	3
		成本（占财产价值的百分比）	2.2	0.3	0.3	0.3
获得融资	获得信贷	排名/得分	—/87.5	—/87.5	30/65	36/65
		合法权利指数（0~12）	10	10	8	8
		信用信息指数（0~8）	4	4	5	5
		公共注册处覆盖范围（%成年人）	0	0	0	0
		私营调查机构覆盖范围（%成年人）	18.7	24.6	32.1	38.2
	保护投资者	排名/得分	—/66.67	—/66.67	35/62.5	35/62.5
		披露指数	7	7	7	7
		董事责任指数	5	5	5	5
		股东诉讼指数	8	8	8	8
		纠纷调解指数（0~10）	—	—	6.7	6.7
		股东权利指数（0~10.5）	—	—	3	3
		治理制度强度指数（0~10.5）	—	—	6	6
		公司透明度指数（0~9）	—	—	8.5	8.5
		股东治理指数（0~10）	—	—	5.8	5.8
		投资者保护力度指数（0~10）	6.7	6.7	6.3	6.3
日常运营	跨境贸易	排名/得分	—/15.06	—/12.59	182/12.68	183/9.7
		出口文件/数	9	9	9	9

（续表）

一级指标	二级指标		2011年	2012年	2013年	2014年
日常运营	跨境贸易	出口时间/天	63	63	63	63
		出口成本/（美元/箱）	3210	4160	4360	4760
		进口文件/数	11	11	11	11
		进口时间/天	72	75	75	73
		进口成本/（美元/箱）	3450	4700	5150	6000
	缴纳税款	排名/得分	—/61.09	—/61.09	132/63.15	136/63.15
		纳税/次	52	52	52	52
		时间/小时	210	210	210	210
		利润税（占利润百分比）	—	—	6.4	6.4
		劳动税及缴付（占利润百分比）	—	—	19.5	19.5
		其他税（占利润百分比）	—	—	3.1	3.1
		应税总额（%毛利润）	33.4	33.4	29	29
出现问题	合同执行	排名/得分	—/64.63	—/64.63	58/64.63	56/64.63
		时间/天	260	260	260	260
		程序/个	38	38	38	38
		成本（占标的额的百分比）	37	37	37	37
	企业破产	排名/得分	—/12.58	—/9.75	157/25.72	157/24.38
		回收率（1美元可回的美分数）	11.7	9.1	21.7	19.2
		时间/年	4	4	4	4
		成本（占资产价值的百分比）	15	15	15	15

资料来源：Doing Business 2012—2015，http://chinese.doingbusiness.org/。

（4）塔吉克斯坦的营商环境

塔吉克斯坦的营商便利度排名在2013年和2014年分别为177、166名，其营商环境在四个样本国家中表现最差，状况同样堪忧，各项具体指标变动情况详见表6-4。办理建筑许可证、获得电力、跨境贸易等指标排名均在160名之后，表明上述各环节的程序过于烦琐复杂，办理时间过长。2011—2014年，塔吉克斯坦在推进贸易投资便利化方面进行了一些改革，具体表现在以下几方面：一是开办企业方面，通过"一站式服务窗口"为开办企业降低时间和费用；二是税收方面，塔吉克斯坦减少纳税次数和花费的时间；三是保护投资者方面，塔吉克斯坦要求公司在年度报告中披露更多的公司信息，并允许少数股权投资者访问更多的公司信息，从而加强了对投资者的保护。

表 6-4　塔吉克斯坦 2011—2014 年营商环境指数

一级指标		二级指标	2011 年	2012 年	2013 年	2014 年
企业投资不同阶段	具体指标	营商便利化水平排名/得分	—/44.42	—/45.72	177/43.32	166/48.57
创业阶段	开办企业	排名/得分	—/80	—/84.83	96/82.75	106/83
		时间/天	24	24	33	39
		程序/个	5	5	5	4
		实缴资本下限（占人均国民收入的百分比）	0	0	0	0
		成本（占人均国民收入的百分比）	33.3	27.1	25.6	23.3
获得场地	办理建筑许可证	排名/得分	—/49.16	—/49.97	164/50	168/52.13
		时间/天	228	228	228	228
		程序/个	24	24	24	24
		成本（占人均国民收入的百分比）	3.7	3.2	3.1	1.9
	获得电力	排名/得分	—/36	—/37.8	175/38	178/38.6
		时间/天	193	185	185	185
		程序/个	9	9	9	9
		成本（占人均国民收入的百分比）	1298	1140	1077	942
	登记财产	排名/得分	—/68.5	—/70.7	73/71.3	70/72.1
		时间/天	37	37	37	37
		程序/个	6	6	6	6
		成本（占财产价值的百分比）	5.3	4.3	4.1	3.7
获得融资	获得信贷	排名/得分	—/12.5	—/12.5	178/5	116/35
		合法权利指数（0~12）	2	2	1	1
		信用信息指数（0~8）	0	0	0	6
		公共注册处覆盖范围（%成年人）	0	0	0	0
		私营调查机构覆盖范围（%成年人）	0	0	2.1	7

（续表）

一级指标	二级指标		2011年	2012年	2013年	2014年
获得融资	保护投资者	排名/得分	—/56.67	—/66.67	55/58.3	56/58.3
		披露指数	8	8	8	8
		董事责任指数	3	6	6	6
		股东诉讼指数	6	6	6	6
		纠纷调解指数（0~10）	—	—	6.7	6.7
		股东权利指数（0~10.5）	—	—	7.5	7.5
		治理制度强度指数（0~10.5）	—	—	3	3
		公司透明度指数（0~9）	—	—	4.5	4.5
		股东治理指数（0~10）	—	—	5	5
		投资者保护力度指数（0~10）	5.7	6.7	5.8	5.8
日常运营	跨境贸易	排名/得分	—/4.11	—/3.85	188/3.85	188/3.85
		出口文件/数	11	11	11	11
		出口时间/天	71	71	71	71
		出口成本/（美元/箱）	3850	8450	8650	9050
		进口文件/数	12	12	12	12
		进口时间/天	65	72	72	70
		进口成本/（美元/箱）	4550	9800	10250	10650
	缴纳税款	排名/得分	—/24.3	—/24.3	184/27.5	169/46.1
		纳税/次	69	69	69	31
		时间/小时	224	224	224	209
		利润税（占利润百分比）	—	—	0	17..7
		劳动税及缴付（占利润百分比）	—	—	28.5	28.5
		其他税（占利润百分比）	—	—	52.4	34.5
		应税总额（%毛利润）	84.5	84.5	81	81
出现问题	合同执行	排名/得分	—/67.4	—/67.4	40/67.4	40/67.4
		时间/天	430	430	430	430
		程序/个	35	35	35	35
		成本（占标的额的百分比）	25.5	25.5	25.5	25.5
	企业破产	排名/得分	—/41.5	—/39.2	148/28.9	149/29.3
		回收率（1美元可收回的美分数）	38.6	36.4	36.2	36.9
		时间/年	1.7	1.7	1.7	1.7
		成本（占资产价值的百分比）	9	9	9	9

资料来源：Doing Business 2012—2015，http://chinese.doingbusiness.org/。

上述各指标反映出中亚四国（土库曼斯坦未被列入样本国家）的营商环境总体欠佳，具有以下几个特征。

第一，中亚四国的营商环境具有"层次性"特征。近几年来，虽然各国排名有升有降，但分值总体上是稳中有升，这说明各国企业的营商环境具有层次性，且都有一定程度的改善。其中，哈萨克斯坦的营商环境最好，吉尔吉斯斯坦紧随其后，塔吉克斯坦和乌兹别克斯坦不相上下，处于第三梯队。

第二，"差异性"特征亦非常明显。因为各国经济发展水平不同，对外经济交往能力不同，针对《营商环境报告》所衡量领域的改革力度不同，导致各国营商环境的改善程度有所不同，见表6-5。

表6-5 在3个或3个以上《营商环境报告》所衡量的领域改善最多的经济体中中亚国家分布情况

经济体	全球排名	开办企业	申请建筑许可	获得电力	注册财产	获得信贷	投资保护	交税	跨境贸易	合同执行	解决破产
2011/2012 年度											
乌	4	√			√				√		√
哈	10	√			√						√
2013/2014 年度											
塔	1	√	√			√			√		

资料来源：根据《营商环境报告2013》和《营商环境报告2015》整理得到。

第三，营商环境的改善使其具有"积极性"特征。虽然中亚四国的营商环境差强人意，但是各国为此一直进行着改革探索，表现出积极的变革意愿，这为中国与中亚国家共同推进贸易投资便利化进程创造了良好的合作氛围。

6.1.2.2 宏观视角

自 1979 年开始,世界经济论坛从宏观视角对 100 多个国家的竞争力进行研判,推出一年一度的《全球竞争力报告》,以其对于竞争力分析的科学性和严谨性享誉世界。竞争力是一个国家的综合实力的反映,该报告指标体系中的大部分指标用于描述商业环境状况,因此本书从中选取 6 个方面的环境指标用于比较分析中亚国家(乌兹别克斯坦、土库曼斯坦并未纳入样本国家)的商业环境。这 6 个环境分别是基础设施环境、法律环境、宏观经济环境、行政环境、金融环境以及市场环境。

一是,基础设施环境。

基础设施环境主要用于衡量一国的互联互通的程度和质量。哈萨克斯坦的基础设施环境总体情况大大优于塔、吉两国,2014 年三国的排名分别为 62、107、96,2014 年各分项指标较 2013 年变化不大,见表 6-6。从各项指标排名可以明显发现,中亚国家的交通基础设施整体仍较落后。其中,三国的公路质量排名都在百位之后,而中亚国家均为内陆国家,公路运输是各国主要交通方式,该指标从侧面说明三国的交通基础设施互联互通质量不高。中亚国家境内的道路基本上都是苏联时期修建的,除哈萨克斯坦外其他中亚国家经济实力较差,交通基础设施建设与维护资金投入不足,公路普遍失修、失养。加之,中亚国家货车普遍吨位大、超限超载运输现象突出,造成中亚国家大部分路面损坏严重,车辆行驶舒适度较差,通行能力显著下降。此外,吉、塔两国在电力、通信基础设施方面提升空间巨大。

表 6-6 2013、2014 年哈、塔、吉三国基础设施环境排名情况

指标	2013 年			2014 年		
	哈萨克斯坦	塔吉克斯坦*	吉尔吉斯斯坦	哈萨克斯坦	塔吉克斯坦	吉尔吉斯斯坦
总体情况	64	90	108	62	107	96
公路质量	117	98	133	113	109	123

(续表)

指标	2013年			2014年		
	哈萨克斯坦	塔吉克斯坦*	吉尔吉斯斯坦	哈萨克斯坦	塔吉克斯坦*	吉尔吉斯斯坦
铁路设施质量	27	43	76	28	53	67
港口设施质量	135	143	148	123	140	144
航空运输设施质量	89	88	128	85	91	123
电力供应设施质量	78	124	122	78	122	115
每百万人移动电话用户	10	96	46	4	107	56
每百万人固定电话线长度	45	107	97	43	106	96

资料来源：Global Competitiveness Report 2012—2013、Global Competitiveness Report 2013—2014、Global Competitiveness Report 2014—2015，World Economic Forum 塔吉克斯坦*为塔吉克斯坦 2012 年数据，世界经济论坛没有将塔吉克斯坦纳入 2013—2014 的样本国家。

二是，法律环境。

法律环境反映司法体系的独立性、有效性以及法律框架的有效性。中亚国家的法律环境总体一般，且分化严重，见表 6-7。横向观察，吉尔吉斯斯坦的法律环境远差于哈萨克斯坦和塔吉克斯坦，三项指标均排名在 100 位以后，哈、塔两国法律环境相差不大，处于世界中游水平。纵向观察，各国环境法律 2014 年排名较 2013 年变化不大，说明法律环境并未出现明显变化。在三项指标关系中，司法独立处于核心地位，并对其他两项指标的排名间接造成影响。中亚国家司法独立总体得分不高，主要在于：一是司法权不同程度上受到行政机关和立法机关的干预，一些个案审判的公正性值得商榷；二是司法系统内部的互相独立性较差，上下级法院关系不再仅仅是审级关系，下级法院的案件审理有时会受到上级法院干扰。

表 6-7 2013、2014 年哈、塔、吉三国法律环境排名情况

指标	2013 年			2014 年		
	哈萨克斯坦	塔吉克斯坦*	吉尔吉斯斯坦	哈萨克斯坦	塔吉克斯坦	吉尔吉斯斯坦
司法独立	88	64	140	86	74	119
司法体系在解决争端方面的有效性	53	53	132	59	54	122
挑战规则时法律框架的效率	61	43	133	60	55	119

资料来源：Global Competitiveness Report 2012—2013、Global Competitiveness Report 2013—2014、Global Competitiveness Report 2014—2015，World Economic Forum。塔吉克斯坦*为塔吉克斯坦 2012 年数据，世界经济论坛没有将塔吉克斯坦纳入 2013—2014 的样本国家。

三是，行政环境。

行政环境主要衡量政府为投资者提供服务的效率、保护投资的水平、维护社会秩序的能力。总体来说，哈萨克斯坦的行政环境在全球处于上中游水平，多项指标排名在 60 位左右，吉、塔两国则处于较低水平，见表 6-8。哈萨克斯坦在多项主要指标上优于其他两国。哈、塔两国在政治公信力方面排名进入世界前 50 名，大大好于吉尔吉斯斯坦，吉排名 100 以后，这主要是吉国几次政治骚乱对于吉民众的心理造成阴影所致。塔、吉两国在恐怖主义的商业成本方面表现不佳，排位都在百名之后，其主要原因是盘踞在费尔干纳盆地的恐怖组织最近几年日趋活跃，以及国际社会普遍担心 2014 年北约联军撤离阿富汗后塔利班势力卷土重来。在最能反映行政效率的腐败指标上，吉、塔两国都在 100 名左右，哈萨克斯坦则退步较大，2014 年排名 80 位，位次比 2013 年退后 15 名。该项指标分值过低反映出，中亚国家市场经济意识薄弱和法治观念普遍较差。中亚国家办事机关"潜规则"盛行，官员贪腐严重，行政审批程序环节多且未规定完结时限。据中国在中亚地区投资

企业反映,在中亚各国办理企业审批时间较长,政府往往不按照法律法规办事,需要缴纳名目繁多的各种费用,甚至不得不向当地政府官员行贿[112]。《全球清廉指数报告》是反映世界各国腐败状况的排行榜。《2014年全球清廉指数报告》由透明国际组织于2014年12月发布,在175个国家和地区中,中亚五国的腐败状况堪忧,排名均在140名之后,具体排名和得分如下:哈萨克斯坦140/26,吉尔吉斯斯坦150/24,塔吉克斯坦154/22,土库曼斯坦168/17,乌兹别克斯坦168/17。值得肯定的是,在投资者的保护方面,哈、塔、吉三国排名都在全球50名以内,尤其是塔吉克斯坦进步相当明显,2014年排名较2012年提高30名,并进入世界前50强,这与三国近年来颁布投资者保护法律及强力实施密不可分。

表6-8 2013、2014年哈、塔、吉三国行政环境排名情况

指标	2013年			2014年		
	哈	塔*	吉	哈	塔	吉
产权	68	94	136	70	87	125
政治公信度	35	32	128	34	33	111
腐败	65	101	134	80	88	132
偏袒政府官员	77	40	129	53	43	123
政策透明度	29	68	97	40	95	82
恐怖主义成本	69	109	114	68	108	111
犯罪暴力成本	44	75	97	53	73	83
警察服务有效性	88	76	130	91	116	118
少数股东权益保护	74	90	121	69	112	101
投资者的保护	10	52	13	22	22	22

资料来源:Global Competitiveness Report 2012—2013、Global Competitiveness Report 2013—2014、Global Competitiveness Report 2014—2015,World Economic Forum。塔吉克斯坦*为塔吉克斯坦2012年数据,世界经济论坛没有将塔吉克斯坦纳入2013—2014的样本国家。

四是，宏观经济环境。

宏观经济环境用于反映一国对内对外的经济交流及均衡状态，见表6-9。从横向看，哈萨克斯坦的宏观经济环境最好，5个指标中有4个排入前50名；塔吉克斯坦次之，2个指标进入前50强；吉尔吉斯斯坦5个指标都在80名以后。哈、塔两国在政府债务和政府预算平衡方面做得较好，排位都在50名以内。纵向看，塔吉克斯坦在控制通胀率上成绩喜人，2014年排名较2012年上升39名。

表6-9　2013、2014年哈、塔、吉三国宏观经济环境排名情况

指标	2013年			2014年		
	哈萨克斯坦	塔吉克斯坦*	吉尔吉斯斯坦	哈萨克斯坦	塔吉克斯坦	吉尔吉斯斯坦
国民储蓄率	36	111	140	37	116	115
政府债务	14	59	88	11	33	82
通货膨胀率	93	130	111	107	91	114
政府预算平衡	13	55	127	9	34	88
国家信用评级	53	134	113	48	129	96

资料来源：Global Competitiveness Report 2012—2013、Global Competitiveness Report 2013—2014、Global Competitiveness Report 2014—2015，World Economic Forum。塔吉克斯坦*为塔吉克斯坦2012年数据，世界经济论坛没有将塔吉克斯坦纳入2013-2014的样本国家。

五是，金融环境。

金融环境用于反映金融服务实体经济的能力。总体上，中亚国家的金融市场成熟度不高，金融自给能力不强，外部融资缺口巨大。考量金融环境成熟度的两个关键性指标，即本地证券市场融资、银行的稳健性，哈、吉、塔三国排名均在100名左右，这突出反映出上述三国金融体系的深层

次问题没有得到有效解决。一个企业从金融市场获得资金的渠道分为直接融资和间接融资。中亚国家的金融体系以间接融资为主、直接融资为辅。《全球竞争力报告》用以度量直接融资和间接融资的指标分别为本地证券市场融资和银行稳健性。上述三国在这两项指标上的排名均处于百名附近，说明直接融资和间接融资很不发达。直接融资主要指股票市场和债券市场融资，以中亚五国中股票市场和债券市场相对发达的哈萨克斯坦为例，股票债券上市品种少，成交量低迷，人气不旺。根据哈证券交易所数据，截止到2013年3月，股票和债券的上市家数仅有109只和234只，且单只发行规模较小。以2012年交易最活跃的Kazakhtelecom Jsc（哈萨克电信）为例，单日最高成交量8万美元，很多交易日成交量仅有几百美元甚至为零。Eximbank Kazakhstan JSC（哈进出口银行）是自2012年至目前交易最活跃的企业债券，相当多的交易日成交量仅为一两万美元，仅在2013年1月18日出现超过10万美元的交易额，达到15万美元[113]。中亚国家的银行体系稳健性差，普遍存在资金供给能力弱、可贷资金不足的问题，其根本原因在于，一方面，经济发展水平低（除哈以外），储蓄规模有限；另一方面，百姓的边际储蓄倾向低，大多人信奉"即时消费"理念，储蓄意愿普遍不高。面对自身资金不足的局面，中亚五国将外部融资作为主要手段，商业银行先是以极低利率借入国外资金，再以高利率将钱贷放到国内，信贷结构以房地产和消费贷款为主。一旦国际能源资源价格暴跌，外国债权人马上停止资金供给，追讨先前贷款，可是，居民收入水平随经济低迷也出现大幅下滑，无力偿还贷款，因此，商业银行呆坏账大量出现，金融恐慌蔓延，"挤兑"迫使银行发生倒闭事件，正是上述原因导致中亚国家银行体系稳健性差。金融的本质是为实体经济提供服务。很难想象，一个直接融资和间接融资都不发达的经济体能够为经济可持续发展提供足够的金融支持。另外，在贷款的易获得性和风险资本可用性两个指标上，哈、塔两国都进入前50强，而吉尔吉斯斯坦处于100名之外，这主要得益于中国等国对哈、塔基础设施和能源领域投资势头不减，而吉国基于自身利益的考虑多次推迟中吉乌铁路、公路的全线贯通，错失基础设施的投资机遇。值得肯定的是，哈萨克斯坦在上述两个指标上进步明显，2014年较2013年排名各提高20名左右。吉尔吉斯斯坦在合法权益指数方面表现优异，连续两年排名世界第一。

表6-10　2013、2014年哈、塔、吉三国金融环境排名情况

指标	2013年			2014年		
	哈萨克斯坦	塔吉克斯坦*	吉尔吉斯斯坦	哈萨克斯坦	塔吉克斯坦	吉尔吉斯斯坦
金融服务的可用性	60	103	131	65	97	108
金融服务的可提供性	58	88	130	55	83	107
本地证券市场融资	100	88	133	87	97	110
贷款的易获得性	61	49	129	43	22	115
风险资本的可用性	72	50	133	47	38	115
银行的稳健性	100	100	135	108	94	126
证券交易的监管	90	123	130	86	119	124
合法权益指数	101	135	1	96	137	1

资料来源：Global Competitiveness Report（2012—2013，2013—2014，2014—2015），塔吉克斯坦*为塔2012年数据，世界经济论坛没有将塔纳入2013—2014的样本国家。

六是，市场环境。

《全球竞争力报告》用于衡量一国或地区市场环境的两个核心指标是反垄断政策的有效性、产业集群发展状况。哈、塔、吉三国在这两项核心指标

上排位极低,都在 100 名上下,说明中亚国家糟糕的市场环境在某种程度上已成为打击投资者信心的重要原因,见表 6-11。反垄断政策的有效性指标对于另外两个相关指标,即当地竞争强度和市场垄断程度,具有极强的辐射效应。2014 年,哈、塔、吉三国在反垄断政策的有效性指标上的排名分别是 94、95、123,相较 2013 年排名没有出现明显变化。该项指标得分低的最主要原因就是,中亚国家反垄断执法机构尚不具备"准司法性"特征。从本质上说,作为"经济宪法"的反垄断法目的在于维护市场经济在公平竞争的轨道上运行。中东欧国家和解体后的苏联各加盟共和国都经历了国家政治和经济的转型变革。它们积极学习欧美国家保护市场竞争的反垄断立法。中亚国家根据欧美的反垄断法立法思想,纷纷建立本国的反垄断法,设立"双层结构"的反垄断法的执法体制,在中央层面成立反垄断的主管机关,在州一级设立反垄断执法机构。中亚国家的反垄断法对市场实体(负责人)的违法行为规定了相应的法律责任。但在司法实践中,执法机构对于法律责任的追究缺乏明显的执行力。例如,哈萨克斯坦的《反垄断法》第 26 条明确规定,市场实体在规定的期限内不缴纳罚款,或者不全额缴纳罚款的,反垄断机构有权向法院起诉,要求强制执行罚款[114]。这就是说,哈萨克斯坦的反垄断执法机构在被执行人拒绝处罚决定时,只有借助于司法机构的强制执行力,才能达到执行惩罚的目的。哈萨克斯坦《反垄断法》执法程序如此安排,严重削弱了反垄断机构的执法权威性,反垄断政策的有效性也因此大打折扣,难怪有的学者称该法是"一只没有牙齿的老虎"。所谓产业集群指的是在一定地理空间内大量企业聚集共生的一种经济现象。产业集群发展状况作为一个综合性指标,在范围上囊括了对于本地供应商数量(质量)的评价。中亚国家产业集群的最大问题是企业布局分散,彼此缺乏产业联系,尚未形成完整的上下游产业链体系。

表 6-11 2013、2014 年哈、塔、吉三国市场环境排名情况

指标	2013 年			2014 年		
	哈萨克斯坦	塔吉克斯坦*	吉尔吉斯斯坦	哈萨克斯坦	塔吉克斯坦	吉尔吉斯斯坦
当地供应商数量	105	88	121	103	48	117
当地供应商质量	102	75	123	108	58	115
产业集群发展状况	126	134	142	116	106	130
当地竞争强度	120	107	124	111	122	107
市场垄断程度	78	54	124	68	73	109
反垄断政策的有效性	91	85	140	94	95	123
外国所有权的盛行	114	125	117	111	133	101
税收对投资的激励效应	54	54**	101	37	123	99
FDI 规则的行业影响	91	109	123	78	121	107
国内市场规模指数	55	113	117	52	110	118
国外市场规模指数	44	122	121	49	125	113

资料来源：Global Competitiveness Report 2012—2013、Global Competitiveness Report 2013—2014、Global Competitiveness Report 2014—2015，World Economic Forum。塔吉克斯坦*为塔吉克斯坦 2012 年数据，世界经济论坛没有将塔吉克斯坦纳入 2013—2014 的样本国家。

可以看出，宏观视角下，哈、塔、吉三国的商业环境总体状况不佳。哈国在各项指标的排名整体领先于塔、吉两国，在全球处于中游水平，塔、吉两国状况大体相当，处于较差的水平。虽然上述国家在 6 个商业环境领域 2014 年较 2013 年有所改观，但进步并不显著，商业环境建设可谓任重道远。

本书从宏微观两个视角全面评价了中亚相关国家的商业环境，总体而言，状况并不令人满意。中亚国家糟糕的商业环境已经成为中国与其推进贸易投资便利化的现实障碍。囿于数据的可得性，微观视角分析没有包括土库曼斯坦，宏观视角分析没有包括土库曼斯坦和乌兹别克斯坦，但是，需要指出的是，非样本国家与样本国家在商业环境方面具有"同一性"。中亚五国

同为苏联加盟共和国，同为由计划经济向市场经济转轨国家，政治体制与经济结构相似，经济改革任务基本一致，上述这些相似性导致中亚五国的商业环境大体相同，样本国家的商业环境与非样本国家相差不大。

6.2 从合作领域角度分析

非资源领域贸易投资合作规模较小。目前，资源领域仍是目前中国和中亚五国贸易投资合作的主力，非资源领域贸易投资合作方兴未艾。

6.2.1 资源领域仍是贸易投资合作的主力

比较优势在一定程度上决定国与国之间投资领域重点、规模和水平。中国和中亚五国的贸易投资合作领域主要集中在能源矿产资源开发领域。目前，中核、中石化、中石油等大型能源企业均已在中亚五国进行大规模投资。1997年6月，中石油以1.5亿美元收购哈萨克斯坦阿克纠宾斯克油气公司60.3%的股份，从而为中国能源公司在中亚开拓市场方面积累了宝贵的经验。2005年10月，中石油通过其全资公司中油国际以41.8亿美元100%收购哈萨克斯坦石油公司，这在当时是中国公司海外进行的最大一起石油跨境并购。2013年9月，中石油击败印度维德什子公司，以约50亿美元从哈萨克斯坦石油天然气公司手中购买里海大陆架卡沙甘油田8.33%的股份。卡沙甘油田发现于2000年，它被认为是1968年在阿拉斯加发现普鲁特赫本油田之后世界上最大的油田，该油田的收购成功对于保障中国的能源安全具有重大战略意义。乌兹别克斯坦是中亚地区油气资源大国，石油、天然气储量均处于中亚第二位。2006年8月，中石油和乌兹别克斯坦油气公司、马来西亚石油公司、俄罗斯卢克公司及韩国国家石油公司共同组成的咸海财团，在塔什干与乌政府正式签署咸海水域油气勘探开发项目产品分成协议。此举拉开了中石油大规模进入乌兹别克斯坦的序幕。从 2012 年 8 月开始，乌兹别克斯坦开始通过中国-中亚天然气管道向中国大规模供气，据估计 2016 年前供气量将达到 100 亿立方米/年。2014 年 8 月，中石油与乌国家石油公司签署《中国-乌兹别克斯坦天然气管道 D 线企业间协议》，根据该协议双方将成立合资公司，共同建设和运营中国-中亚天然气管道 D 线在乌兹别克斯坦境内管道。中国-中亚天然气管道 D 线投产后，中国从中亚进口天然气输气规模将达到 850 亿立方米/年，中国-中亚天然气管道将成为中亚地区规模最大的输气系统。土库曼斯坦是中亚五国中天然气资源最为富集的国家。中国与土库曼斯坦的能源合作从 2007 年开始，每年同中国的天然气贸易量近 300 亿立方米，占到土库曼斯坦天然气总出口量的 60%，土库曼斯坦成为中国最大的海外天然气出口国。2013 年 12 月，中核集团与哈萨克斯坦原子能工业公司，在中哈能源合作委员会第七次会议上签署合作协议：《CNNC 与 KAZATOMPROM 关于落实核能领域战略合作协议共同行动的议定书》，双方将落实在核电站建设、天然铀贸易、铀资源开发、过境运输、核燃料加工及贸易等方面的一揽子合作方案。

6.2.2 非资源领域贸易投资合作方兴未艾

资源领域的合作对促进中亚各国经济增长和保证中国能源资源安全发挥了重要的作用，但容易受到国际舆论乃至东道国国内的非议。

中亚国家从经济可持续发展的高度，极为重视非资源领域发展，并将其上升为国家战略。以哈萨克斯坦为例，2010 年哈政府制定《2010—2014 年加强工业创新发展纲要》实质就是发展非资源领域纲要。其将哈国工业部门划分为四大类：一是"传统"产业，包括油气开采、石化、矿冶、化学、核铀等五个方面。二是"满足国内市场需求产业"，包括机械制造、制药、建筑建材等三个方面。三是"有出口潜力"产业，包括农业、轻工、旅游等三个方面。四是"未来"产业，包括信息、宇航、生物工程、可再生能源、核能等五个方面。这四大类产业是一个有机整体，以"传统"产业为中心，逐步发展另外的三类非资源产业，以此获得全面发展。其确定的目标是，到 2014 年年底，部分指标与 2008 年相比达到以下水平：一是，名义 GDP 增长 50%，实际增长 15%，即增加产值 7 万亿坚戈。二是，加工业在 GDP 中占比不低于 12.5%。三是，非资源类产品出口在总出口额中占比不低于 40%，在加工业总产值中的占比不低于 43%。四是，加工业的劳动生产率至少提高 50%。五是，创新企业数量提高 10%。六是，GDP 平均能耗降低 10%。七是，农工综合体的劳动生产率从人均 3000 美元提高到 6000 美元。为落实《2010—2014 年加强工业创新发展纲要》，哈政府规划实施 294 个大型工业项目，总投资额约 550 亿美元，项目建设期间可带动 20.7 万个就业岗位，项目投产后可产生 16.1 万个固定岗位。

目前，哈萨克斯坦、塔吉克斯坦、乌兹别克斯坦等国均已向中国提出在非资源领域加强合作的意愿，政府间也签署了相关合作协议，并采取了一系列政策推动中国农业、电力、通信、服装等产业赴中亚地区投资。当前哈萨克斯坦正在实施工业创新发展战略，大力发展非能源领域的生产。中国高度重视与哈扩大非资源领域投资合作。2013 年 12 月，由中信集团和哈萨克斯坦石油天然气公司共同投资的阿克套沥青厂在哈萨克斯坦西部城市阿克套正式投产。该项目是目前中哈在非资源领域最大直接投资项目，将改写哈对进口沥青高度依赖的历史，并为阿克套创造数百个就业岗位。阿克套沥青厂的建成投产将促进曼吉斯套州加工业发展，促进哈萨克斯坦经济多元化，对曼吉斯套州和哈萨克斯坦经济发展具有战略意义。2014 年 9 月，由特变电工承建的塔吉克斯坦首都杜尚别二号热电厂一期工程胜利竣工，二期工程随即开工建设。全部工程竣工投产后,每年可实现总发电量 22 亿度,同时能够提供 430 万平方米采暖面积,为杜尚别地区四季供电和冬季供暖提供可靠保障,是塔吉克斯坦改善民生、发展经济的重要工程。塔总统拉赫蒙在出席竣工仪式的致辞中表示,"电力紧缺是制约塔吉克斯坦经济社会发展的主要问题,杜尚别 2 号热电厂提高了塔方能源自给能力,是塔中高水平合作的典范。它又一次证明,中国是塔吉克斯坦真诚可靠的战略伙伴。"通信领域是乌兹别克斯坦发展非资源领域的优先方向之一。2013 年 7 月,由中兴通讯乌兹别克斯坦分公司和 Peng Sheng 公司,共同投资 316 万美元成立的手机组装合资企业正式投入运营。该工厂生产的手机注册品牌为"UZTE",具备每年组装 10 万部手机的能力,除在乌兹别克斯坦销售外,还将销往独联体地区其他国家。

另外,非资源领域的贸易合作逐渐展开。中国从哈萨克斯坦进口大宗农产品始于2009年8月,中粮集团从哈采购1万吨春小麦,分11批共163车从阿拉山口口岸顺利入境。2014年中哈小麦贸易合作进一步提升,5月中粮集团与哈农业集团签署了《中哈小麦贸易与合作框架协议》。根据该协议,2014—2015年,中粮集团将从哈农业集团进口10万吨磨粉小麦,并研究在中哈边境口岸共同投资建设谷物中转设施的可行性方案。2013年6月,来自塔吉克斯坦的2.34吨的大樱桃抵达乌鲁木齐国际机场口岸,这是中国从中亚国家第一次进口水果,标志着中国从中亚国家进口水果的贸易由此开始。

总之,虽然中国与中亚五国在非资源领域合作取得了一些实质性进展,但规模有限,加之受制于东道国基础设施落后、营商环境恶劣、配套能力差等因素,能源矿产开采在中国和中亚五国经贸合作中占据绝对主导地位的情况并未从根本上有所改变。

6.3 从合作制度和机制角度分析

上海合作组织是中国与中亚国家最重要的合作平台。近年来在上合组织框架下中国与中亚国家在经济、文化等多个领域都有所合作，但是由于其成立更多是基于维护和加强地区和平、安全与稳定目的，在贸易投资便利化推进方面的机制效能发挥并不充分，主要表现在以下两个方面：

6.3.1 制度层面合作形式大于内容，合作协议落地困难

在上合框架下，成员国签署了一系列经贸合作纲领性文件。2003年9月，成员国政府总理在北京签署了《成员国多边经贸合作纲要》，确定了区域经济合作的长期、中期、短期目标和任务，以及合作的优先方向。2004年9月，《〈多边经贸合作纲要〉落实措施计划》在比什凯克会议通过，该措施计划包括11大类127项合作内容，涵盖了在贸易投资、能源、信息、海关、农业、金融、交通、环境保护、教育、卫生和旅游等重要领域的合作。2012年12月，成员国政府总理签署了《2012—2016年上合组织进一步推动项目合作的措施清单》，确定了技术标准、贸易投资、科技、海关、环保、农业、通信等7个领域的29个项目，再次充实了成员国务实合作的内容。2014年9月，在成员国元首理事会第十四次会议上，六国代表共同签署了《上海合作组织成员国政府间国际道路运输便利化协定》。该协定核心内容是赋予各当事方道路运输承运人和车辆在许可证制度下，按商定的线路从事跨境和过境运输的权利，倡导各方协调和简化国际道路运输文件、程序和要求，并成立国际道路运输便利化联合委员会，协调处理合作中出现的问题。然而，这些合作文件目前更多停留在制度层面，较少涉及检验检疫、服务贸易、通关、资格互认、关税减让、签证办理、劳务许可申请等具体问题。另外，中哈、

中乌自由贸易区谈判尚未启动。

6.3.2 上合组织金融支持机制不完善

目前，上海合作组织主要有两个融资机制：优惠贷款和上合银联体，这两种机制对上合组织框架下的项目运作具有一定的融资支持功能。不足之处是：一方面，中国作为主要推动者和出资国承担了主要的金融风险，具有不可持续性；另一方面，现有的上合银联体在推进贸易投资便利化方面功能发挥有限，主要原因在于上合银联体目前只是一个由各成员国指定的银行所组成的协调机构，为各国银行发放联合贷款提供沟通平台，它本身没有独立的资产和决策能力。因此，在目前融资机制不完善的情况下，有必要尽快建立上海合作组织开发银行，为投资便利化提供融资支持。

6.4 从贸易投资合作主要执行环节角度分析

6.4.1 资金结算环节

6.4.1.1 国际结算定义

国际结算是指不同国家或地区之间由于政治、经济、军事、文化、外交等方面的交往或联系而发生的以货币表示的债权债务所引起的通过银行办理的跨国的货币收付业务，主要包括国际贸易结算和非贸易结算两类，其中对外投资引起的跨国货币收付属于非贸易结算。

中国与中亚五国之间贸易结算以及中国对中亚五国直接投资引起的跨国货币收付具有共通性，都涉及币种的选择和汇率风险规避等问题，而且国际贸易结算要比直接投资资金结算更为复杂，涉及结算方式、结算渠道和结算货币等多个方面。本书主要以贸易结算为代表分析中国与中亚国家贸易投资结算便利化,而跨境贸易结算又包含多个环节,其中结算方式和渠道已经相对成熟和稳定,因此,本书主要从结算货币角度分析如何实现资金结算便利化,即探讨中国与中亚国家跨境贸易人民币结算存在的问题与对策;而且考虑到数据可得性,本书主要以哈萨克斯坦为例分析问题。

6.4.1.2 中国与中亚国家跨境贸易人民币结算发展缓慢

中国在推动与中亚国家跨境贸易人民币结算方面采取了一系列举措。中国新疆作为全国第二批跨境贸易人民币结算试点于2010年6月22日运行,2010年9月新疆又成为全国第一个获准开展跨境直接投资人民币结算的试点省区,此举有利于与中亚国家的经贸往来。以中亚最大的国家哈萨克斯坦为例,2005年12月中哈两国签署了《中国人民银行与哈萨克斯坦国家银行关于边境地区贸易的银行结算协定》,该协定对于边境地区的贸易、资金结算等方面的内容作出了明确的规定,可使用人民币和坚戈进行结算。2011年6月13日,中国与哈萨克斯坦签署了金额为70亿元人民币的双边本币互换协议。可以看出,中国与中亚国家开展跨境贸易人民币结算具有一定的有利条件,但受制于多个因素,中国与中亚国家跨境贸易人民币结算发展比较缓慢。主要体现在以下两个方面:

一方面,中国与中亚国家跨境贸易人民币结算量与跨境贸易量失衡。近年来,中国与中亚五国间贸易增长迅速,商务部统计数据显示,2012年中国与中亚五国双边贸易额为460亿美元,大约是建交之初的100倍;到2013年,中国已成为哈萨克斯坦、土库曼斯坦最大贸易伙伴,乌兹别克斯坦、吉尔吉斯斯坦的第二大贸易伙伴,塔吉克斯坦的第三大贸易伙伴。然而,巨大的贸易量并不伴随着巨额的跨境贸易人民币结算量,中国与中亚国家跨境贸易人民币结算存在人民币结算量与贸易量严重失衡的问题。以中国新疆为例,该地区是中国与中亚国家进出口贸易的重要组成部分,2012年新疆与中亚五国跨境贸易人民币结算额占同期进出口总额的12.01%，而同为边境省区的云南其跨境贸易人民币结算比例为31.42%，远高于新疆地区[115]。

另一方面，目前中国和中亚国家跨境贸易结算货币主要为美元。根据国务院发展研究中心2011年发布的《跨境贸易人民币结算试点情况调研报告》，中国与中亚地区跨境贸易人民币结算规模近年来虽然有所增加，但比重较小，以2009年至2010年6月末人民币结算规模为例，从总量看，美元结算占比高达95.2%，而人民币结算占比不足0.01%。表现在两个方面：一是一般贸易中，中亚国家以出口能源为主，美元外汇储备通常较多，在交易习惯上更偏向美元；二是边境贸易中，受旅购贸易和人民币结算监管的影响，主要采用美元现钞结算。相对于人民币结算，跨境贸易美元结算存在一系列问题。一方面，美元结算会增加贸易方的兑换成本，贸易双方如果不用本币进行结算，进出口贸易则均需进行外汇兑换，从而增加额外的兑换成本；另一方面，美元结算会增加汇率波动风险，为应对金融危机，截止到2013年美国已经实施四轮量化宽松政策，该政策的效果之一就是美元相对大部分国家货币走低，从近五年美元对人民币汇率走势看，尽管其中波动不断，美元相对于人民币整体处于走低状态，这对中国出口方极为不利。

6.4.1.3 中国与中亚国家跨境贸易人民币结算存在的主要问题

一是，现有贸易结构弱化了我方定价和选择结算货币的地位。中国同中亚国家进出口贸易结构来看，出口产品以低附加值的轻工产品如机电和纺织产品等为主，进口则以国内短缺的资源型产品为主，如石油、天然气、矿产资源等。以2013年中哈贸易结构为例，根据哈萨克斯坦统计委员会统计，哈国对中国出口的主要产品是矿产品，占哈国对中国出口总额的71%，为哈国对中国出口的第一大类商品；哈国自中国进口的主要商品为机电产品，占自中国进口总额的41.5%[116]。中国对中亚国家资源类产品正好具有刚性需求，因此交易话语权多掌握在对方手中，中方通常被动接受对方习惯且以对方外汇储备量较大的美元计价。

二是，美元现钞结汇量居高不下影响跨境贸易人民币结算。在新疆乌鲁木齐二级口岸中常常可以看到很多中亚商人携带美元现钞购买中国货物的情形。一方面，许多中亚客商银行结算意识淡薄，并且为规避税费和高额汇费，倾向于现钞结算，以哈萨克斯坦为例，银行汇费高达5‰[117]；另一方面，人民币现金结算受到监管，例如中国人民银行2004年第18号文件规定，出入境每人每次携带人民币不得超过20000元，因此中国新疆与中亚的边贸以美元现钞结算为主。大量的美元现钞结算不但影响银行对货币流量的监管，还直接限制人民币在国际贸易中的使用。

三是，人民币不能自由兑换且缺少回流渠道影响人民币结算功能。人民币未能实现资本项目下的可兑换，通过投资渠道的人民币跨境流通困难。中亚国家很多企业或个人持有人民币除了进口中国商品和服务、存放银行之外，并无其他合法运用的渠道，无法实现将持有的人民币流回中国境内进行保值增值的投资需求[118]。此外，持有人民币很难像美元、欧元等国际货币那样在国际市场上找到丰富的投资避险工具，因而中亚贸易伙伴持有人民币的积极性不高。人民币回流渠道还不够完善，体现在中亚区域人民币市场尚未形成规模效应，不能够自我循环和平衡运作。举例来说，中亚五国境外人民币往来账户数量较少，其中土库曼斯坦还没有设立相关账户，人民币结算服务体系还有待完善。

四是，人民币兑哈萨克斯坦货币坚戈实现现汇挂牌交易一定程度上制约人民币结算。哈萨克斯坦是中国与中亚国家贸易主要的贸易伙伴，2011年6月28日中国银行新疆分行正式推出人民币对坚戈直接汇率项下的坚戈现汇业务，标志着中哈贸易结算进入直接汇率的市场化阶段。中国银行新疆分行随后还推出坚戈国际结算、贸易融资、远期结售汇等产品。从贸易结算角度来看,坚戈现汇交易有利于促进中哈贸易便利化,但是从人民币结算以及人民币走向中亚国家的角度来看,中哈贸易进行坚戈结算会影响人民币结算规模以及哈萨克斯坦对人民币的接受程度,直接制约了中国与中亚国家跨境贸易人民币结算的发展。

6.4.2 融资保险环节

6.4.2.1 融资支持环节

中国企业,尤其是民营企业,在对外贸易和直接投资活动中经常面临融资困境,例如:一,从民营企业自身看,民营企业普遍规模小、自有资金少、可抵押物比较缺乏,无法开展资金需求量大的自营进出口业务和投资业务,加上对外投资活动的高成本性与高风险性,民营企业要想得到商业性金融机构的融资、担保支持就比较困难。二,从融资渠道看,民营企业融资渠道比较狭窄,一方面,民营企业主要依靠银行信贷为主的间接融资,而我国银行尤其是西部地区的大部分银行,除常规业务外,在信贷审批和产品创新上的权限非常有限;另一方面,民营企业通过股票、债券等进行直接市场融资较少。三,从金融机构服务能力看,中国企业要"走出去"不仅需要银行信贷支持,还需要资金结算、汇率避险、并购贷款、资本运作等金融服务,但中国很多金融机构服务外向型经济能力明显不足。四,从现有金融制度角度看,目前的金融制度结构安排客观上不利于民营企业,现行金融体系中信贷投放和证券发行的选择主要向国有企业倾斜,民营企业难以获取融资支持。五,从专项投资基金服务角度看,中国对中亚国家能源存在较大的需求,对能源领域的直接投资也会与日俱增,然而中国面向中亚的能源投资基金和能源投资银行发展不足。

6.4.2.2 保险支持环节

中国企业在与中亚五国进行贸易和投资合作中经常面临各种风险。中国与中亚五国贸易通常面临以下风险：一，商业风险，比较常见的是中亚国家外贸企业破产、拖欠货款或拒绝接收货物，本书作者在新疆乌鲁木齐部分二级口岸进行调研时，发现由于近年来中国对外贸易不景气，很多向中亚国家出口的皮鞋贸易商经常面临被中亚商人拖欠货款甚至拒付的情形，有的厂商甚至遭受高达上千万元人民币的损失。二，政治风险，例如：货币兑换风险，中亚国家政府限制贸易商以约定货币或其他可自由兑换货币支付货款；中亚国家发生战争、暴乱或恐怖袭击，导致贸易商无法履行付款义务等。中国对中亚五国进行直接投资通常面临以下风险：一，征收风险，即采取国有化、没收、征用等方式，剥夺投资项目的所有权和经营权，或投资项目资金、资产的使用权和控制权。二，汇兑限制，即中亚国家阻碍、限制投资者换汇自由，或抬高换汇成本以及阻止货币汇出该国，例如 2012 年乌中央银行出台政策，实行新的外汇结售汇制度，使得中国企业的投资收入无法兑换成美元汇回中国，严重影响了企业的生存与发展，很多企业因此撤资[119]。三，战争及政治暴乱，即发生革命、骚乱、政变、内战、叛乱、恐怖活动以及其他类似战争的行为，导致投资企业资产损失或永久无法经营，中亚国家恐怖活动较多，中国不少在中亚投资的企业面临安全威胁。四，经营中断风险，即股权投资保险项下，因战争及政治暴乱导致投资项目建设、经营的临时性完全中断。五，违约风险，东道国政府或经保险人认可的其他主体违反或不履行与投资项目有关的协议，且拒绝赔偿，违约风险也是中国企业对中亚五国投资经常面临的风险之一。

目前我国承保对外贸易和投资风险的公司主要为中国出口信用保险公司（简称中信保），该公司于 2001 年设立，是国有政策性保险公司，旨在支持中国对外经济贸易发展与合作。以中国新疆地区为例，新疆由于毗邻中亚国家与中亚国家的贸易和投资往来也较多，2009年6月中信保在新疆成立办公室，近年来为新疆地区与中亚国家之间的贸易和投资合作提供了不少保险支持，然而，本书作者调研发现，还有不少企业尤其是从事边境贸易的中小企业缺乏保险意识，对出口信用保险和海外投资保险业务了解较少，或基于自身经营规模考虑没有投保相关保险，中国与中亚五国贸易和投资相关保险支持服务仍然任重而道远，有广阔的发展前景。

6.4.3 交通运输环节

中国与中亚贸易投资合作中交通运输环节主要存在以下三方面问题：

6.4.3.1 运输线路布局不合理，基础设施普遍落后

中亚五国独立前都是苏联的加盟共和国，中亚道路交通设施建设都以俄罗斯为中心，无论是公路、铁路还是管道运输都只有俄罗斯一个出口，独立后的中亚五国若想加速融入全球经济大潮就必须构建本地区与其他国家间的运输体系。中亚五国除哈萨克斯坦外经济规模小，发展水平低，道路建设资金不足，基础设施改扩建需求巨大且年久失修。以吉尔吉斯斯坦为例，吉铁路网存在的最主要问题就是基础设施严重老化。设备设施平均老化率50%~55%，其中，电力供应系统老化率50%，信号和通信系统老化率63%，养路设备老化率71%，枕木老化率50%，全路30%的铁轨承受超载运行，只有65.9%的货运车厢和40.3%的客运车厢尚可运行，86%的内燃机车超过服役年限。在运输紧张时期，吉会从俄罗斯租借7列内燃机车和60节客运车厢[120]。另据交通与公用事业部网站消息，公路运输是吉最主要的交通方式，2011年承担全国约94%的货运量和85%的客运量。吉道路等级过低，急需资金进行建设维护。截至2012年1月1日，吉公路总长

3.4万千米,其中由交通与公用事业部负责建设和养护的通用公路共计1.88万千米(包括国际公路4163千米、国道5678千米和地方道路8969千米),另有1.52万千米属企业、农林、乡村、城镇等专用公路。在公路总长中硬路面只有7228千米,仅占公路总长度的21%（其中,水泥路面11千米、沥青路面4969千米、黑砂砾路面2248千米）,此外,砂砾路面9961千米,硬土路面1621千米[121]。

6.4.3.2 交通运输过程中,物理、非物理障碍影响大

在中国与中亚国家的运输合作中,非物理障碍主要体现在通关过程中衔接环节多,口岸收费部门多,通关效率低,而且没有统一标准。中国与中亚国家乃至欧洲地区的长途跨境道路运输,通道沿线途经国家多,过境运输实践中需要协调的环节较多,协调和衔接过程中物理（主要指换轮作业）、非物理阻碍因素影响较大。通关查验不畅、口岸通关慢、货物积压时间长等现象时有发生,甚至在中国与中亚的部分运输线路还存在沿路盗窃、抢劫等现象,这些都严重影响着中国与中亚国家乃至欧洲地区长途跨境道路运输的顺畅开展。

6.4.3.3 协调机制缺乏导致已达成的运输协议的效力难以发挥

中国与中亚五国在社会、文化、管理水平等方面存在显著的差异,迫切需要一个务实高效的协调机制解决交通运输方面出现的问题。例如,在汽车运输合作中,某些国家单方面拒绝中方过境车辆按照行车许可证上载明的线路直达目的地,反而要求中方车辆在其口岸卸货,并要求由该国车辆运送货物至目的地;要求中方允许其不符合中国技术标准的车辆进入中国境内行驶;不断提高运输货物的相关费用等。上述问题严重影响中国与中亚国家运输合作的正常开展。

6.4.4 通关商检环节

6.4.4.1 通关环节

中国与中亚五国贸易投资活动通关不畅主要体现在以下三个方面：

一是，海关人员和贸易政策变动频繁。以哈萨克斯坦为例，其海关管理人员变动较为频繁，除正常职位调动外，因腐败被迫离职的情况也屡见不鲜，例如，2011年5月哈国爆发了较严重的海关官员腐败案，直接导致哈国海关长时间闭关，对通关效率有严重的影响。此外，哈方海关有关贸易政策变动也比较频繁，政策透明度较低，执法随意性较强。表现在哈方海关经常因为节日缘故、关税调整等问题宣布闭关，对中方海关不仅缺少预先告知，有时也缺乏合理的解释；中方贸易商由于缺少调整时间，致使很多产品滞留中国海关，受到程度不一的损失。例如，2004年12月和2007年10月哈国在没有提前公告的情况下，修改清关方式和货车载货标准，使得中国出口商很多不符合新规定的车辆被迫滞留口岸，出口企业利益受到严重影响。

二是，海关手续有待简化。在前文对中亚国家营商环境分析中，可以看到在哈、吉、塔、乌四国中，只有哈萨克斯坦和吉尔吉斯斯坦对贸易单据数量要求较少，其他两国对单据数量要求则较多。通关单据数量如果过多或执行标准过于严格，就会增加通关成本，对货物的通关效率也会造成阻碍。例如，哈萨克斯坦海关对原产地证书的检查没有完全按照本国法律的规定，实际执行标准过于严格。按照哈国《海关事务法》，出口哈国的商品只有在三种列明情况下才需要出具原产地证书；然而哈国海关在其他情况下，有时也会要求中方企业出具原产地证书，否则将会提高关税税率，这对中国对哈贸易造成了很大的不确定性[122]。

三是，中国和中亚五国海关执法标准不一致。中国与中亚五国海关执法标准的不一致主要原因在于各国海关合作程度较低。"中亚八国海关合作委员会机制①"是中国与中亚五国海关执法合作的重要机制。该机制正是基于中亚五国海关合作的需要而建立起来的。尽管"中亚八国海关合作委员会机制"已经建立，中国政府还与哈萨克斯坦、乌兹别克斯坦政府签订了"海关合作与互助的协定"，中国海关与吉尔吉斯斯坦海关签订了互助与合作协议，这些协议在一定程度上促进了成员国间贸易投资便利化水平，但很多协议在落实过程中存在诸多问题，加上中亚国家的海关信息化水平总体较低，中国与中亚五国海关合作进展不尽如人意。在海关监管和查验方面，中国与中亚五国也缺乏彼此的认可，海关单证格式和语言的不一致也是造成通关效率低下的原因之一。

四是，中国与中亚国家主要边境口岸阶段性通关不畅。尽管近年来中方逐渐加大对新疆口岸基础设施建设的投入，但口岸通关不畅仍是制约中国与中亚五国贸易投资便利化的主要因素。以中哈边境口岸霍尔果斯为例，大量货物集中到该口岸报关出口，口岸通关压力加大，加上哈方海关待查验场地有限，霍尔果斯通关效率受到影响。例如，2011年5月中哈双方约定哈方每日接收车辆不低于200辆，实际上仅接收100辆左右，有时甚至几十辆。此外，哈萨克斯坦在霍尔果斯口岸实行严格的限高和限宽标准，一度影响口岸通关效率，尽管2007年4月份之后哈方对运输重量限制和征收关税做了相应的调整，口岸通关速度有所提升，但对发往吉尔吉斯斯坦等国的过境货物

---

① 中亚五国的海关合作源于亚洲开发银行每年一度的财长会议的倡议，因为中亚五国事务由亚行的中亚东亚局负责，该局服务对象包括中亚五国在内，共计八个国家，因此中亚五国海关合作扩展为"中亚八国"。2002年3月，中亚五国财长会议批准成立"中亚八国海关合作委员会机制"，其成员国包括：阿塞拜疆、哈萨克斯坦、吉尔吉斯、土库曼斯坦、蒙古、塔吉克斯坦、乌兹别克斯坦和中国。

仍实行严格限制重量措施,给贸易投资便利化造成不便[123]。阿拉山口口岸是我国出口中亚地区的重要边境口岸,其通关不畅主要受制于多斯特克口岸较低的换装能力,由于中哈铁路轨道标准不一致,阿拉山口口岸时常发生铁路车皮严重滞压现象,通关效率受到影响。

6.4.4.2 出入境检验检疫环节

一方面,中国与中亚五国在检验检疫标准和方法等方面有明显差异。中国与中亚五国检验检疫标准的不一致以及过多的单证要求为中方企业出口中亚增添了诸多负担。以哈萨克斯坦为例,哈国目前采用MAS-Q作为其产品的计量、认可、标准和质量体系,不同于中国目前采用的ISO 9000系列标准,有专家认为哈国"质量体系存在一定的薄弱性和不完整性,技术依据不健全"[124];哈国对进口食品和饲料的检验标准采取不同于国内同类产品的严苛标准,在入境检验中检验标准也人为地随意提高,检验项目有时也会增加,从而使中国相关产品出口面临较高的风险;不少中国出口商由于哈国歧视中国的畜产品,导致中国出口的鲜鸡蛋只能先进入吉尔吉斯斯坦,再进入哈萨克斯坦市场,增加了运输成本和风险。以吉尔吉斯斯坦为例,2014年1月吉国政府批准《关于新鲜水果蔬菜安全》(26号政府令)技术法规,并于7月14日生效,该法规"对果蔬中重金属、污染物、农药残留、致病菌、核辐射值等指标均提出明确限量要求;禁止生产及流通转基因水果、蔬菜"。该法规与我国现行的新鲜水果蔬菜检验标准有很大不同,其实施必将对中国果蔬出口造成一定影响。此外,中亚五国检验检疫标准的制定透明度较低,检验手续较为烦琐,例如,中亚国家的检验单证数量一般为10余份,而中国仅为6份左右[125]。

另一方面,中国与中亚五国检验检疫信息沟通有待加强。近年来,中国与中亚国家逐步开展多方面经济合作,检验检疫环节也是合作领域之一。以吉尔吉斯斯坦为例,为贯彻 2013 年中吉双方签订的《关于通过信息交换简化中吉外经贸商品过境海关程序的协议》,吉尔吉斯国家海关总署发布消息,自 2013 年 8 月 1 日起,中国检验认证集团将向中方对吉出口的商品进行质量检验,并根据检验情况颁发合格证;对于拥有上述检验合格证的商品,在通过中-吉"吐尔尕特"和"伊尔克什坦"口岸时吉海关将简化检查程序或免检。此举在一定程度上促进了中吉贸易投资便利化,不足之处是检验地点、检验单位和通关口岸限制较多。此外,由于中亚国家在科技信息化建设和政务公开方面相对滞后,加上语言限制,中方企业在获取对方国家相应检验检疫信息较为困难,不利于中方及时了解掌握相关检验标准的动态变化。中国与中亚五国有必要尽快建立针对有关技术规则、检验检疫标准以及相互通报强制性认证商品的目录及变化情况的有效交流机制。

6.4.5 人员流动环节

本书探讨中国与中亚五国贸易投资合作中的人员流动环节,主要是从直接投资角度方便中国劳务人员进入中亚国家角度分析。中亚五国吸引外国劳务主要政策如表 6-12:

表 6-12 中亚五国引进外国劳务政策

国家	引进劳务政策
哈	1. 引进外国劳务配额数量趋紧,哈国外国劳务配额按照劳动人口数量的百分比予以确定。近年来,哈引进外国劳务配额分别占该国劳动力人口比例如下:2010 年占 0.75%,2011 年 0.85%,2012 年 1%,2013 年 1.2%,2014 年 0.7%。 2. 用人单位关于当地雇员在员工中占比的要求——获得使用外国劳务许可的用人单位应保证执行:在总员工人数中,哈国员工的占比要求为:(1) 第一类别和第二类别工作人员中不少于 70%(第一负责人和其副职;隶属机构负责人);(2) 第三类别和第四类别工作人员中不少于 90%(专家;熟练技工)
塔	2001 年 12 月,塔吉克斯坦政府颁布了《外国劳动移民实施办法》,该办法对外国劳工的雇佣和管理等方面作了更加明确和细致的规定,使得对外国劳工的管理更为细化和有法可依。塔吉克斯坦对雇主聘用外国劳工实施配额许可及担保押金制度

(续表)

国家	引进劳务政策
吉	吉国每年会对境内引进外国劳务数量进行限定和分配。吉政府规定,只有获得招收外国劳动力许可证的企业才可雇佣外籍劳务;企业根据该许可证以及雇佣外籍劳务配额为外籍劳务办理工作许可证。吉尔吉斯斯坦对外来劳务工种的要求也较严苛
乌	2011年9月20日,乌劳动和社会保障部颁布了第285-1号《〈乌兹别克斯坦引进和使用外籍劳务规定〉实施细则的修改和补充》法令,自9月30日起,乌将实施更为严格的外籍劳务准入制度
土	根据《外国公民赴土库曼临时工作条例》规定,外国公民在土工作必须办理劳动许可(由其雇主办理);土移民局按照土库曼公民优先补缺原则以及外国雇工数量不超过员工总数30%的比例颁发劳动许可;许可有效期一年,如需办理延期,则雇主须在许可到期前一个月内按规定重新递交申请文件。顺延期限一般不超过一年;劳动许可不准转让其他雇主。临时在土库曼务工的外国公民从一雇主转投另一雇主必须经土移民局批准;外国公民在劳动关系中享有与土库曼本国公民同等的权利,并承担与之同等的义务

资料来源:中国驻中亚五国大使馆经济参赞处网站。

通过表6-12可以看出,中亚五国对外来劳务的政策规定总体比较严格,尤其注重对本国劳工市场的保护。例如:一,中亚国家对在其境内进行直接投资的企业会规定较高的本国员工数量占比,例如哈萨克斯坦标准高达70%~90%。二,哈国外来劳务许可的批准对中国申请人的职称和学历有一定要求,而中国企业申请到哈萨克斯坦的工程人员有很多学历达不到大专水平,这在很大程度上制约了民营企业人员出国开展业务。三,中亚国家还对用人单位解雇员工条件也作出了详细规定,例如,土库曼《劳工法》规定"雇主只有在企业破产、改组、裁员或员工失职、无故脱岗等情况下才可解雇员工,且一般情况下须征得企业内工会组织的同意"。中国在中亚国家境内设立企业,运营过程中发现当地员工出现消极怠工的情况时,就会出现解雇员工可能性极其低微的情形,土国的这一规定对提高企业运营效率比较不利。此外,中国企业从业人员在中方口岸出入境也面临一定难题,例如,中国目前停止了对民营企业人员因公护照的办理,改办因私护照;而因私护照签证使用频繁,需要到北京办理,时间长,签证费用高。

6.5 从区域性经济合作组织角度分析

除上合组织外,与中亚五国相关的区域性经济合作组织主要有:独联体、欧亚经济共同体、俄白哈关税同盟以及欧亚经济联盟。俄罗斯一直视中亚地区为其传统势力范围,在这些组织中具有重要的地位,为保持其对中亚区域的影响力,对中国参与中亚区域经济合作具有一定的排他性。由于目前独联体的形同虚设、欧亚经济共同体活动的停止以及欧亚经济联盟刚刚建立,本书在介绍四个主要组织基本情况的基础上,主要探讨俄白哈关税同盟对推进中国与中亚五国贸易投资便利化的影响。

6.5.1 除上合组织外,与中亚五国相关的主要区域性经济合作组织介绍

表 6-13 与中亚五国相关的主要区域性经济合作组织

组织名称	成立时间	成员国
独联体	1991	俄罗斯、白俄罗斯、摩尔多瓦、亚美尼亚、阿塞拜疆、塔吉克斯坦、吉尔吉斯斯坦、哈萨克斯坦、乌兹别克斯坦
欧亚经济共同体	2000	俄罗斯、白俄罗斯、哈萨克斯坦、吉尔吉斯斯坦和塔吉克斯坦
俄白哈关税同盟	2010	俄罗斯、白俄罗斯、哈萨克斯坦
欧亚经济联盟	2015	俄罗斯、白俄罗斯、哈萨克斯坦

独联体。独联体,是由苏联大多数共和国组成的进行多边合作的"独立国家联合体"。截止到目前,中亚五国,除了土库曼斯坦外(2005年8月退出,成为独联体联系国),其余四国都是独联体成员国。独联体主要是冷战时期遗留的产物,其成立的主要目的之一是为保障苏联解体后相关国家的经

济能够软着陆,随着各国经济的不断发展,这一历史使命毕竟有限,独联体现状和前景不是很乐观。虽然独联体已经签署数千份文件,但真正起作用的较少,俄罗斯的强势作为以及独联体其他各国为自己的利益组成大小不一的"子联盟",都使独联体的内部联系愈加松散。尽管近年来独联体不断尝试改革,但由于内外各种矛盾重重,都使独联体这个区域性合作组织前景堪忧。

欧亚经济共同体。2000年10月,俄、白、哈、吉、塔五国签署条约,决定将之前成立的关税联盟改组为欧亚经济共同体。乌兹别克斯坦2006年加入,2008年中止成员国资格。很长一段时间内,由于独联体的形同虚设,欧亚经济共同体成为俄罗斯与中亚国家联系的重要组织。2014年10月10日,欧亚经济共同体各成员国在明斯克签署了关于撤销欧亚经济共同体的协议。2015年1月1日,欧亚经济共同体所有机构的活动已停止,其功能将由欧亚经济联盟取代。

表6-14 俄白哈关税同盟的历史演进[126][127]

时间	事件
1995—1998	1995年1月6日,俄罗斯和白俄罗斯签署首个关税同盟协议,1月10日,哈国加入。吉尔吉斯斯坦和塔吉克斯坦分别于1996年3月和1998年11月加入
2000	俄、白、哈、吉、塔五国签署条约,将关税联盟改组为欧亚经济共同体
2003	俄、乌、白和哈四国签署了统一经济空间协议
2007	俄、白、哈三国宣布在欧亚经济共同体框架内建立关税同盟
2009	俄、白、哈三国元首签署了包括《关税同盟海关法典》在内的9个文件
2010	2010年1月1日,俄白哈关税同盟开始正式启动,同年7月,《关税同盟海关法典》生效
2011	2011年7月1日,俄、白、哈三国的统一关境正式形成

俄白哈关税同盟。随着俄白哈关税同盟影响的不断扩大，塔吉克斯坦和吉尔吉斯斯坦也申请加入。2014年5月，在阿斯塔纳举行的欧亚最高经济理事会扩大会议上，俄、白、哈三国批准了《关于吉尔吉斯加入关税同盟的路线图》。

俄白哈关税同盟建立后，市场和进口关税税率得到统一，哈萨克斯坦与关税同盟成员国的贸易和投资合作增长迅速。根据 2014 年哈国新闻社阿斯塔纳报道，哈国与关税同盟国家相互贸易总值增长88%，其中，哈向关税同盟国家出口增长 63%，自关税同盟国家进口增长 98%。由于哈国企业所得税和增值税的税率低于俄、白两国，关税同盟成立后，俄罗斯和白俄罗斯在哈设立合资企业也有所增多。

欧亚经济联盟。2014 年 5 月 29 日，俄罗斯、白俄罗斯和哈萨克斯坦三国总统在哈首都阿斯塔纳签署《欧亚经济联盟条约》，宣布欧亚经济联盟于 2015 年 1 月 1 日正式启动。根据条约，俄、白、哈三国将在 2025 年前实现商品、服务、资本和劳动力的自由流动，终极目标是建立类似于欧盟的经济联盟，形成一个拥有 1.7 亿人口的统一市场。有专家认为"欧亚经济联盟的成立会一定程度上增强成员国与中国在某些商品的议价能力，例如能源方面"[128]。

6.5.2 俄白哈关税同盟对推进中国与中亚国家贸易投资便利化的影响

6.5.2.1 对中国与哈萨克斯坦之间贸易的影响

第一，关税同盟统一关税税率中的进口税率是以关税同盟成立前俄罗斯进口税率为基础制定的。哈萨克斯坦进口税率平均水平较俄罗斯和白俄罗斯低，所以哈萨克斯坦上调了 5044 种商品的进口税率，占到进口商品总量的 32%，下调税率的商品约占5%。哈萨克斯坦的平均进口税率水平有所提高，尽管有相应的"过渡期"安排，但到2015年1月1日，哈国关税税率与《统一关税税率》完全接轨，哈国平均关税水平提高的影响完全展现。哈国加入关税同盟会一定程度上增加了中国贸易成本，例如，哈国加入关税同盟后，恢复征收原油出口税，而中国从哈国进口的能源数量较大，直接增加了中国的能源进口成本。

第二，关税同盟实行统一的对外关税政策，中国与其中俄罗斯或白俄罗斯的贸易摩擦将会直接扩展至哈萨克斯坦。例如在商品贸易中，如果俄罗斯对中国某商品提出反倾销调查并征收高额关税，那么将会直接影响中国对哈出口关税的征收。

6.5.2.2 对中国与中亚国家建立区域性经济合作组织的影响

俄白哈关税同盟的建立使哈萨克斯坦与俄罗斯间的联系进一步加强，且吉尔吉斯斯坦和塔吉克斯坦也有望加入关税同盟。如果中亚国家中有三个国家成为关税同盟成员国，加上俄罗斯对关税同盟的主导，那么中国若想建立中国-中亚自由贸易区或中哈自由贸易区的可能性就相对较低。

6.6 本章小结

本章主要分析中国与中亚五国贸易投资合作中存在的问题。主要从四个角度分析，第一，从中亚安全局势和商业环境角度分析，认为中亚五国目前安全形势面临内外部双重风险；从宏观和微观两个角度分析中亚五国的商业环境，认为其商业环境总体欠佳。第二，从合作领域角度进行分析，认为资源领域仍是目前中国和中亚五国贸易投资合作的主力以及非资源领域贸易投资合作方兴未艾。第三，从合作机制角度分析，上合组织在贸易投资便利化推进方面功能发挥不充分。第四，从贸易投资合作主要执行环节角度分析，主要包括：资金结算、融资保险、交通运输、通关商检、人员流动等五个环节；第五，从区域性经济合作组织角度分析，在介绍几个主要组织的基础上，重点分析了俄白哈关税同盟对中国与中亚国家贸易投资便利化的影响。

第7章　中国与中亚五国贸易投资便利化的内容模块建设

7.1 资金结算便利化

本书第 6 章已经提过贸易结算和投资结算都属于国际结算范畴，两者具有共通性，本章与第 6 章相对应，仍是以贸易结算为例，探讨如何促进跨境贸易人民币结算。

7.1.1 跨境贸易人民币结算必要性

7.1.1.1 改善贸易便利化条件的需要

一方面，人民币结算可以降低汇率风险。目前中国和中亚国家贸易结算所采用的货币主要是美元，进出口双方均需进行外汇兑换，都会面临美元汇率波动的风险。如果选择人民币用于中国与中亚国家贸易结算，从中国角度看，进出口贸易企业都可以避免通过银行结汇和购汇的汇率风险；从中亚各国角度看，由于中亚国家与中国之间贸易存在很大互补性，"通过人民币进行贸易结算基本上能达到供求平衡的水平"[129]，并且通过适当调剂，还可以免去购买和出售美元的环节，汇率风险也能随之避免。此外，从人民币的表现来看，币值相对比较稳定，因而人民币适合中国与中亚国家跨境贸易结算。

另一方面，人民币结算可以加快结算速度，降低结算成本。中国和中亚各国主要采用美元进行贸易结算，两国银行必须通过美国的商业银行作为清算行才能实现货款的最终清算。由于进出口双方的开户银行通过同一美国商业银行进行美元清算的概率很小，因此一般至少涉及两家美国银行，这样货款的结算至少要经过进口方、进口方开户银行、进口方开户银行的美元清算行、出口方开户银行的美元清算行、出口方开户银行、出口方，结算环节过多就会影响款项的流转速度以及货款的到账速度。如果选择人民币进行跨境贸易结算，中国和中亚国家银行只需建立账户行关系，就可以实现贸易货款的直接划拨，款项流转环节大幅减少，货款处理速度和结算的安全准确性也得以提高。

7.1.1.2 解决目前美元跨境现钞监管及调运问题的需要

目前旅购贸易仍然是中国和中亚国家贸易的重要组成部分。大量的美元现钞结算交易使得大量的外币现钞游离于银行结算体系之外，贸易双方国家的银行监管机构对此缺乏有效的监管，美元现钞跨境流动信息游离于国际收支统计监测之外，从而有可能使非法资金逃避管制，为不法分子利用现钞结算进行洗钱交易创造条件，甚至使恐怖融资活动成为可能。采用人民币结算，可以有效打击美元黑市交易，推动边贸业务向银行集中结算，便于银行实施有效的监管。此外，跨境贸易人民币结算还可以有效解决目前美元现钞调运成本、风险高的问题。

7.1.1.3 提高人民币在国际货币体系中地位的需要

跨境贸易采用人民币结算，不仅可以扩大人民币在境外的流通和使用，增强人民币的国际影响，增加我国在国际社会的话语权，而且还有利于推动世界经济的发展。当前国际货币体系的格局是少数发达国家拥有国际货币发行权，凭借其货币作为国际结算主要货币，对世界资源的分配权有很强的掌控力。因此，中国有必要推动人民币在跨境贸易结算中发挥重要职能，才能在全球经济一体化中逐步获得主导权，并从国际分工和国际贸易中获得更多的利益，实现国家利益最大化。人民币如果作为跨境贸易结算货币，直接用于国际计价和国际结算，还能"扩大本国银行在国际金融市场的份额，投资银行也能够获得更多承销和代理等业务"[130]。此外，人民币作为国际结算货币，还可以为广大发展中国家在贸易结算中提供更多选择，可以在一定程度上维护发展中国家的利益。

7.1.2 跨境贸易人民币结算可行性

7.1.2.1 中国和中亚各国政治互信为跨境贸易人民币结算提供保障条件

中国奉行"以邻为善，以邻为伴"的周边国家外交方针，主张"各种文明、不同社会制度和发展道路应彼此尊重，各国有权根据本国国情确立相应的政治、经济和社会制度"，这一外交方针和政策主张受到中亚各国的欢迎和支持，并经受住了"9·11"事件后中亚发生"颜色革命"的考验。目前，中国与中亚各国在国家首脑、立法机构、政府及各部门、政党和地方及民间的交流往来不断扩大，睦邻友好合作关系的社会基础日益牢固。

7.1.2.2 中国已经具备了人民币国际化的经济实力

人民币能否成为国际结算货币，受经济实力、币值稳定程度、政策环境及金融市场的广度和深度等多种因素决定。一国货币要成为国际结算货币，首先需要货币发行国具备强大的经济实力。如表7-1所示，从2010年至2013年，中国GDP总额连续四年位居世界第二，与其他国家相比，中国在经过改革开放30多年持续、快速和稳定的发展之后，经济实力已经能够支撑跨境贸易人民币结算。而且根据世界贸易组织（WTO）发布的2014年和2013

年贸易统计报告，2013年和2012年中国货物出口额连续两年位居世界第一位；根据2013年《对外直接投资公报》，中国连续两年位居全球第三大对外投资国，巨大的贸易和投资额也为人民币国际化提供了强有力的支持。

表7-1 全球十大经济体GDP

（单位：十亿美元）

	2008	2009	2010	2011	2012	2013
美国	14720.25	14417.95	14958.30	15533.83	16244.58	16197.96
中国	4519.95	4990.53	5930.39	7321.99	8221.02	9038.66
日本	4849.19	5035.14	5495.39	5896.22	5960.27	5997.32
德国	3640.73	3306.78	3310.60	3631.44	3429.52	3373.33
法国	2845.11	2626.49	2569.82	2784.76	2613.94	2565.62
英国	2709.57	2217.43	2296.93	2464.64	2476.67	2532.05
巴西	1653.54	1622.31	2142.91	2474.64	2253.09	2503.87
俄罗斯	1660.85	1222.65	1524.92	1899.09	2029.81	1953.82
意大利	2318.16	2116.63	2059.19	2196.33	2014.08	2117.28
印度	1223.21	1365.34	1711.00	1872.85	1841.72	2109.02

数据来源：IMF，http://www.imf.org/external/pubs/ft/weo/2013/02/weodata/weoselgr.aspx。

7.1.2.3 中国跨境贸易和直接投资人民币结算发展迅速

2010年中国发布《扩大跨境贸易人民币结算试点工作的有关问题通知》，将跨境贸易人民币结算的境外地域由港澳、东盟地区扩展到所有国家和地区。近年来，中国跨境贸易和直接投资人民币结算发展迅速。根据中国人民银行公布的数据，2014年跨境贸易人民币结算业务累计实现6.55万亿元，比2013年同期增长41%；2013年直接投资人民币结算业务累计发生1.05万亿元，较2012年的5337亿元大增97%。这意味着，人民币国际化正在贸易和直接投资领域全面开花结果[131]。

7.1.2.4 中亚国家对跨境贸易人民币结算可接受程度日益提升

一方面，中国与中亚国家在贸易结算方面已经开展了初步合作，2005年中哈两国政府和两国中央银行签订了《中国人民银行和哈萨克斯坦国家银行关于边境地区贸易银行结算协议》，可使用人民币元和坚戈进行结算；2011年6月13日，中国人民银行与哈萨克斯坦共和国国家银行在哈萨克斯坦首都阿斯塔纳签署了金额为70亿元人民币的双边本币互换协议；2011年4月19日中国人民银行与中亚国家中的乌兹别克斯坦共和国中央银行在北京签署了金额为7亿元人民币的双边本币互换协议。这些举措在一定程度上促进了中国尤其是中国新疆地区与中亚国家的贸易发展，缓解了人民币流出渠道有限、境外存量不足的问题。

另一方面，中亚国家对人民币的接受程度逐渐提高。以哈萨克斯坦为例，哈国家银行对人民币是接受和认可的。由于哈萨克斯坦实行外汇统账制记账方法，商业银行的所有外汇业务都要以官方（中央银行）公布的当日汇率折算为哈国货币坚戈进行核算，而在哈中央银行公布的各种货币对坚戈的汇率表中，人民币始终位列其中，而出现在这一表中的货币只有33种[132]。此外，哈萨克斯坦商业银行在实际业务中也广泛使用人民币，体现在哈境内的人民币兑换点数量越来越多。

7.1.3 推进跨境贸易人民币结算的政策建议

7.1.3.1 继续加强政治互信和经济合作，提升人民币区域影响力

中国与中亚国家建交以来，政治经济关系有了快速发展。近年来，中国和中亚国家进一步深化和巩固已有的合作，拓展新兴的合作领域，如教育、文化、科技、环保、农业、基础设施等。截止到2013年，中亚五国中吉尔吉斯斯坦和塔吉克斯坦都已加入WTO，哈萨克斯坦也在入世谈判中，中国

与中亚国家的贸易体制共性增多，为未来经济合作提供了更广阔的平台。但目前中国和中亚国家在金融领域的合作进展相比其他领域较少，一方面是由于中亚国家持有较为审慎的态度，另一方面是由于俄美等大国在中亚地区的政治和能源博弈。在此背景下，中国应继续加强与中亚国家非资源领域的合作，弱化"中国威胁论"对中亚国家民众的影响，强化人民币在中亚区域的影响力。毕竟跨境贸易人民币结算在技术层面上问题不大，能够顺利实施，关键还取决于中亚各国领导人对中国以及人民币的态度。

7.1.3.2 提升出口企业竞争力，增强人民币结算话语权

目前，中国出口至中亚国家的产品很多是低附加值的产品，竞争力不强，随着中国劳动力和原材料成本的提升，很多轻工业产品在价格上已不具备竞争优势，很多中亚客商选择越南、土耳其等劳动力成本较低的国家进行贸易。即便选择进口中国产品，也会极力压低价格，并对产品提出苛刻要求，例如作者通过调研发现，哈萨克斯坦进口商要求产自中国的鞋类产品，出口时不得显示任何与中国有关的信息等。因此中国企业有必要针对中亚五国的市场需求改良自身产品，多出口高附加值的产品，拓展中亚的中高端市场。只有出口企业竞争力得到提升，产品具有不可替代性，贸易结算货币选择的话语权才会增强，也才会有更多的中亚贸易伙伴愿意以人民币计价结算；同时出口企业人民币付汇也会随之增多，有利于逐步平衡进出口人民币结算差额。中国政府可以完善信用担保机制，中亚国家如果担心货币清偿问题，可以由政府出面，对银行、出口企业进行一定程度的信用担保，对结算的差额以国际储备货币进行清偿，从而消除中亚国家银行、企业的顾虑，增强其对人民币结算的接受程度。

7.1.3.3 建立统一的跨境人民币清算网络体系

目前，中亚国家内中资银行数量较少，远远不能满足开展跨境人民币结

算的需要。要实现跨境贸易人民币结算必须要加快商业银行"走出去"的步伐，建立分布广泛、功能完备的结算网络，才能实现人民币国际化运营。具体来说，一方面，可以由中国人民银行牵头，加快中资金融机构在中亚国家的布局，在中亚国家发达城市增设分支机构，并利用各商业银行已有的境外人民币支付清算网络，积极推行跨境贸易人民币结算，直接为境外企业提供人民币清算服务，为中亚国家接受和使用人民币的市场主体提供清算便利。另一方面，可以在中亚国家扩大与境外参加行的代理清算网络。从某种程度上看，"中资银行与境外参加行代理清算协议的数量和广泛程度会决定推行跨境贸易人民币结算业务境外渠道的发达程度"[133]，所以中资银行有必要继续增加与境外参加行签署人民币清算协议形成覆盖重点区域的代理清算网络。此外，中国还应与中亚五国积极合作，搭建跨国金融信息交流平台，完善跨境贸易人民币结算的相关配套政策，建立结算信息共享机制，从而促进人民币结算业务的全面开展。

7.1.3.4 完善人民币循环机制，拓宽人民币回流渠道

目前，海外人民币资金存在缺乏投资渠道的问题，虽然中国企业可以通过投资的方式将人民币投入海外市场，但这些人民币最终还会落到企业、个人和投资者的手上，因此，大量的人民币必须要有通畅的投资渠道，使持有者能够获得利润，人民币才会被其他国家认可和接受。可以通过适当放宽资本与金融账户管制，积极鼓励国内企业直接用人民币去中亚五国进行直接投资，创新人民币金融产品。具体来说，可以推进人民币债券市场的发展，建立覆盖贸易金融、零售业务、专业融资、资金清算、银行卡和网上银行等众多领域跨境人民币产品体系，为境外人民币的投资回流提供有效路径。通过金融创新，一方面，可以使人民币在中亚乃至海外沉淀下来，形成海外人民币市场；另一方面，人民币也能够以投资的方式回到中国市场，助力中国经

济的发展，最终形成顺畅的人民币资金流。

7.1.3.5 尝试在霍尔果斯构建人民币离岸金融市场

随着中国同中亚国家贸易的快速增长及中国自身经济实力的增长，人民币会越来越国际化，向中亚区域流出的数量将越来越大，人民币离岸业务也将自然而然地产生。因此，有必要建立一个具备相当规模和健全金融制度的离岸中心来实现离岸人民币的供给，以及完成离岸人民币的回流与监管。2011年12月2日，中哈霍尔果斯国际边境合作中心中方区和哈方区成功实现对接封关运营，中哈两国在国际经济合作中的战略定位正式确立。该中心是跨境经济贸易区和区域合作项目，也是上海合作组织框架下区域合作的示范区。在此基础上，可以尝试在霍尔果斯建设人民币离岸市场，从而进一步密切中国金融市场与国际金融市场的衔接联系，密切中国与中亚地区的经贸往来与合作[134]。

7.2 融资保险便利化

7.2.1 国内融资支持

7.2.1.1 拓宽融资渠道，加强信贷支持

首先，新疆作为与中亚国家贸易投资往来的重要地区，应抓住"丝绸之路经济带"建设的机遇，联合其他省区向国家有关部门申请建立开发性金融机构，例如组建西部开发银行，为西部地区开发及与周边国家贸易投资合作提供信贷资金支持，尤其是加强对基础设施互联互通建设投资的支持。其次，加强对民营企业的融资支持，对在中亚地区有贸易投资合作的企业适当提高中长期贷款比例及银行业呆账核销比率。再次，加强对具有一定规模的贸易和投资企业培育，为企业上市提供辅助支持，并鼓励企业

通过发行公司债券、短期融资券、中期票据等途径进行直接融资。最后,加强金融创新,为贸易投资便利化进一步提供融资支持,鼓励部分银行成立"丝绸之路金融服务中心",为中国与中亚贸易投资合作设计个性化和专业化的金融产品。

7.2.1.2 创建面向中亚的能源专项发展基金和能源银行

中亚国家能源资源十分丰富,对满足中国的能源需求具有重要的意义。为有效促进能源产业和金融资本的对接,使民营企业也能有充分的机会参与能源投资,建立面向中亚的国家能源专项发展基金以及能源投资银行非常必要。

能源专项发展基金方面。可以从以下三个方面着手:第一,能源海外并购基金。中国企业到海外收购资源型企业,是中国融入资源全球化和维护国家能源安全的重要组成部分,但由于很多国家忌惮于中国企业的政治背景,中国能源企业尤其是国有企业在实施跨国并购中经常遭受地缘政治压力;而通过设立能源海外并购基金间接操作,就可以减轻所有制因素造成的影响,规避地缘政治风险。第二,能源产业开发基金,可以为规模能源企业的海外直接投资提供重大项目启动资金,例如,为耗资较大的资源勘探、油田开采权收购、精细化工投资等提供专项资金,从而能够有更多机会掌控油源等高附加值的项目,服务于我国长期能源安全战略。第三,能源风险投资基金,国际上现行的能源风险,通常包括能源资源勘探和开发风险、能源期货市场套期保值和各类能源市场上能源金融工具的投机风险。能源风险投资基金一方面可以为投资者带来高额的中短期投资收益和资本积累等;另一方面,通过专业投资机构利用各种手段在国际能源期货市场、货币市场以及与能源相关的证券市场上进行能源实物、期货、期权、债券、汇率、利率和股票等操作,为"能源金融"操作起到保驾护航的作用。

能源投资银行方面。随着中国经济的发展，对能源的需求与日俱增，对国外能源投资的力度也相应会增大，但仅依靠一般的政策性银行如国家开发银行或中国进出口银行的贷款很难从根本上满足能源企业对资金的巨大需求，有必要建立专门支持能源产业的能源投资银行。能源投资银行具体可以包括三个方面：一，国家鼓励并授权某些专业银行或综合银行设计专门的能源金融产品，向中国相关能源企业提供风险管理和控制方案，出售能源场外衍生品给终端用户或炼油商；二，为有较大规模且信用度较高的能源企业海外直接投资提供贷款贴息政策，当面临能源价格剧烈波动，能源企业经营面临严重困境时，可以为其提供中长期低息或无息贷款优惠政策，保障国家能源安全利益；三，实施能源储备银行政策。借鉴英国、德国、韩国等国能源储备建立的经验，通过银行调动和协调各方力量，实行"储备成本在全国进行分配"或贴息贷款等鼓励储备的政策[135]。

7.2.2 加强中国与中亚五国贸易投资相关保险支持

7.2.2.1 加强出口信用保险和海外投资保险支持的意义

中国出口信用保险机构是由国家出资设立，旨在为服务中国的政治和经济目标，提高中国外向型企业的国际竞争力。出口信用保险和海外投资保险在支持中国企业对外贸易和投资方面的作用主要体现在以下几个方面：一是，提高企业竞争力，保险既可以提供保障也可以提供融资支持，保险平台可以将闲散资金引入具体贸易和投资项目领域，为企业获得项目和资金创造机遇。二是，保障企业权益，维护企业利益。中亚五国的经济和政治环境特别复杂，很多企业对中亚国家的政治、法律和劳动等方面的商业环境缺乏了解，担心贸易和投资活动会遭遇损失。出口信用保险和海外投资保险能够在很大程度上保障中国企业利益,对由政治风险和商业风险造成损失的赔偿比例高达 90%;中国出口信用保险还为中亚油气管道项目提供相应的保险,增强了中国企业对外直接投资的信心,有利于推动中国企业走出去。三是,有助于塑造中国走出去的良好形象,由中国出口信用保险公司支持的项目大多集中在与中国外交友好的国家,从这个角度上说,出口信用保险和海外投资保险发挥了政经结合的作用[136]。

7.2.2.2 加强中国与中亚五国贸易投资相关保险支持

目前中国出口信用保险公司有关贸易和投资的保险类别分别为出口信用保险和海外投资保险。其中,出口信用保险分为短期和长期出口信用保险,短期出口信用保险通常保障信用期限在一年以内的出口收汇风险;长期出口信用保险通常保障信用期在 1~15 年的出口收汇风险,重点支持高科技、高附加值的机电产品和成套设备等资本性货物的出口以及对外承包工程项目。海外投资保险分为海外投资(股权)保险、海外投资(债权)保险以及海外租赁保险,海外投资(股权)保险可以保障中国企业海外投资项下股东权益的损失;海外投资(债权)保险可以为中国企业海外投资债权进行保障;海外租赁保险针对具有租赁资质的企业及金融机构所进行的跨境租赁交易,为出租人提供租赁项目所在国政治风险以及承租人信用风险的保险保障。

在"丝绸之路经济带"建设的背景下,中国出口信用保险公司作为政策性信用保险机构,应进一步明确保险支持的重点方向。一是,加强与国内相关金融机构合作,推动"一带一路"沿线重点国别的整体开发,对国家鼓励的境外投资重点项目优先提供投资咨询、风险评估、风险控制及投资保险等境外投资风险保障服务;二是,加强宣传,尤其是对中小企业的宣传和支持,利用出口信用保险等金融服务工具为其提供风险保障和融资便利,促进对外贸易和投资发展;三是,创新产品和服务,针对中亚特殊商业环境和安全局势，制定适合中国企业与中亚五国贸易和投资合作的具体保险产品，同时还可以为境外经贸合作区入园企业统一提供保险服务，为产业集群的发展创造良好环境。

7.3 交通运输便利化

7.3.1 中国与中亚国家交通合作的重要意义

自上海合作组织成立以来，交通合作一直是该区域推进贸易投资便利化的重点，在该组织的"成立宣言""组织宪章""政府间关于区域经济合作的基本目标和方向及启动贸易和投资便利化进程的备忘录"和"多边经贸合作纲要"中，交通合作的重要性均有所体现。在合作机制上，该组织已于2002年启动了交通部长会议机制，此后签署了多项道路运输协定。

7.3.1.1 交通合作是当前中国与中亚国家贸易投资便利化的主攻方向

中国与中亚国家之间有着"好朋友、好伙伴、好兄弟"的传统友谊，这为彼此之间的交通合作提供了坚实的政治保障。目前，中国已与土、乌、吉、塔建立了战略伙伴关系，与哈萨克斯坦建立了全面战略伙伴关系，中国与中亚国家的关系处于历史最好时期。中亚是沟通欧亚大陆的桥梁与纽带，具有重要的区位优势。随着中欧贸易规模的快速增长，中亚的区位优势将得到进一步发挥，互联互通的水平将进一步提升，并将推动中国与中亚国家加强交通领域务实合作。中国与中亚国家间的经济互补性是彼此开展经贸合作的基础，经贸往来和商品交流的大幅增长必将产生巨大的交通投资合作需求。

7.3.1.2 中亚国家国际运输通道建设对中国贸易及投资发展具有重要影响

中亚国家国际运输通道建设将会打开中亚国家通向世界进行国际贸易的大门，提高其在亚欧过境运输中的市场份额，并支持上合组织区域内外贸易高速增长。目前，中国经由中亚五国过境运输出口到欧洲的货物量远远低于海运抵欧货物量。随着中国西部对外国际大通道的建设、新铁路口岸的开辟，一旦中亚国家各大通道得以打通，中国与中亚的联系将更为紧密，与欧洲、地中海、中东、南亚等地区之间的陆路运输将更加便捷、顺畅，亚欧之间的贸易有望获得更大增长。

7.3.1.3 更高水平的交通合作将为上合组织自贸区建设打下坚实的基础

早在2003年，上合组织成员国就签订了《多边经贸合作纲要》，该纲要指出，短期目标是实现贸易投资便利化，长期目标是建立上合组织"准自由贸易区"。高水平的交通合作将大大便利本区域内服务、资本、技术和货物的流动，从而为实现长期目标提供现实保障。建立上合组织自贸区对本区域交通组织、运输方式协调与衔接、交通网络的构建、运输路线等都提出了较高的要求，而只有在更高水平上的交通合作，才能加快上合组织自贸区的建设进程。

7.3.2 现阶段取得的主要成绩

7.3.2.1 初步建立交通合作机制并签署多项运输协议

在多边层面，上合组织建立了交通部长会议机制；在双边层面，中乌、中哈之间建立了交通合作分委会合作机制，中吉、中塔等地方交通主管部门之间也有定期会晤机制。中国同中亚五国已签署多项运输协议。例如，中哈之间的《中哈汽车运输协定》《关于中哈双方国际汽车运输行车许可证制度的协议》，中吉之间的《中吉政府汽车运输协定》《中、吉、乌国家汽车运输总公司关于建立国际汽车运输行车许可证制度的协议》，中乌之间的《中乌政府汽车运输协定》《中、吉、乌政府汽车运输协定》，中塔之间的《中塔政府汽车运输协定》，中土之间的《中土民用航空运输协定》。2014年9月，上合组织成员国正式签署具有里程碑意义的《上合组织成员国政府间国际道路运输便利化协定》。该协议填补了上合组织一直以来只有双边运输协议而没有多边运输协议的空白，在时间和成本上大大便利了中国与中亚国家间经第三方的跨境运输。

7.3.2.2 公路建设快速发展

自上合组织成立以来，中亚国家充分利用该平台，通过中方优惠买方信贷、中方无偿援助、资源换项目和国际金融组织贷款等多种融资合作模式实施了一系列公路建设项目。如今，中国连接中亚的公路主干线已经建成，在中国境内长达8000多千米，横贯中国的东中西部，东起江苏连云港，途经陕西西安，西抵新疆霍尔果斯，并延伸至哈萨克斯坦、吉尔吉斯斯坦和乌兹别克斯坦，与贯通中亚的欧洲E40号公路相连，形成自中国沿海城市到达欧洲的公路大动脉，同铁路共同构成了新亚欧大陆桥。中国与哈、吉、塔三国已开通多条汽车客货运输线路，促进了商品流通和跨境人员往来。其中，比较重要的有乌鲁木齐—阿拉山口—阿斯塔纳、乌鲁木齐—霍尔果斯—阿拉木图—塔什干—杜尚别、喀什—吐尔尕特—比什凯克等。

7.3.2.3 铁路建设成果显著

新亚欧大陆桥铁路全长10900千米，途经30多个国家或地区，东起江苏连云港市，横穿中国东、中、西大陆，在中国新疆阿拉山口与哈萨克斯坦的德鲁日巴站接轨，进入中亚，穿越欧洲直达荷兰的鹿特丹港。2012年12月，中国霍尔果斯口岸与哈萨克斯坦阿腾科里口岸铁路顺利接轨，这是继新亚欧大陆桥阿拉山口口岸站之后，中国第二条向西开放的国际铁路通道正式开通。实现这次对接的中国境内铁路线是新疆第一条电气化铁路——精伊霍铁路（精河—伊宁—霍尔果斯），东起兰新铁路精河站，西至霍尔果斯站，全长292千米[137]。拟建中的中吉乌铁路，东端为中国南疆铁路的终点喀什，向西经中吉边境伊尔克什坦吐尔尕特山口进入吉境内，再经吉南部城市卡拉苏，抵达吉北部重镇奥什，向西北方向进入乌兹别克斯坦，最终到达费尔干纳盆地腹地的安集延。该铁路全长约 504 千米，其中中国境内 176 千米，吉境内 278 千米，乌境内大约 50 千米。遗憾的是，这一造福于中亚人民的幸福之路，由于种种原因，至今未能开工。2013 年 12 月，吉政府曾宣布拒绝中吉乌铁路方案。相信在区域经济一体化的大背景下，中吉乌铁路必将得以修建。中吉乌铁路的建成将完善新亚欧大陆桥南部通路，形成东亚、东南亚通往中亚、西亚和北非、南欧的便捷运输通道[138]。另据中国路桥网的报道，被称作第三条亚欧大陆桥的渝新欧国际铁路也于 2012 年 8 月 31 日正式开通运营，该条铁路从重庆西站始发，经西安、兰州、乌鲁木齐，从边境口岸新疆阿拉山口进入哈萨克斯坦，再经俄罗斯、白俄罗斯、波兰到达德国的杜伊斯堡，全程 1179 千米，为中国西部地区产品开辟了一条经铁路进入欧洲市场的黄金通道[139]。

7.3.2.4 能源管道建设进展显著

中哈原油管道是中国与中亚首条跨境原油运输管道，为解决 2014 年满负荷运输问题，中石油于 2013 年与哈国家石油公司签署了"关于中哈原油管道扩建原则协议"，这意味着未来中国与哈萨克斯坦将进一步加强原油管道合作。中国-中亚天然管道 A、B、C 线途经土、乌、哈三国，目前已建成通气，在建的 D 线将于 2020 年前全线完工，每年输气能力 300 亿立方米，气源来自土库曼斯坦复兴气田，途经乌、塔、吉三国，进入中国新疆的乌恰。按照 2020 年中国天然气消费将达到 4000～4200 亿立方米来计算，可满足国内超过五分之一的天然气需求。

7.3.2.5 航空网络基本形成

中国与中亚国家的航空直达运输网络基本形成。中国已经开通至哈萨克斯坦的阿拉木图、乌兹别克斯坦的塔什干、吉尔吉斯斯坦的比什凯克、塔吉克斯坦的杜尚别的直达航线，2005年又开通了至土库曼斯坦首都阿什哈巴德的国家航线。至此，中国与中亚五国全部开通直达国家航线，且航班的密度在逐步加强，以此为契机，中国新疆的乌鲁木齐已成为连接中亚五国的区域性门户机场[140]。

7.3.3 推进交通运输便利化的对策建议

7.3.3.1 改善交通运输合作的"硬件环境"

一方面，加快推进中国与中亚五国互联互通建设。充分发挥上合组织银联体、交通合作分委会的作用，在资金、技术、人才方面保障在建交通和交通设备贸易等大项目能够顺利实施，尽早造福于中亚人民。当前，应重点推进的大项目主要包括：铁路基建方面有，抓紧落实中国国家开发银行向塔吉克斯坦提供的总额4200万美元的铁路建设贷款，该笔贷款用于修筑塔吉克斯坦境内连接亚旺与瓦赫达特的干线铁路；中国交通运输部要加强与乌兹别克斯坦国家铁路公司的政策沟通，全力保障安格连—帕普电气化铁路在2016年如期完工，安格连—帕普铁路是中吉乌铁路规划的重点区段，该铁路的开通将彻底改变吉尔吉斯斯坦和乌兹别克斯坦之间没有直接铁路相连的历史，另外，来自中国的货物到达乌兹别克斯坦就没必要像现在一样必须绕道第三国达数百千米才能实现，中国经乌国直通欧洲国家和海湾地区的运输通道就此形成。交通设备贸易方面有，中国政府应在出口买方信贷、金融租赁信用贷款等方面进一步加大交通设备"走出去"金融支持力度。由于中亚五国一直沿用苏联20世纪七八十年代的铁路运输装备，目前更新换代的时点已经到来，中国出口给中亚五国的铁路装备数量必将出现爆发式增长。当务之急是，从金融层面落实好中国南车与中国北车已经与哈萨克斯坦、乌兹别克斯坦、土库曼斯坦等国达成的机车、客车、敞车、箱体火车的销售合同。为满足售后服务的需要,政策扶持中国铁路装备制造企业到中亚国家设立售后基地,以方便车辆技术培训和运营维修等。除此之外,还要做好中国与中亚五国交通合作的"顶层规划",打造立体化、全方位、网络状的"大概念联通"。公路方面,在中塔边境阔勒买口岸至塔首都杜尚别公路一期工程建成通车后,重点设计规划好丹加拉至阔勒买口岸二期工程。铁路方面,发挥中乌交通合作分委会和中吉交通部门合作机制的协调功能,尽早确定中吉乌公路和铁路的全线贯通时间表,进而推动中乌、中吉贸易投资便利化。管道方面,中国-中亚天然气管道 D 线是多方参与、共同受益的战略性合作项目,对推动中国-中亚能源合作,改善中国能源消费结构与促进节能减排意义重大。在上合组织框架下,中国要及时就施工中出现的问题同乌、塔、吉三个过境国密切沟通政策主张,保证这条能源大动脉在 2016 年如期建成。口岸方面,改善中哈、中塔、中吉边境口岸交通基础设施和配套设施。下一步的工作重点应放在,进一步提高中吉边境的伊尔克什坦和吐尔尕特公路口岸的公路等级;改善中哈边境的霍尔果斯与阿拉山口口岸以及中塔边境的阔勒买、卡拉苏口岸的交通配套设施。

另一方面,中国应积极参与中亚五国国际过境通道建设。中亚五国地处亚欧大陆结合部,在经济区域一体化和全球化加速发展的大背景下,建设中亚五国国际过境通道,实现高效、畅通、安全的货物运输,进而有效降低贸易成本,推进贸易投资便利化进程,已成为中亚五国与中国关注的焦点。中亚区域经济合作组织(中国为 8 个成员国之一)于 2007 年提出"2008—2017 年行动计划",计划在中亚五国打通 6 条国际运输大通道,其中 3 条将中国新疆与中亚相连,国际通道的建设将对该区域交通一体化产生深远影响,同时也为中国进一步广泛参与欧亚经济合作及发展国际贸易带来更多机遇。中亚区域经济合作组织选择途经中国新疆与中亚的线路主要基于以下考虑：第一，经济及运量增长前景；第二，沿线既有运量；第三，提高人口中心与经济中心间连通性的能力；第四，减少延迟及其他障碍（如换装次数、过境点数量等）。上述3条通道路线分别是：欧洲—东亚通道、地中海—东亚通道、东亚—中东—南亚。欧洲—东亚通道由3条支线组成，铁路支线1：特罗伊茨克（俄罗斯）—卡拉干达（哈萨克斯坦）—莫因特（哈萨克斯坦）—阿克斗卡（哈萨克斯坦）—阿拉山口（中国）；铁路支线2：奥伦堡（俄罗斯）—奇姆肯特（哈萨克斯坦）—阿拉木图（哈萨克斯坦）—霍尔果斯（中国）；以铁路为主的混合支线3：特罗伊茨克（俄罗斯）—鲁戈瓦亚（哈萨克斯坦）—比什凯克（吉尔吉斯斯坦）—巴雷克齐（吉尔吉斯斯坦）—吐尔尕特（中国）—喀什（中国），巴雷克齐（吉尔吉斯斯坦）到喀什为公路连接。地中海—东亚通道，该通道由2条支线组成，混合支线1：土耳其—波季港（格鲁吉亚）—阿塞拜疆—土库曼巴希（土库曼斯坦）—撒马尔罕（乌兹别克斯坦）—安集延（乌兹别克斯坦）—吐尔尕特（中国）—喀什（中国）；混合支线2：土耳其—波季港（格鲁吉亚）—阿塞拜疆—阿克套（哈萨克斯坦）—卡拉卡尔帕克斯（乌兹别克斯坦）—撒马尔罕（乌兹别克斯坦）—安集延（乌兹别克斯坦）—吐尔尕特（中国）—喀什（中国）；东亚—中东—南亚通道，喀什（中国）—伊尔克什坦（中国）—萨雷塔什（吉尔吉斯斯坦）—杜尚别（塔吉克斯坦）—喀布尔（阿富汗）—卡拉奇（巴基斯坦）。从上述几条与中国相连的线路可以看出，中亚五国国际过境通道建设对中国构建西部国际大通道帮助极大。为此，中国应发挥在基础设施建设方面的优势推动该计划尽早实现，可在以下几方面加快介入步伐：积极投标和交通运输、贸易投资便利化相关的基础设施改扩建项目，广泛参与包括咨询服务、机构能力建设、技术转让、初期规划、可行性研究等内容在内的技术援助项目。

7.3.3.2 改善交通运输合作的"软件环境"

"软件环境"建设主要包括以下几个方面：

一是，精心组织实施《便利化协定》，加速互联互通建设进程。历经10年的艰苦磋商，上合组织成员国代表在元首理事会第14次会议上，最终签署《上海合作组织成员国政府间国际道路运输便利化协定》（简称《便利化协定》）。该协议的核心内容之一就是成立"国际道路运输便利化联合委员会"，在其领导下协调各成员国简化国际道路运输文件、程序和要求，解决多国过境运输这一顽疾。未来攻坚克难的具体任务包括：规范收费标准，简化出入境手续，推行一站式服务、电子通关和互认检验；开通和延伸国际运输线路，推行多式联运和公路直达运输，降低运输费用，减少不必要的倒运环节；促使有关国家采取有效措施减少不利因素对国际运输的影响，打击抢劫、盗窃等非法行为，保障各国人员、车辆和货物的安全；提高监督政策措施的透明度，规范行政执法人员的行为。

二是，加大交通领域的智力投资。加大交通领域的智力投资，定期实施中亚五国交通专业技术和管理人员的交流和培训计划。举办中亚五国公路设计理念、公路管理与养护、公路工程兼公路建设标准等方面的培训班，为推进中国—中亚国家建立统一交通标准提供智力保障。另外，在信息交流方面，应通过国际互联网和其他信息手段，建立跨国运输信息交流平台，以技术援助的形式承担中亚国家的公路规划和咨询服务，同时深入地了解周边国家经济及交通发展情况及相应的基础数据，并加强各国在诸如交通安全、道路行驶条件、天气状况等方面的信息交流。

三是，完善运输合作机制。第一，抓紧建立欧亚交通走廊交通协调机构，该机构可由各种运输方式专家、沿线各国政府交通部门官员共同组成，旨在加强沿线各国相互了解和信任，及时处理并妥善解决欧亚交通运输通道中出现的问题。第二，积极筹备中国与中亚各国交通合作分委会会议，协调便利运输的有关问题，促使各方严格执行已经签署的双边和多边运输协定，创造有利的跨境和过境运输条件。第三，加强合作磋商机制建设，充分利用上海合作组织及其他国际合作组织的合作磋商机制，促进欧亚通道沿线国家之间的无障碍便利化运输。在发放行车许可证、制定车辆技术标准、简化通关手续等便利运输方面进行深入磋商，积极推进运输便利化进程。

7.4 通关商检便利化

7.4.1 海关及边境管理方面

7.4.1.1 加强中国与中亚五国海关合作

中国已经与中亚部分国家签订了政府间海关互助合作协议以及海关间协议安排，例如中国政府与哈萨克斯坦、乌兹别克斯坦政府签订"海关合作与互助的协定"，中国海关与吉尔吉斯斯坦海关签订互助与合作协议，这些协议很大程度上促进了成员国间贸易便利化水平。中国政府还应充分利用中亚经济合作（CAREC）框架下的"八国海关合作机制"以及上海合作组织框架下的贸易投资便利化机制等平台，继续加强与中亚五国之间的海关合作，进一步提高海关通关效率。具体可以在简化和协调海关手续、开展海关联合监管、信息技术和单一窗口建设、风险管理和后续稽查、区域过境发展以及边境口岸基础设施建设等方面加强合作。

海关机构合作方面，可以充分应用海关三级会晤机制。海关总署级层面，在相应海关合作协定框架下，研究制定具体的操作细则；直属海关层面，建立信息交换长效机制，定期通报各自的口岸动态情况，引导中亚五国海关加强电子口岸建设，提高通关效率；口岸海关层面，通过经常性会晤，了解彼此贸易政策调整情况，解决口岸通关中存在的问题，建立常规的联络和协调机制，制定口岸通关突发事件的应急预案，为推进贸易投资便利化营造良好通关环境。

7.4.1.2 继续推进边境口岸大通关建设

"大通关"建设缘于贸易投资便利化涉及多个有着不同运作程序的部门，如果这些部门合作不畅将很大程度上影响通关效率。2002年中国新疆地区开始全面实施"大通关"工程，即口岸各部门、单位、企业等采取有效的手段使口岸物流、单证流、资金流、信息流能够运转，是涉及海关、贸易管理部门、运输、仓储、商检、银行、保险等多个执法机关和商业机构的系统，变串联式办公为并联式办公，从而提高通关效率。目前，新疆各口岸只实现了电子申报，大通关建设还需继续推进，通过科技手段加强资源整合，建设电子口岸，实现电子申报、电子监控、电子放行和信息共享。此外，口岸基础设施建设也有待加强，新疆政府有必要加大仓储、物流设施建设的财政投入力度，争取实现与国外贸易企业之间的无缝连接，节省空间距离带来的物流成本。

7.4.1.3 中方积极提供资金、信息和技术支持，加强中国与中亚国家交流

中亚五国中的哈萨克斯坦也在逐步实施海关现代化建设规划，中方可以与其加强交流合作，已经在都拉塔口岸实行的中哈联合作业监管模式为今后贸易投资便利化的推进提供经验借鉴。中国应抓住机会主动与中亚国家加强海关业务交流，例如，可以在新疆地区建立面向中亚国家的海关业务培训基地，积极组织相关国家海关开展业务探讨；通过互派留学生培养了解对方语言、法律和贸易政策等方面的专业人才，从而加强对彼此的了解，也有助于各国执法水平的提升；还可以提供资金支持，建立中国与中亚地区（包括中亚五国）的信息平台，实现信息共享，促进贸易政策和法规的透明化。

7.4.2 出入境检验检疫方面

7.4.2.1 加强中国与中亚五国检验检疫领域合作

国家层面上，利用上海合作组织框架下已经建立的质检合作工作组，定期交流法律法规、技术标准，加强对中亚五国有关出入境检验检疫法律法规、技术标准的了解，建立成员国官方检验检疫权责机关联系及通报机制；边境地区层面上，建立省级合作沟通机制，通过定期会晤，加强出入境检验检疫具体操作细节方面的交流，增强对彼此具体技术性贸易措施和动植物检验检疫措施的了解和掌握，有针对性地了解检验检疫细节；非官方检验检疫机构层面，加强合作和交流，使之成为官方层面出入境检验检疫合作的有益补充。

合作内容上，加强与中亚国家出入境检验检疫技术合作，可以通过建立统一的信息平台为推动检验检疫标准的一致化提供良好的技术保障，借助于上合组织平台，通过多种语言对各国检验检疫法律和技术标准进行定期公布和更新。加强对彼此检验检疫结果的认证，以吉尔吉斯斯坦为例，为贯彻 2013 年中吉双方签订的《关于通过信息交换简化中吉外经贸商品过境海关程序的协议》，吉尔吉斯国家海关总署发布消息，自 2013 年 8 月 1 日起，出口到吉尔吉斯斯坦且经过中国检验认证集团进行质量检验合格的商品在通过中—吉"吐尔尕特"和"伊尔克什坦"口岸时吉海关将简化检查程序或免检，这是一个良好的示范，通过加强认证领域的合作，签订双方互相认可的认证结果双边协议，对于推动贸易投资便利化，消除技术壁垒具有十分重要的意义。

7.4.2.2 加强对出入境商品的检验检疫监管

一方面，完善中国有关出入境检验检疫标准的制定，了解并学习发达国家检验检疫技术和标准的制定，为出入境检验检疫奠定良好的基础。另一方面，加强对进出口商品的检验检疫监管，尤其是对中方出口商品的监管；要推进中国与中亚五国贸易投资便利化,并不意味着庇护中方企业的缺点,相反,提高检验检疫标准,加强监管,对不符合相关标准的企业要进行严惩,促进中方出口产品质量水平的明显提高,切实维护在国外市场的质量信誉和诚信,才真正有利于中国与中亚五国贸易投资便利化的长远推进。

7.5 人员流动便利化

促进中国与中亚五国人员流动便利化,可以从以下几个方面着手:第一,加强与中亚五国的交流,从国家层面上签订劳务合作协议。第二,有关部门应对中亚五国的引进外国劳务的法律法规进行详细介绍,让中国企业能够事先对相关风险进行预防。第三,中方企业也要充分研究中亚国家有关法律,派遣工程劳务人员时应选派符合工种要求的技术工人及有国际劳务经验的管理人员,提升中国劳务的总体水平;对到中亚五国工作的用工人员出国之前进行相关培训,使其了解中亚五国的风俗习惯、法律、禁忌等,确保其遵守当地法律法规;履行中国相关劳务输出审评申报和备案程序,用工人员的派出应严格按照国内的批准权限和申报批准程序,并报中国驻中亚五国大使馆商务参赞处批准备案。第四,在签证办理方面,做到既利于加强管理、维护稳定,又便利商务和劳务人士出入境参与投资贸易活动;加强与周边国家的外交磋商,按照对等原则加快签证审批速度,便利人员往来。

7.6 其他便利化内容

7.6.1 完善贸易投资争端解决机制

7.6.1.1 完善企业管理制度,尝试建立统一的海外贸易和投资维权机构

中国企业与中亚五国进行贸易和投资经常会面临各种风险,国有企业的

抵御风险能力强于民营企业，尤其是中小企业。因此，中国企业首先要练好"内功"，充分利用国家出台的支持中小企业发展的相关政策，完善企业经营管理和风险防范机制。其次，考虑到民营企业，尤其是中小企业，在海外维权力量薄弱，可以尝试由政府牵头建立统一的海外贸易投资维权机构。具体来说，可以在几个贸易和投资比较集中的地区设立相应的商会办事机构，让中小民营企业在合法权益受到伤害时能够找到组织，通过组织平等对话协商，维护自身利益；同时在当地的办事机构能够聘请到当地的法律专家负责维权、法律咨询服务，克服遇事找不到人、找不准人、要价不合理等问题；经济参赞处多收集一些海外投资失败警示案例，将一些恶意设置圈套的国外贸易和投资企业和人员列入黑名单，供国内企业借鉴，减少民营企业"走出去"的风险。

7.6.1.2 提供争端解决的具体方法

中国企业在与中亚五国进行贸易投资合作过程中不可避免地会发生一些争议，争端解决通常有以下五个方法：一，通过相关机构进行协商、调解，尽量采用比较平和的手段解决争议。二，采用国际公约或国际惯例来解决争议，与中亚五国进行贸易时在合同中约定好适用的术语通则，当发生争议时，根据国际惯例的解释，基本上可以明确贸易双方的责任；在对中亚五国进行直接投资时，中亚国家也有相关法律认可国际公约的效力，例如哈国的《投资法》和吉国的《地下资源使用法》都认可国际公约。三，中国和中亚五国中的吉尔吉斯斯坦、塔吉克斯坦、哈萨克斯坦都是WTO成员方，有关贸易的争端还可以通过WTO争端解决机制。四，东道国、贸易国或第三方法律，根据合同中的约定采用某国的法律作为依据。五，在贸易合作中，由于法律诉讼的成本通常较高，通常在合同中约定采用仲裁解决双方发生的争议，具有费用少、耗时短的优点。

7.6.2 加强对外贸易投资的政策支持与信息服务

7.6.2.1 加强对民营企业"走出去"的政策支持

中国政府要促进国内企业"走出去",还需做好相关政策支持与服务工作。中国贸易促进委员会发布《中国对外投资现状及意向调查报告》(2008—2013)认为国内企业"走出去"政策及相关优惠条件、投资目的国的腐败状况、投资目的国的自然资源,以及可供投资使用的资金数量等因素对企业对外投资的影响较大;报告还指出与"走出去"相关的优惠政策的获益者多是国有企业。截止到2014年7月,以哈萨克斯坦为例,根据《境外投资企业(机构)名录》,242个投资企业中有35个是国有企业,民营企业个数虽多但投资规模较小。因此,想要推动民营企业成为中国"走出去"战略中的生力军,中国政府有必要改变政策倾斜,可以从金融支持、放松外汇管制、投资保险三个方面构建对外直接投资发展及促进体系,并逐步在政策上使民营企业享受与国有企业同样的优惠政策待遇。

7.6.2.2 加强信息服务,引导企业理性投资

针对中亚五国政策多变的实际状况,中国政府应引导企业理性投资,增强其风险防范意识和风险管理能力。近年来,中亚五国为发展本国经济,努力吸引外资到本国投资,掀起很多中国企业到中亚国家投资的热潮。然而不少中国企业在投资过程中存在盲目投资的情形,对东道国相关投资环境和法规不是很了解,从而遭受巨大损失。因此,中国在中亚五国直接投资过程中应提高风险管理意识和能力,中国贸易和投资管理部门可以在相关文件,例如《投资国别产业指引》中,加大投资风险介绍,增添中国企业投资失败的案例分析和经验借鉴。政府还可以鼓励国内科研和学术机构、商会、贸促会以及工商联等组织加强对中亚各国政治、经济制度的研究以及市场调研,及

时反馈相关信息以便于企业调整投资活动，避免或减少损失。此外，政府还应对境外中国企业进行宣传引导，使其尽量履行在东道国的社会责任，加强与当地媒体沟通，树立良好的跨国公司形象，这将有利于中国在中亚直接投资的可持续发展。

7.6.3 借鉴中哈霍尔果斯边境合作中心经验，加强边境经济合作区建设

边境经济合作区是指中国沿边开放城市发展边境贸易和加工出口的区域。新疆共有四个边境经济合作区，分别是1992年设立的伊宁、博乐、塔城边境经济合作区和2011年设立的吉木乃边境经济合作区，其中伊宁霍尔果斯边境经济合作区发展最为迅速。中哈霍尔果斯边境合作中心是世界上第一个跨境的经济贸易区和投资合作中心，集合了中国现行出口加工区和保税区的核心政策，主要的税收政策有：货物进入中心即视为出口，报关即缴即退；哈国及第三国货物进入中心免征关税和进口环节增值税；在中心内每人每天可以携带8000元的免税商品进入中方，每人每天可以携带1500欧元免税商品进入哈方；中心内企业交易的产品可免征增值税和消费税。中哈霍尔果斯边境合作中心的成立对中哈经贸发展具有重要意义，有利于实现中哈贸易自由化和便利化、贸易方式多样化以及贸易水平多样化，为中国-中亚自由贸易区的建立创造良好开端；有利于推动新疆经济的跨越式发展，使新疆成为向西开放的前沿，便利新疆实施"东联西出"战略。

基于中哈霍尔果斯边境合作中心以及上海自由贸易区的经验，作为与中亚国家毗邻且具有诸多优势的新疆，未来可以在中哈霍尔果斯边境合作中心哈方设立制造业合作区，实行创新管理，进一步发挥合作中心的示范作用和辐射作用，形成面向中亚，辐射西亚、南亚的商品集散、经贸信息和文化交流中心[141]。新疆还应充分发挥自身优势，利用国家给予新疆的优惠政策，

将乌鲁木齐、喀什、阿拉山口等地区作为中国境内自由贸易区的规划雏形，打造中亚经济圈，并依托乌鲁木齐出口加工区以及吉木乃、巴克图、伊尔克什坦、塔克什肯等口岸设立综合保税区[142]，完善贸易投资便利化基础设施建设，形成分工合理、互动充分以及共同发展的新格局。

当然在建设边境经济合作区的过程中，还需注意以下几点问题：一是，在推进过程中不必要将中亚五国之外的国家完全排除在外，可以将有利益共同点的俄罗斯也加入某些区域的经济合作建设，这样不仅能与俄罗斯加强合作，也有利于整个经济合作区建设项目的顺利推动。例如可以加强阿尔泰区域合作，即阿尔泰山系区域，包括中国新疆的阿勒泰地区、俄罗斯的阿尔泰共和国及阿尔泰边疆区、哈萨克斯坦的东哈萨克斯坦州和蒙古国的巴彦乌列盖省及科布多省，通过建立经济合作区促进当地经贸发展。二是，合作区域不一定局限在边境口岸，可以借鉴上海的经验，在新疆最发达的城市乌鲁木齐建立面向中亚的自由贸易（园）区，以此充分发挥乌鲁木齐四通八达的交通基础设施优势。三是，除常见的边境经济合作区形式外，还可以在适当时机积极推动中-乌自由贸易区建设，乌兹别克斯坦短期内没有加入俄白哈关税同盟的计划，中国可以抓住机遇加强合作。

7.7 进一步完善合作机制——建立上海合作组织开发银行

上海合作组织是推进中国与中亚五国贸易投资便利化的重要平台，未来有必要进一步完善合作机制，尤其是加强经贸领域的合作，不但要争取多签署合作协议，更要为促进协议的落实提供机制化保障。本书主要从金融角度探讨进一步完善上合组织合作机制，分析建立上合组织开发银行的必要性、可行性和模式建议。

第7章
中国与中亚五国贸易投资便利化的内容模块建设

筹建中的亚洲基础设施投资银行（以下简称"亚投行"）是由中国首倡的政府间性质的亚洲区域多边开发机构。2015年3月28日，国家主席习近平在博鳌亚洲论坛发表题为"迈向命运共同体 开创亚洲新未来"的主旨演讲，指出"积极推动构建地区金融合作体系，探讨搭建亚洲金融机构交流合作平台，推动亚洲基础设施投资银行同亚洲开发银行、世界银行等多边金融机构互补共进、协调发展"。拟建中的上合开发银行是上合组织框架下的区域性多边开发机构。资金投向上，亚投行重点支持基础设施建设，上合开发银行所支持的范围不仅涉及基础设施、农业、环保、旅游、制造业等非资源领域，还涵盖能矿资源勘探、开发、冶炼等资源领域；地域投向上，亚投行主要服务于亚太地区，上合开发银行重点服务于中亚国家和俄罗斯。由此可见，上合开发银行与亚投行以及亚洲开发银行等国际多边金融机构之间是"互补共进、协调发展"的。

7.7.1 建立上合开发银行的必要性

7.7.1.1 金融合作是区域经济一体化的客观要求

区域经济一体化是当今世界经济发展的趋势与主流。区域经济一体化要求本区域的国家或地区间必须加强经济联系，以此达到最大程度地降低交易成本。在一体化的大背景下，彼此间贸易和投资的规模不断扩大，商品、原材料、技术、人才等生产要素流通速度加快，同时资金流通速度也随之加快。因此，金融合作的水平要与区域经济一体化的进程大体一致，如果前者滞后于后者，就会出现金融压抑的局面，从而妨碍区域经济合作的健康发展。

7.7.1.2 金融合作是加速上合组织区域经济合作进程的必然选择

进入21世纪，中国对外经济交往能力随着国力的增强而显著提高，自由贸易协定是开展对外经济合作的主要形式。截至2014年年底，中国已同

20个国家和地区签署了12个自由贸易协定，采用的合作路径可概括为先是自由贸易，在此基础上扩大相互投资，最后共同推进贸易投资便利化。与此不同的是，鉴于上合组织成员国经济发展水平、利益诉求、意愿等方面的差异性，上合组织框架下的区域经济合作是以贸易投资便利化开始的。

首先，金融合作缓解贸易投资便利化的资金瓶颈制约。中亚国家落后的交通基础设施已成为区域经济合作的主要障碍。次贷危机以后，中亚国家的经济增长速度虽有所加快，但是经济发展水平仍处于较低水平，交通基础设施的资金投入严重不足。以高山之国吉尔吉斯斯坦为例，公路是吉最主要的交通方式，95%以上的货运和客运量都靠公路运输完成。吉国公路老化和损毁严重，因资金短缺，多年来公路建设停滞不前，吉国将发展交通基础设施作为发展经济、摆脱落后的紧迫任务和国家战略。基于中亚国家上述状况，亚洲开发银行在2007年曾指出，即便是上合组织各成员国签订了自由贸易协定，高昂的运输费用也会抵消降税所带来的利益。为此，上合组织将贸易投资便利化作为区域经济合作的突破口。贸易投资便利化设施建设不光包括交通网，还包括通信网、口岸基础设施、海关硬件设备等。这些设施投入所需资金巨大，金融合作便成为贸易投资便利化不可缺少的必要前提。

其次，金融合作提升贸易合作的规模和质量。上合组织成员国彼此之间的贸易水平呈现不均衡的特征，中亚国家的双边贸易规模还比较小，发展空间极其广阔。以中国与其他成员国的双边贸易为例，按照相关规划要求，2015年，中俄双边贸易额将达到1000亿美元，中哈达到400亿美元；2017年，中乌达到50亿美元；2018年，中塔达到30亿美元。为如期完成上述贸易发展目标，上合组织成员国须进一步发掘贸易合作潜力。中亚国家能矿资源丰富，储量位于世界前列，拥有巨大的贸易潜力。能矿资源投资对于发展中亚各国经济，激发贸易潜力，扩大贸易合作规模，提升整个区域的经济合作水平具有重大意义。此外，非资源领域的投资也将对各国调整产业结构，实现经济多元化目标，提升贸易质量产生深远影响。开发能矿资源需要强大的金融支持，中亚各国的财力无法满足庞大的资金缺口，迫切需要外部融资解决资金需求问题，故此加强本区域金融合作已成为深化区域经济合作中最为紧迫的任务之一。

最后，金融合作助力各成员国实现经济发展蓝图。上合组织成员国政府从各国实际国情出发，制定了未来5~10年的经济发展规划，其中能矿资源开发、基础设施、通信、电力等关系国计民生的大项目成为优先发展方向。

俄罗斯于2008年通过《俄罗斯2020年前经济社会长期发展战略》，该战略指出，2020年前，俄将强化其在全球具有竞争优势的传统产业，即自然资源加工业、交通基础设施、能矿资源开发、农业等产业，并依托上述优势，建立覆盖乌拉尔地区、西伯利亚和远东的地区生产集群网，实现经济的区域平衡发展。为此，2020年前战略所涉及大项目预计将至少需要5000亿美元的投资。

哈萨克斯坦的《2015—2019工业创新发展国家纲要》指出，未来5年间，哈将在采矿业机械设备制造业、冶金业、炼化、铁路设备制造业等14个领域完善工业体系，各类资金投入量将达6.9~8.6万亿坚戈，按照哈央行2014年12月31日1美元兑换180坚戈的汇率水平，约合383~478亿美元。

塔吉克斯坦的《2015年前经济发展规划》将矿产资源开发、水电、交通基础设施列为重点发展领域。据英国《金融时报》2014年10月23日的报道，塔吉克斯坦正指望大量中国投资流入，以缓解该国经济因俄罗斯受到制裁打击而遭受的影响。塔吉克斯坦财政部副部长在接受英国《金融时报》采访时表示，未来3年，中国将在塔吉克斯坦投资至少60亿美元[143]。

乌兹别克斯坦的《2015年引进外资计划》指出，2015年乌计划吸引外资总规模为35.34亿美元，在拟投资的156个项目中，能矿资源开发被作为最主要的领域，计划投资22.99亿美元，占比达65%。

吉尔吉斯斯坦计划投资建设6个大型水电站项目，总投资达40亿美元，另外铁路和公路也是吉拓展过境运输的重要基础，而吉国财政只能满足30%的资金需求，其余资金将来自国外融资。

俄罗斯与中亚国家的经济结构均以能源为主，以能源投资带动经济增长是其共同的发展路径。单个国家的财力无法支持上述规模的资金投入，在上合组织框架下进一步完善融资机制，寻求区内外资金的优化配置，加大对各国大型项目的投资，已成为促进各国经济发展以及区域整体经济合作的客观需要。

7.7.1.3 银联体融资模式难以满足本区域经济合作的资金需求

一方面，银联体机制设计缺陷使其融资效率低下。2006年，上合组织银联体开始运作，该银联体遵循市场化原则，凭借上合组织成员国政府的推动作用，各成员行共同为上合组织框架下的大型项目提供金融服务。自银联体成立以来，在促进各成员国经济社会发展，融资支持促进本地区经济发展、社会进步及生态和谐的大型合作项目方面作出了卓有成效的贡献。但必须看到银联体机制设计缺陷使其融资效率低下。这主要表现在两个方面：一是融资模式的不可持续性，二是轮值协调效果不理想。截至2013年6月，中国国家开发银行在本地区的贷款余额为近500亿美元，占比超过70%，涉及能源、农业、交通、中小企业等多个领域。中国是银联体的积极推动者和主要出资国，这虽然反映了中国对本组织经济金融合作的重视，但其他成员国的参与度不够使得金融风险主要由中国承担，从长期来看，上合组织银联体的融资模式是不可持续的。银联体是一种比较松散的合作形式，采取轮值的办法协调融资合作。当由个别经济实力较弱的成员国担当轮值主席时，它们"受援国身份"和"协调国身份"不相匹配，在具体项目中的协调能力受到限制。

回顾银联体的运作历程,可以清晰地发现,在经济实力强的国家的银行担任轮值行时,协调效果明显,多数合作项目在此期间促成,反之,则成绩平平,同时错失了一些合作的良机。如今,在上合组织框架下建立一种有效的融资机制为区域合作项目提供实质性金融支持已迫在眉睫。

另一方面,银联体在与其他金融机构竞争中处于劣势。在上合组织区域内,众多国际性金融机构为本区域合作项目提供融资服务,比如亚洲开发银行、欧亚开发银行、欧洲复兴开发银行等。相比较之下,仅仅是松散合作组织的银联体在竞争中一直处于劣势。长此以往,这将极大影响上合组织成员国间的经济合作效果,也必将削弱本组织的影响力和向心力。

7.7.1.4 开发银行是国际金融合作的有效方式

首先,分析国际上主要开发银行的经验借鉴。

第一,创立背景方面。

(1)世界银行

世界银行由国际复兴开发银行和国际开发协会组成。宗旨是促进可持续发展,提倡投资于人,保护环境,支持和鼓励民营企业发展,帮助政府提高服务质量和效率,从而达到减少贫困和提高人民生活水平的目标。

国际复兴开发银行成立于1945年12月,1947年11月成为联合国专门机构之一,现有188个成员国(截止到2013年9月),是世界上最大的政府间金融机构之一,主要向中等收入国家和资信良好的低收入国家提供贷款和发展援助。第二次世界大战打破了资本主义世界原有的实力格局,重新划分了资本主义强国的势力范围。美国为了在战后巩固并进一步发展其经济力量,极力鼓吹建立多边制度,希望借此取消许多国家实行的外汇和贸易管制以及实现战后经济恢复重建,实现最大限度的市场化,以获得最大的政治和经济利益。同时,随着欧洲复兴事业的进行,对复兴大量提供资金的问题引起了广泛的注意。另外，随着大批前殖民地纷纷获得独立，为发展提供资金的问题显得更为突出。在这样的大背景下，1944年7月，在美国布雷顿森林举行的联合国货币金融会议上通过了《国际复兴开发银行协定》，1945年12月，28个国家政府的代表签署了这一协定，国际复兴开发银行至此正式成立。

国际开发协会成立于1960年。由于一些不发达国家特别是"二战"后新独立的国家，经济基础薄弱，还贷能力差，在国际信贷市场上被称为"信誉不好的国家"，而国际复兴开发银行不能向那些被认为借债信誉不好的国家贷款，以避免损害其自身在国际市场上借款的能力。因此，许多最贫困的国家被排除在国际复兴开发银行之外，它们需要更为优惠的贷款以求发展。在此背景下，1960年9月，国际开发协会成立，它向不能满足国际复兴开发银行短期商业贷款条件的较贫困的发展中国家提供帮助[144]。

（2）亚洲开发银行

亚洲开发银行创建于1966年，是亚洲和太平洋地区的区域性金融机构。亚行的宗旨是帮助发展中成员减少贫困，提高人民生活水平，以实现"没有贫困的亚太地区"这一终极目标。亚太地区在第二次世界大战中遭受到极大的损失，战后亚太地区的发展主要靠亚太地区各国人民的努力，但也需要开展亚太地区国家和地区间合作，需要外部的支援。据20世纪60年代初估算，亚太地区需要外部资金约30亿美元，而实际资金流入量只有20亿美元，尚有10亿美元的缺口，所以需要有一个专门的金融机构帮助筹集资金。斯里兰卡总理班达拉奈先生早在1959年就致力于这一事业。1962年他提出了关于建立这种机构的建议。从1962年开始，日本大藏省的一些知名人士和银行家每月聚会一次，专门讨论这一设想，该小组得出的结论是需要建立一个股本为10亿美元的亚洲开发银行。到1966年8月已有三分之二的亚行法定股本被认购，创建亚行的协定从那时起开始生效[145]。

(3) 欧亚开发银行

欧亚开发银行是俄罗斯和哈萨克斯坦于2006年1月发起成立的国际金融机构。欧亚开发银行的活动范围在俄罗斯、哈萨克斯坦和中亚及周边地区国家，旨在加深对这些国家政治和经济情况的了解，并为他们提供高质量的资金支持，推动和加强欧亚地区经济的发展合作。自2009年起，欧亚开发银行先后吸收亚美尼亚、塔吉克斯坦、白俄罗斯、吉尔吉斯斯坦加入该行。俄罗斯为谋求在前苏联区域整合经济政治资源，主导建立了独立国家联合体。但由于"独联体"多数协定无法执行，只是一纸空文，该组织也被讥讽为"空谈俱乐部"，并数度濒于分崩离析的边缘。于是俄罗斯改变策略，在小多边范围内尝试建立新的区域经济合作组织。2001年5月，俄罗斯、白俄罗斯、哈萨克斯坦、塔吉克斯坦、吉尔吉斯斯坦五国在白俄罗斯首都明斯克，宣告成立欧亚经济共同体。欧亚经济共同体的主要任务包括：建立共同的交通服务市场和统一的交通运输体系；建立共同的能源市场；为相互投资建立平等条件；为企业建立平等的生产经营条件。不论是交通、能源，还是投资、贸易，没有稳定的金融支持是不可想象的。正是在这一背景下，俄罗斯和哈萨克斯坦于2006年1月创立欧亚开发银行，其涉及的业务范围主要集中在电力、水和能源、运输、高科技及创新科技等领域。

简言之，上述三家开发银行的创建背景都是基于广大发展中国家在经济发展中急需大规模外部融资这一事实。

第二，资金来源方面。

上述三个国家性开发银行的资金来源主要由各会员国的实缴股本、债券融资、捐助三部分构成。认缴股本由实缴和待缴两部分构成，实缴股本可用于贷款的发放，而待缴股本则作为其在资本市场发行债券等金融工具的信用后盾。例如，欧亚开发银行在创立之初认缴股本为 15 亿美元，此后随着其他会员国的加入认缴股本总额也不断增加，见表 7-2。另外，捐助融资虽然在开发银行资金来源中比重较小，却是各开发银行获取补充资金的主要形式。例如，从 1964 年开始，国际复兴开发银行每年将净收益的一部分以捐助的形式转拨给国际开发协会。2005 年，中国在亚洲开发银行首次设立技术援助基金，基金资助额为 2000 万美元。

表 7-2 欧亚开发银行法定股本构成

（单位：十万美元）

国别	俄罗斯	哈萨克斯坦	亚美尼亚	塔吉克斯坦	白俄罗斯	吉尔吉斯斯坦
认缴股本（注册资本额）	10000	5000	1	5	150	10
加入时间	200601	200601	200904	200906	201006	201108

数据来源：由欧亚开发银行网站相关数据整理得出，数据截止到 2013 年 7 月，http://www.eabr.org/e/about/foundation/。

第三，业务类型方面。

比较以上三个开发银行，可以发现它们在资金使用上具有共同的战略目标：通过提供贷款促进成员国经济的增长和社会进步，见表 7-3；通过提供技术援助来提高成员国决策机构的能力，促进经济向市场化转轨，改善投资环境；通过联合融资，促进私有资本向发展中成员国流入。

表 7-3 亚洲开发银行对上合组织五个成员国贷款情况一览表

（截止到 2012 年 6 月底）

国别	中	哈	吉	塔	乌
承诺额/百万美元	2766	3013	826.2	328	3,519
农业和自然资源/%	9.96	4.65	11	26.67	9.82
教育/%	0	2.16	5.17	2.01	8.26

(续表)

国别	中国	哈	吉	塔	乌
金融/%	2.23	14.11	8.96	2.15	1.99
公共管理/%	0	16.6	9.56	0	0.59
交通和通信/%	49.57	59.35	34.35	28.29	33.26
水供给和市政基础设施/%	12.22	1.15	2	0.97	11
卫生/%	0	0	1.27	2.01	1.14
能源/%	15.05	0	7.47	20.27	23.3
工业和贸易/%	2.43	0	2.72	5.56	4.97
交叉部门/%	8.55	1.99	17.49	12.08	5.68

数据来源：由亚洲开发银行国别报告相关数据整理得出，http://www.adb.org/countries/main。

总之，在创建背景、资金来源、业务类型等方面，上述三家开发银行与拟建中的上合开发银行具有极强的相似性，并为下一步筹建上合开发银行在理论和实践上指明了方向。

其次，建立上合开发银行是上合组织深化金融合作的突破口。

2004年9月，上合组织成员国于比什凯克共同签署了《〈上海合作组织成员国多边经贸合作纲要〉实施措施计划》，该计划由成员国共同建议的127个项目组成，旨在深化成员国间的经济技术合作，通过扩大相互投资规模带动各成员国经济发展，优先投资于交通、农业、环保、电信、能源以及中小企业等领域，见表7-4。

表7-4　127个项目的行业分布状况

领域	贸易和投资	能源	交通运输	农业	环保和卫生教育	科技	通信	金融
数量	29	18	17	6	19	15	12	5

数据来源：须同凯，《丝绸之路上的新商机——中亚投资指南》，中国海关出版社2007年版，第34页。

目前，项目进展总体比较缓慢，其主要原因：一是资金严重不足；二是缺乏行之有效的协调机制，难以从区域整体经济发展需要出发整合各种资源合理安排项目进度；三是各成员国利益诉求不同，制约了跨国项目的进程。

最后，巨大的资金需求缺口已成为本区域金融合作必须面对的难题。

上述大型项目均是关系国计民生的跨国合作项目，投资周期长，资金投入量大，回报收益水平低，任何一个商业银行无力且无意愿进入该领域，迫切需要建立新型融资机制打通资金瓶颈。上合开发银行作为本区域跨国金融机构，能够有效整合区内外金融资源，协调各成员国利益诉求并统筹项目实施进度，最大限度地实现本区域各类资源的优化配置。

7.7.2 建立上合开发银行的可行性

7.7.2.1 上合开发银行符合上合组织宪章及经济合作文件精神

《上合组织宪章》明确指出，本组织的基本宗旨包括"鼓励开展政治、经贸、国防、执法、环保、文化、科技、教育、能源、交通、金融信贷及其他共同感兴趣领域的有效区域合作；在平等伙伴关系基础上，通过联合行动，促进地区经济、社会、文化的全面均衡发展，不断提高各成员国人民的生活水平，改善生活条件"。《上海合作组织成员国多边经贸合作纲要》还指出本组织经济合作的优先方向，即"能源、交通运输、电信、农业、旅游、银行信贷领域、水利和环境保护领域，以及促进中小企业实体间的直接交流"。可见，建立上合开发银行符合上述纲领性文件中所确定的领域，同时其所投资的大型合作项目关系各成员国经济的长远发展，最终将造福于各国人民。

7.7.2.2 不断深化的经济合作为上合开发银行建立后的经营活动提供了重要支撑

当前，构建互联互通网络体系是上合组织提升贸易投资便利化水平的先决条件。互联互通网络体系包括电力网、交通网、通信网等，每一个网络涉及多个国家，资金需求量大，建成后对实现区域内各国之间经济优势互补、优化配置资源，促进成员国的经济发展，提升区域经济整体发展水平均有重要意义。中亚国家和俄罗斯拥有丰富的发电能源资源，而中国电力需求强劲，上合组织成员国间扩大电网互联互通规模具有巨大潜力，规划中的上合组织电网将实现电力输送在中、俄和中亚联合电力系统内畅通无阻。未来一段时间，中国与上合组织其他成员国实施电力联网有两个重点：一是建设俄罗斯远东地区向中国输电通道；二是打造"丝绸之路经济带"输电走廊，建设从中国新疆到中亚五国的输电通道。在交通基础设施网络方面，上合组织成员国将进一步深化公路、铁路、航空和管道运输合作，构建贯穿本区域的国际立体运输走廊，开展交通领域人员培训与经验交流，与观察员国和对话伙伴国共同打造上合组织统一交通运输体系。下一步，上合组织将加快建设欧亚洲际公路运输通道，即中国—中亚—伊朗—土耳其—欧洲、中国—哈萨克斯坦—俄罗斯—欧洲、中国—哈萨克斯坦—里海—欧洲。上合组织信息高速公路项目是以光纤通信网络为主、辅以卫星通信的连接6个成员国的商用化信息通信平台，在此平台上用交互方式传输图像、语音、数据等多种信息，为各国政府机构、研究机构、企业或个人提供包括电子政府、视频会议、远程教育、电子商务在内的信息应用服务，从而缩小本地区与发达国家间的"数字鸿沟"。以上大型项目的融资需求将会为上合开发银行的业务拓展提供广阔的空间。

7.7.2.3 银联体的实践历程为探索建立上合开发银行提供了宝贵经验

在中俄的共同倡议下，上合组织银联体于2005年11月在莫斯科正式成立。银联体的建立标志着以财政和捐赠等融资方式支持本区域合作项目的结束，同时，也意味着本组织探索开发性金融合作的开始。目前，银联体在制度建设、项目投融资、机制建设和人员交流培训等方面取得了丰硕成果，为拟建中的上合开发银行提供了必不可少的组织条件。银联体制度建设工作已圆满完成。2006年6月，各银联体成员行在银联体理事会第二次会议上共同签署了一系列有关银联体组织职能的章程性文件，即《上海合作组织银行联合体理事会工作条例》《上海合作组织银行联合体项目库建立和管理的总原则》《关于上海合作组织银行联合体成员行间授信的框架原则》等文件。成立9年来，银联体与各成员国政府机构、本组织秘书处及相关部门密切协作，共同推动项目库中项目的融资安排和落实。同时，制定出适合本组织特点的银联体内项目的筛选、评估、融资、管理的高效、务实的措施和办法。银联体建立了较为完善的运行机制。如今，已设立了银联体理事会、专家组会议、协调员会议、高管会。上述会议每年定期召开，各成员行可就相关问题展开磋商。银联体在人员交流培训上摸索出行之有效的"请进来、走出去"方式。以中国为例，自2006年吉尔吉斯斯坦金融界代表团受国家开发银行新疆分行邀请首次来华参加金融经验交流学习以来，截至2013年年底，来华参加金融培训的其他成员国银行高管、企业代表已超过1000人次。此外，国家开发银行深入俄罗斯及中亚国家，采取互动交流、案例教学等形式开展业务培训，其中在哈萨克斯坦的相关活动被当地金融机构称作"上合银联体框架下双边合作的创新典范"。上述活动不仅加深了成员国间的相互理解与友谊，还为上合开发银行的建立培养、储备了金融专业人才。

7.7.3 上合开发银行的模式建议：中哈双边—上合多边

不论从人口、面积还是经济总量上说，上合组织都是一个庞大组织。更要紧的是，它内部的政治和经济差异性巨大，各国的想法不完全相同或相异，有的成员国之间关系不顺，要把它们全部整合起来，达成妥协和一致，就更加不容易[146]。建立上合框架下开发性金融机构对中国而言是个新生事物，内外部协调工作难度较大，需要以创新性思维加以探索、推进。

7.7.3.1 "小多边""双边"合作是前苏联区域经济金融合作的有效形式

起初，俄罗斯将巩固前苏联势力范围的希望寄托于全员参与的独联体模式，而一体化的实践过程却成为俄罗斯的惨痛回忆。独联体成立后，各成员国签订的与经济一体化有关的重要决议有《独联体章程》《经济联盟条约》《关于建立自由贸易区的决定》《关于建立支付联盟的协定》等，还成立了独联体跨国经济委员会、货币委员会和64个执行机构。从形式上看，各种决议的签署和机构的建立似乎使独联体拥有了实施经济一体化的机制，但在独联体国家内部，政治制度和民族文化方面存在巨大差异，这使得俄罗斯难以协调各成员国之间错综复杂的关系，加之苏联解体后的俄罗斯国力大为下降，尽管尽其所能，仍不能满足某些成员国的"经济要求"，故而，已签署的多数协定无法监督执行，成为一纸空文，该组织也因此被西方媒体讥讽为"空谈俱乐部"，并数度濒于分崩离析的边缘[147]。在此背景之下，俄罗斯认识到"小多边"合作的重要性，转而采取"收缩战略"，将几个志同道合的国家联合起来组建"欧亚经济共同体"。欧亚开发银行的建立，标志着欧亚经济共同体在金融领域的合作取得重大实质性进展。鉴于以往本区域合作中"搭便车"行为的盛行而导致集体行动失败的教训，俄罗斯在推进策略上作出了适当调整，先由俄哈两国从双边做起，再通过示范效应带动其他成员国自愿加入欧亚开发银行。欧亚开发银行在欧亚经济共同体成立仅仅6年之后就得以创建，从这一事实可以得到如下启示：在经济发展水平、政治制度、利益诉求、观念意识差距悬殊的情况下，如果一开始就一味追求全员多边合作，不但费时费力，而且往往收效甚微；而采用先双边后多边模式的好处是可操作性强，由低到高，由小到大，还不易遭到其他国家的反对。

7.7.3.2 "多边""双边"合作方式符合上合组织经济合作原则

上合组织经济合作的根本目标就是为了促进各成员国的经济社会发展，小多边合作和双边合作在此前提下是并行不悖、互不排斥的。2001年6月通过的《上海合作组织成立宣言》明确指出，上海合作组织将利用各成员国之间在经贸领域互利合作的巨大潜力和广泛机遇，努力促进各成员国之间"双边"和"多边"合作的进一步发展以及合作的多元化。上合组织2004年通过的《〈上合组织成员国多边经贸合作纲要〉实施措施计划》中确立了一个重要的合作原则，即采用双边与多边相结合的合作原则。就是说，在组织框架内的合作，单靠多边不行，单靠双边更不行，必须将两者结合起来。2005年10月26日，上合组织成员国政府总理在莫斯科举行第四次会晤时签署了《〈多边经贸合作纲要落实措施计划〉实施机制》，实施机制确立了开展经济合作项目的"自愿"原则，即成员国在自愿的基础上参与研究和实施共同项目。从上合组织的一系列经济合作文件中，可以清楚地看出，就上合开发银行的合作模式而言，采用"循序渐进"的先双边后多边的合作方式，是符合上合组织多边与双边相结合的经济合作原则的。

7.7.3.3 先由中哈做起，渐次扩展到全员参与

第一，俄罗斯因素是影响上合开发银行组建进程的关键因素。

俄对上合组织区域经济合作的态度决定着本区域资源配置效率的高低。上合组织按经济实力和国际影响力来讲，可以划分为中国、俄罗斯、中亚四国三个部分。中俄两国无论是经济总量、人口数量、政治军事实力都是在本组织具有关键性影响的国家。以经济总量为例，世界银行数据显示，2013年中俄两国的GDP分别是9.24万亿美元、2.1万亿美元，而中亚四国仅为3045亿美元，分别占中俄GDP的3.3%和14.5%。在某种程度上，俄罗斯的政策主张和实际行动成为已签署的协议能否落实和上合组织多边合作是否阻滞

的关键。需要注意的是，在俄罗斯国内对建立上合开发银行始终有一种不和谐的声音，对中国经济影响力的扩大患得患失，矛盾的心态直接导致态度的消极。据俄罗斯《权力周刊》2012年6月12日的一篇文章，上合组织一成员国主管金融的官员曾对该刊解释说，"如果在欧亚开发银行基础上建立银行，那么俄罗斯和哈萨克斯坦就能控制影响上合组织的杠杆。如果新成立一家银行，那么中国人就可能占据主导地位"[148]。

但也应看到俄罗斯的一些有识之士，对此有截然不同的看法。俄罗斯科学院远东研究所副所长奥斯特洛夫斯基指出，成立上合组织开发银行对于该框架下多边经济合作成员国自身发展都有非常重要的推动作用，"成立上合组织发展银行的构想十分正确。通过这个银行，上合组织框架内的基础性合作能够得到实质性的落实。各国应该就成立这一银行的细节问题进行深入讨论"[149]。任何新生事物的出现都会经历"从不理解到理解、从分歧到共识"的过程。"中哈双边—上合多边"模式的核心是先将上合开发银行做起来，再通过中亚国家和俄罗斯从中所获得的收益效应激发起俄罗斯参与其中的积极性，进而达到全员加入的最终目标。中国更无意在该组织区域经济合作大发展的背景下，通过上合开发银行在中亚地区孤立俄罗斯，抛弃俄罗斯，相反，俄罗斯是上合开发银行的受益者，而不是受害者。从政治角度看，中俄世代友好、永不为敌，是两国人民共同心愿[150]。2013年9月，中国国家主席习近平在纳扎尔巴耶夫大学发表演讲中庄严承诺，中国绝不干涉中亚国家内政，不谋求地区事务主导权，不经营势力范围。中国愿同俄罗斯和中亚各国加强沟通和协调，共同为建设和谐地区作出不懈努力。从经济角度看，一方面，上合开发银行是为上合组织框架下的投资项目提供资金支持的金融机构，俄罗斯作为上合组织成员国自然会从其获得融资支持。2014年对俄罗斯而言，是不平常的一年。国际石油价格几乎腰斩，这对于以油气出口为经济支柱的俄罗斯经济无异于釜底抽薪，全年 GDP 仅增长 0.8%，通货膨胀达到两位数，卢布暴跌近 80%，外资大规模流出导致外汇储备跌至历史最低水平。新的投融资渠道对于俄罗斯经济无异于雪中送炭，投资通过乘数效应，可以在较短的时间内拉动经济增长，创造就业机会，进而恢复投资者对俄信心。另一方面，因为中哈经济实力差距悬殊，中国在上合开发银行的出资比例必然较大，因而在决策表决权、相关用款程序等方面拥有绝对的话语权，但这并不意味着资金投向指向中国。2014 年中国外汇储备达到 3.84 万亿美元，2013 年中国对外直接投资统计公报显示，2013 年中国对外直接投资规模首次突破 1000 亿美元，2002—2013 年的年均增长速度近 40%，连续两年位列世界第三大对外投资国。这表明，中国会将资金投向上合组织其他成员国而非自己。与之形成鲜明对比的是，欧亚开发银行的资金更多投回主要出资国，出资比例低的国家贷款余额也较低，从某种意义上说，上合开发银行是欧亚开发银行的有益补充，而非竞争关系，毕竟"双核驱动"的金融格局对促进本区域经济发展大有裨益，见表 7-5。

表 7-5 欧亚开发银行对其成员国融资情况一览表（截止到 2013 年 6 月底）

（单位：亿美元）

国别	俄罗斯	哈萨克斯坦	亚美尼亚	塔吉克斯坦	白俄罗斯	吉尔吉斯斯坦
融资余额	17.02	14.43	0.74	0.37	2.96	0.37
占比/%	46	39	2	1	8	1

数据来源：根据欧亚开发银行 2013 年第二季度报告相关数据整理得出，http://www.eabr.org/general//upload/Presentations/fact%20sheet_en_2q_2013_2.pdf。

总之，从以上分析可以发现，当前，俄罗斯对于"中哈双边—上合多边"模式的质疑之声未必会如想象中的那么大，创建上合开发银行正处于难得的历史机遇期。

第二，中哈双边起步的条件分析。

政治条件。中哈 1992 年 1 月建交，双边关系稳步发展。中哈两国有着 1700 多千米的共同边界，历史遗留的边界问题已在 1999 年彻底解决。2011 年 6 月，中哈将双边关系升级为全面战略伙伴关系。两国政治上高度信任，高层交往频繁，互利合作成果丰硕，双方签署了《中哈国界协定》《中哈睦邻友好合作条约》《中哈关于发展全面战略伙伴关系的联合声明》等一系列重要文件，为两国友好关系奠定了坚实基础。

外交条件。2013 年 9 月，纳扎尔巴耶夫总统接受新华社记者专访时指出，与中国深化合作是哈外交政策优先方向之一。哈萨克斯坦奉行实用主义的大国平衡战略，在大国势力的博弈和竞争中左右逢源，在取得战略平衡的基础上争取本国利益最大化。历史的事实也证明，中亚国家的大国平衡战略是符合其所处的内外环境和国家的根本利益的。中亚国家完全投靠某一大国既不可能长久，也最终得不到大国的尊重。试想，如果哈采取一边倒的外交政策，或是倒向俄罗斯，或是倒向某一国家，"中哈双边—上合多边"的开发银行模式将会遇到多么大的政治阻力，换句话说，正是因为哈采取大国平衡战略，我们才能因势利导，化被动为主动，"适时适度"地提出这一开发银行的创新模式。

经济条件。哈萨克斯坦始终把发展经济和改善民生作为国家的头等大事，积极开展对外经济金融合作，不断探索符合本国国情的发展道路。哈萨克斯坦于 1997 年、2012 年相继提出"2030 年前发展战略"和"2050 年前发展战略"，即 2030 年前、2050 年前分别跨进世界发达国家前 50 强和前 30 强。为实现这两个总目标，哈萨克斯坦今后将着力发展非资源领域（即除矿产开采外的其他领域），提高人力资源素质，提升哈萨克斯坦"国产化比例"，争取经济社会可持续发展。从本质上说，大力发展非资源领域经济就是优化经济结构,而优化经济结构需要资本、技术、服务、商品在本区域高效快捷地流动,在以上四个经济要素中金融资本的作用更为突出。当前,哈萨克斯坦的实体经济正处在金融危机后的复苏阶段,对资金的需求较为旺盛,但一直以来受制于金融业的支持乏力,实体经济融资利率过高(见表7-6)和发展资金短缺的问题长期存在。哈萨克斯坦全国企业家协会会长库利巴耶夫称,哈萨克斯坦贷款利率过高(目前,哈工业企业贷款利率一般在10%~15%左右),使得投资项目难以实施。他同时指出,在制定大城市如阿拉木图工业发展路线图时必须对银行利率问题予以高度关注,企业贷款利率应适当,以使企业可方便获得贷款[151]。

表7-6 2014年3—12月哈萨克斯坦非金融企业与个人银行贷款利率情况

(币种:坚戈)

月份	1403	1404	1405	1406	1407	1408	1409	1410	1411	1412
非金融企业一年期贷款利率(%)	11.1	11.2	11.2	11.4	11.4	11.2	11	11	10.5	10.9
个人一年期贷款利率(%)	19.5	12.4	18.4	20.3	20.5	18.6	17.1	20.2	18.6	18

资料来源:根据哈萨克斯坦国家银行网站整理,http://www.nationalbank.kz/?switch=eng。

金融资源供给不足同样制约着哈萨克斯坦经济发展长远规划的实现。《2010—2014年加强工业创新发展纲要》实质就是发展非资源领域纲要。2011年,哈萨克斯坦国家商务论坛负责人就曾指出,哈计划实施的《2010—2014年加速工业创新发展国家纲要》的资金规模将达到640亿美元,目前实际落实金额仅占65%,尚存在224亿美元的资金缺口[152]。

在世界经济复苏势头并不明显的当下,哈萨克斯坦调整经济结构的过程将是紧迫而艰难的，对于上合框架下经济金融合作需求也将与日俱增。务实高效的上合框架下全方位金融合作，能够把区域内开发性金融机构、政策性金融机构、商业金融机构、国际多边金融机构的力量结合起来，加大对重大项目的融资融智支持力度，将把哈萨克斯坦非资源领域经济发展水平推向更高层级。

第三，吉、塔、乌三国对于建立上合开发银行跟进意愿强烈

吉、塔、乌三国在该组织中经济实力较小，实现各自的发展目标可谓任重道远，在交通、电力、通信、能源等领域的投资资金缺口巨大，对于创办上合开发银行持非常积极的态度。例如，在2013年9月召开的上海合作组织比什凯克元首峰会上，塔吉克斯坦总统拉赫蒙就曾指出，上合组织成员国需要挖掘多边经贸合作的潜力，各方应加强在基础设施、贸易、旅游、交通等领域的合作，但是，若不组建上合组织基金与开发银行则难以为多边合作项目的实施提供融资保障[153]。必须注意到，以上三国在出资额上虽然不会太多，甚至可能只有几十万美元，但是有限资金的背后却表现出对于本区域经济合作的协作精神，可以想见，在涉及上述三国的大型区域合作项目中，其积极配合的态度将会减少许多阻力，加快项目推进速度，进而可以让本区域人民尽早感受到上合开发银行所带来的实惠。

7.8 本章小结

本章主要分析了中国与中亚五国贸易投资便利化的内容模块建设。第一，资金结算便利化，分析了跨境贸易人民币结算的必要性和可行性，并提出推进跨境贸易人民币结算的对策建议。第二，融资保险便利化，从国内融资支持和相关保险支持两个方面予以论述。第三，交通运输便利化，

介绍了中国与中亚国家交通合作的重要意义以及现阶段取得的主要成绩，并提出推进交通运输便利化的对策建议。第四，通关商检便利化，从海关和边境管理以及出入境检验检疫方面探讨促进贸易投资便利化的策略。第五，人员流动便利化，主要从劳务合作和出入境签证角度分析人员流动便利化的推进。第六，合作机制完善方面，主要从金融角度探讨建设上合组织开发银行。第七，其他便利化内容，包括完善贸易投资争端解决机制，加强企业"走出去"政策支持与信息服务，借鉴中哈霍尔果斯边境合作中心经验，加强边境经济合作区建设。

第 8 章　推进中国与中亚五国贸易投资便利化需要注意的问题

8.1 加强政治互信为保障贸易投资便利化顺利推进提供前提

目前，中国与中亚五国的政治互信水平达到了前所未有的高度。中哈（2005 年 7 月）、中乌（2011 年 6 月）、中塔（2013 年 5 月）、中土（2013 年 9 月）、中吉（2013 年 9 月）已建立战略伙伴关系，中哈关系于 2011 年 6 月升级为"全面战略伙伴关系"。中亚四国（五国中除土库曼斯坦）与中国都为上海合作组织成员国，在上合组织框架下，彼此之间在安全、经济、人文等诸多领域取得一系列务实合作成果。但也有评论指出，在上海合作组织的所有的"篮子"中，经济"篮子"是最空的一个[154]。2003 年通过的《上合组织成员国多边经贸合作纲要》确定了上合组织经济合作的"三步走"战略：短期内，开展贸易投资便利化建设，为贸易投资扫清障碍；中期内（2010年前），实施贸易投资便利化，开展大规模多边经贸合作使各成员国受益；长期内（2020 年前），实现货物、资本、服务和技术在本区域内的自由流动。"值得注意的是，此处没有标明最终目标是自由贸易区，原因在于成员国对自由贸易区的认识和承受能力不同，因此没有达成共识，而仅仅说要实现部分经济要素的自由流动。另外，此处不包括劳动力的自由流动，说明部分成员国担心中国劳动力可能影响本国公民的就业。"[155]可以这样说,上合框架下缓慢推进的贸易投资便利化进程,已经成为当前中国与中亚国家经济合作的最大瓶颈。时至今日,便利化的推进速度离预期时间表相差甚远,前两步目标都未如期兑现。举例而言,《政府间国际道路运输便利化协定》在2003年被提出,在此后的历次交通部长会议上都探讨该协定的实施步骤和细节,但是由于各成员国的条件差异大,利益诉求分化严重,以至于10年后才在杜尚别峰会上得以通过。探讨已久的上合开发银行和专门账户尚未成立,区域内大型项目的融资渠道还未打通。中国分别于2003年和2011年提出研究建立上合区域自由贸易区的构想,目前还未得到其他成员国的实质性回应。分析起来,在众多影响便利化进程的因素中,政治互信是最为关键的因素。应当看到,中亚国家不是不知道便利化能够带来区域经济的大发展大繁荣,问题是中亚国家总体经济发展水平低,工业体系尚不完备;反观中国,工业基础雄厚,工业制成品物美价廉,相较中亚国家具有"绝对"的工业优势,故而,它们担心过快推进便利化进程会导致中国商品潮水一样涌入中亚,本国所制定的经济多元化战略将付之东流,经济上对中国的依赖转化为政治依赖。同时,中亚国家是小国,在大国的博弈中,压低一方的某种诉求,就会带来另一方给予的某种好处。上述心态直接造成便利化问题不再是简单的经济问题,强化中国与中亚五国的政治互信为贸易投资便利化创造良好氛围就显得尤为必要。为此,需要做好以下几方面的工作:

第一,处理好"双边"与"多边"的关系。中国与中亚五国是山水相连的利益共同体和命运共同体,贸易投资便利化问题看似是局部问题,实则是全局问题,某一个国家对该问题态度消极就会导致便利化程度大打折扣。中国任何时候都要清醒地认识到,多边合作始终是建立在双边合作的基础之上的,同时又反作用于双边合作。应当看到,对于中国与中亚五国的贸易投资

第8章
推进中国与中亚五国贸易投资便利化需要注意的问题

便利化这一多边性问题，上合组织为中国在中亚进行地区合作提供了有利的平台，如果离开上合组织，中国在中亚地区的经济合作构想将失去依托，而且会面临被边缘化的局面，巩固和发展上合组织对推进中国与中亚国家的政治互信关系意义重大。在上合框架下，俄罗斯因素一直对中国与中亚国家的区域合作产生重大影响。从经济和政治上说，中亚是前苏联地区，俄罗斯对这一地区在经济和政治上的动向十分敏感。在便利化问题上，中国要从全局的高度全面分析俄罗斯在其他方面的利益诉求，充分运用"利益综合平衡"的策略，努力将俄罗斯拉入便利化的轨道中来，当然，期待俄罗斯的完全认同并无可能，但至少不要公开反对或私底下反对，使其成为共建者和利益均沾者。中亚国家在很多问题上唯俄罗斯马首是瞻，俄罗斯的友好态度会间接提振中亚国家便利化的积极性和务实性。

第二，慎提"一体化"概念，间接为便利化创造有利的舆论环境。在中亚的一些国家和俄罗斯的学术界，有一种观点将"便利化"视同为"一体化"的前奏，认为两者本质上是一回事。当然，虽然持上述观点的学者人数毕竟是少数，但这种认识所造成的负效应却无形中增大了便利化推进的难度。例如，资深的俄罗斯学者卢嘉宁认为：中国的一体化战略将不可避免地导致出现"中国的大欧亚"，使俄罗斯在这一空间的地位急剧下降，对俄罗斯和中亚国家的国家优先目标构成威胁。这种前景在理论上最终可使独立国家联合体瓦解，而某种"中国联合体"将取而代之[156]。可以看出，中亚国家和俄罗斯对"一体化"的提法有一种本能的拒绝。中国应向中亚国家和俄罗斯为便利化多做解释工作，使其认识到，便利化能够降低国家间经济往来的交易成本，推进贸易投资便利化是一种经济交往的常见形式，背后没有中国不可告人的政治目的，中国在本地区不谋求势力范围和地区主导权，便利化仅仅是经济行为，和政治野心并无关联。

第三,发展非资源领域合作,巩固政治互信的经济基础。便利化的推进不能仅仅停留在机制和制度层面,更应让中亚人民早日得到由此带来的实实在在的好处。中亚国家对中国力推的便利化合作的最大顾虑是担心被中国经济所吞没,变成中国原材料的提供者。尽管便利化能够带来中亚及俄罗斯的经济增长,能够创造就业,能够改善民生等,但都缺乏数据的支撑,属于笼统的论述,中亚人民就难以理解和接受。反而,通过开展非资源领域的务实合作,例如,交通、农业、环保、金融等领域合作,中亚人民和官方就容易从摸得着看得见的实惠中认可并共同推进便利化进程。

8.2 加强人文交流为贸易投资便利化打造坚实的社会和民意基础

8.2.1 中国与中亚五国加强人文交流合作的意义

2014年9月,上海合作组织成员国元首理事会第十四次会议通过《杜尚别宣言》,其中重点指出,各成员国继续支持在人文领域进一步开展双边与多边合作,推动文明间对话,深化彼此情感融合,促进睦邻友好合作关系发展,造福上合组织地区人民。2014年5月,中国与土库曼斯坦元首签署《战略伙伴关系发展规划(2014年至2018年)》,双方强调,人文合作与民间友好交流是促进两国人民世代友好的重要保障。

8.2.1.1 相互交流,增进了解,巩固战略伙伴的社会基础

通过人文领域的交流与合作,中国与中亚五国人民对对方经济发展成就、灿烂文化和悠久历史的了解不断加深,为中国与中亚五国关系的健康发展营造了良好的社会和舆论氛围,巩固了中国与中亚五国战略协作伙伴关系的社会基础,使中国与中亚五国世代友好的和平思想深入人心。

8.2.1.2 增信释疑，加强合作

受 20 世纪中苏对峙阴影的影响，中亚部分学者和民众对新时期的中国与中亚五国的经济交往心存芥蒂。特别是近些年，随着经济合作的升温，中亚国家的舆论报道中时不时会出现一些蓄意攻击中国和故意暴露中国阴暗面的东西。虽然"反华"和"排华"势力的人数不多，但是影响极其恶劣，必须予以高度重视。中国与中亚五国人文交流是促进民族感情融和的重要渠道，只有多了解，才能消除彼此隔阂。在中国与中亚五国推进贸易投资便利化过程中，有些中亚学者反问："中国所倡导的上合组织经济一体化是谁的一体化？还不是中国的一体化！"可见，贸易投资便利化合作离不开人文交流，因为它可使合作的双方有共同的经济合作出发点、审美观和价值观，还可以成为减少冲突、化解矛盾的黏合剂。对金融、海关、交通等便利化合作具体领域的谈判需要有一个文化气氛，只有在和谐气氛中谈判才能顺利，才能真正做到共同发展、求同存异。

8.2.2 中国与中亚五国人文交流现状与存在的主要问题

人文交流的现状。第一，双边、多边人文合作机制有效运转。在中国与中亚五国人文交流中，政府间合作委员会人文合作分委会是双边人文交流的主要推动者与落实者。分委会作为一个长效的工作机制，可最大限度地整合相关资源，调动各部门的工作积极性，推动双方深入、有序地开展人文交流与合作[157]。截止到 2014 年 12 月，中国已与哈萨克斯坦（2004 年）、土库曼斯坦（2008 年）、乌兹别克斯坦（2011 年）建立人文合作分委会。另外，除了双边合作机制，中国-亚欧博览会、上海合作组织、欧亚经济论坛等多边平台对推动双方文化交流发挥着重要的补充作用。第二，中亚兴起"汉语热"。随着中国与中亚五国的经贸合作的飞速发展，中亚五国对既懂经济又懂汉语

的复合型人才需求也是快速增长。例如，吉尔吉斯斯坦全国人口仅540多万，2014年学习汉语人数已达1.5万人，其中在中国学习的吉尔吉斯斯坦留学生约2000人。中国孔子学院的数据显示，截至2013年年底，中亚地区已有10所孔子学院。中亚很多大学成立了"汉语文化中心""汉语体验中心""多媒体汉语培训中心"等汉语学习部门，这些中心大大提高了中亚高校汉语教学水平，与此同时，通过这些中心学生们及时掌握中国时事，为增进中亚民众对中国的了解发挥了积极作用。汉语比赛在中亚备受关注。作为汉语热兴起的一个"衍生品"，汉语比赛节目近年来在中亚国家颇受欢迎。例如，在乌兹别克斯坦，"汉语桥"比赛的影响不断扩大，已经成为一个学习汉语、了解中国的重要平台。"中国馆""中国厅"等了解中国的窗口纷纷创办。中亚首个"中国馆"于2013年12月在乌兹别克斯坦世界经济与外交大学成立，塔吉克斯坦第一个"中国厅"在塔国家图书馆正式启用。在这些中国馆（厅）内，学生们可以通过书报、音乐、电影等学习汉语，并可以举办关于中国文化的各类展览。这些以中国命名的场所已成为中亚学子了解中国经济文化的常设窗口。第三，赴华留学的中亚学生日益增多。中国经济的伟大成就以及博大精深的中华文化吸引着越来越多的中亚学生来华学习。习近平主席在《弘扬人民友谊　共创美好未来》演讲中表示，"中国将在未来10年向上海合作组织成员国提供3万个政府奖学金名额，邀请1万名孔子学院师生赴华研修。希望你们利用上述奖学金到中国学习交流"。这一战略举措必将进一步推动中亚留学生在华规模增长。

人文交流中存在的主要问题。虽然人文交流取得令人可喜的成绩，但是中亚各国对中国的了解仍显不足，说明人文交流中还存在一些问题。一是中国在中亚还没有一所大学。目前，美国、俄罗斯、土耳其等都在中亚合办了大学。中国已是上合组织成员国中的教育大国，中国的许多大学已经享誉世界，但令人遗憾的是，中国在中亚至今还未设立一所大学分校。设立分校的一大好处就是可以将汉语学习与专业知识结合起来，只有这样学生毕业就会较为顺利就业，汉语推广的市场才会越来越大。二是展览、演出等人文交流"短平快"特征明显且受众面窄。包括"文化周""文化日"在内，各种演出展览基本都是政府主导的，在中亚各国的演出场次都不多，主要是给精英看的，巡演活动非常少，普通民众难以触及，如"欢乐春节"在吉尔吉斯斯坦只举行了数场演出，受众不过千人。三是旅游等人文经济交叉合作领域的项目启动缓慢。旅游既是人文交流又是经济活动。旅游业是中国与中亚五国共建丝绸之路经济带诸多领域中最具前景的领域之一。但中国与中亚五国的旅游合作尚处于起步阶段，虽然 2012 年 5 月，在丝绸之路沿线城市市长会议上，各方签署了《丝绸之路国际旅游合作行动纲要》，但没有走出"协议多、落实少"的怪圈，相互以旅游为目的的人员往来仍然不多，关于中亚地区名胜古迹宣传及旅游线路的挖掘明显不到位。

8.2.3 中国与中亚五国深化人文交流合作的对策建议

8.2.3.1 加强教育交流与合作

教育是对未来的投资，是在中亚五国年轻人中间培育真挚友情，培养知华派。现在，到中国新疆等地留学的中亚国家学生人数不断增多。应该抓住中亚五国出现的"汉语热"，不失时机地把中国的大学办到中亚去，让更多没有机会出国学习汉语的中亚年轻人接受正规的中国教育。早在 2011 年，哈总统纳扎尔巴耶夫就曾提出哈中联合办学的倡议。2013 年，哈教育部同中石油签署《关于在阿斯塔纳建设民族舞蹈与芭蕾舞学院的备忘录》，就是对这一倡议的积极回应。可以预见，联合办学必将是中国与中亚五国教育合作的发展趋势。中国的教育要想"走出去"，需要高校和政府都更加解放思想。

8.2.3.2 搭建更多的长效人文合作平台

虽然中国在中亚已经设立了几个文化馆、文化厅、中国中心,但都是在国家图书馆或高校的内部设立的,不是中国在中亚的独立文化机构。2013年9月,习近平主席到访哈萨克斯坦,提出双方要互设文化中心。相信不久的将来,中国将在哈设立中国文化中心,以此作为传播中国文化的长效人文合作平台。借此东风,中国要积极与其他中亚国家探讨互设文化中心事宜。

8.2.3.3 在中亚投资的中资企业要建立"代表祖国"的企业文化

社会公益事业是树立中资企业在中亚五国的良好形象,发展中国与中亚五国友好合作关系,在项目所在地建立和谐社会关系的重要手段。自1997年进入中亚开展资源合作,中石油就针对中亚国情制订了积极、长远、整体、适度的公益计划。通过公益计划,中石油对项目所在地的孤儿院、医院、学校、足球协会、残疾人基金等进行赞助。据不完全统计,截止到2012年年底,仅中石油哈萨克斯坦公司就累计向当地公益事业支出2.5亿多美元。2011年,华为公司与乌兹别克斯坦信息技术大学签订协议,根据该协议,2011—2016年华为公司向乌兹别克斯坦信息技术大学提供总额5万美元的奖学金,用于对该校年度优秀师生的奖励。而在投资所在国出现严重纠纷的中资企业则会起到负面的宣传作用,为中国"威胁论""掠夺论"提供口实。良好的企业文化比文艺演出更接近中亚人民,更能增进投资所在国民众对中国的感情和认同。

8.2.3.4 将旅游合作打造成为人文交流亮点

旅游合作是丝绸之路经济带建设的重要内容之一,互补性强是中国与中亚国家开展旅游合作的优势突出。中亚五国均为内陆国家,百姓普遍憧憬海滨风情,对中国的北戴河、青岛、三亚等港城尤为钟爱;中亚沃土绿洲棋布、雪山连绵、瓜果飘香、古迹众多,人民淳朴善良、热情好客,无疑也深深吸引着中国游客。两千多年前的古丝绸之路密切了中国与中亚五国的物品流通、人员往来和文化交融，今乌兹别克斯坦的费尔干纳、撒马尔罕，哈萨克斯坦的江布尔、阿拉木图，土库曼斯坦的马雷，吉尔吉斯斯坦的托克马克，塔吉克斯坦的苦盏（胡占德）等城市都是古丝绸之路重镇，当地古城风貌保存完好，对中国的出境游客有着巨大的吸引力。面对出境游潜力巨大的中国市场，中亚五国积极争取中国旅游目的地国，乌兹别克斯坦先于其他四国已于 2010 年成为中国公民出境旅游目的地国。可以预计，不久的将来，"中国海滨城市疗养旅游""丝绸之路文化之旅"等黄金旅游线路会应运而生，这不仅对综合交通网络提出新的要求，更为便利贸易投资带来新机遇。开创中国与中亚五国旅游交流合作的新局面，需要在以下几方面做好工作：首先，充分发挥上海合作组织平台的作用，在已有部长会议机制上设立旅游部长会议机制；尽快与塔、吉和哈三国坦签署"ADS（旅游目的地国家）协议"，争取在上合组织国家间建立更便捷的通关机制；相互放开旅游服务设施投资限制。其次，有必要充分发挥中国与中亚五国已结成的数十对友好省州、友城的积极作用，将旅游合作纳入地方合作机制；双方可利用地方合作的平台，对赴对方国家友好省州、友城观光旅游予以政策鼓励和支持，对促进交流合作，刺激地方经济增长，深化民间友好有积极推动作用[158]。

8.3 加强非资源领域合作有利于贸易投资便利化的长远推进

8.3.1 非资源领域合作是各方推进便利化意愿的最大公约数

贸易投资便利化进展缓慢的主因之一就是缺少各方兴趣的汇合点，非资源领域合作因其共识面广、影响力大、带动性强的特点成为各方关注的焦点。应当看到，中亚五国已经将该领域合作上升到各自国家的国家战略高度，中国需要抓住这一难得的历史机遇,通过同中亚五国大力开展此领域经济合作,为推进便利化加油添力。

自独立开始,中亚五国就已经意识到各自国家经济结构的优势和缺陷,加之,接连遭遇1998年俄罗斯金融危机、2008年次贷危机、2014年国际原油等资源产品暴跌等沉重打击,各国经济在危机到来时均出现增速下滑,尤其是资源型国家的经济下滑幅度更大。在危机面前,各国经过认真反思,日益认识到大力发展非资源领域对于抵御外部经济冲击、实现经济多元化和均衡化目标的重大意义:一是依赖资源开发的单一经济结构难以承受经济波动,不利于经济稳定,只有多元化才能更有效地防范风险。二是巩固国家独立与主权,减少五国对外来日用品的和工业制成品的进口依赖,增加本国就业。三是建立可持续发展经济,对资源枯竭后的国家未来早作打算,防患于未然,这一点对于依赖能矿资源发展的哈、土、乌三国尤为重要。可以说,发展非资源领域是五国的长远战略,深思熟虑的结果,而不是政治作秀或一时冲动。

2000年以后,中亚五国发展非资源领域的战略思维体现在一系列纲领性文件中,这些规划指导非资源领域经济发展的文件大体可以分为三个层次:一是总统所制定的国家发展宏观战略,如哈萨克斯坦的《2050年前战略》和《2030年前战略》、土库曼斯坦的《2020年以前政治、经济和文化发展战略》、塔吉克斯坦的《2015年前经济发展纲要》、吉尔吉斯斯坦的《2013—2017年稳定发展战略》等。二是政府的经济总体发展战略文件,如哈萨克斯坦的《2003—2015年工业创新发展战略》和《2020年前商业路线图》、乌兹别克斯坦的《2011中小企业年》、土库曼斯坦的《2010年以前社会经济改革战略》等。三是各部门制定的具体行业发展战略,如哈萨克斯坦的《2006—2015年交通发展战略》和《煤炭工业发展纲要》等。

从上述政府规划文件中可以看出,中亚五国发展非资源领域经济的共同思路是：第一，继续发展传统产业，这既是五国财政收入的主要来源，也是最能吸引外资的领域。发展经济需要结合本国国情，因此传统产业不仅不能丢弃，相反还需要进一步加强，只有传统产业巩固住了，才能有足够的财力进行产业结构的优化。第二，加快非资源领域，包括农业、环保、服务业、加工业、基础设施等。这是改善经济结构、减少进口依赖、提高预防风险能力的必由之路。第三，落实"本国采购"政策。通过政府强制手段，加大本国产品采购力度，增加本国产品的市场占有率，从而推动民族产业发展。第四，加大吸引外资和政府投入。通过多方筹措，努力解决建设资金不足的问题。

8.3.2 推进非资源领域的贸易投资便利化合作

2012年6月，"北京峰会"通过了《上合组织中期发展战略规划》，根据该规划，上合组织成员国将继续深化在农业、环保、交通、旅游、人文等非资源领域的双多边合作。2013年9月，中国和土库曼斯坦建立战略伙伴关系，"战略伙伴关系联合宣言"指出，中土双方将充分发挥中土合作委员会的重要作用，全面扩大农业、环保、交通等非资源领域的务实合作。下面，本书以农业合作与环保合作为切入点，阐述中国与中亚五国非资源领域合作的便利化推进问题。

8.3.2.1 农业合作

首先，中国与中亚五国农业合作的重要意义。保障粮食安全始终是中国与中亚国家农业发展的永恒主题。中国与中亚国家农业合作对于弥补中国水资源、耕地不足，保障粮食安全具有十分重要的意义。2013年，中国人均水资占有源量大约2100立方米，占世界人均水平的28%，是全世界13个最贫水国家之一；人均耕地面积仅为1.52亩，不到世界人均耕地3.38亩的一半。尽管中国的粮食生产已经实现了"十一连增",但是,与此形成明显反差的是,过去10年间粮食的进口依存度却翻了一番,由6.2%一路攀升到12.9%。在众多拉动粮食消费量增加的因素中,人口数量的增长是最直接动因。国家统计局数据显示,2013年年末中国总人口为13.6亿,按现在的增速估计,到2020年、2030年中国人口将攀升到14.5亿和15亿,人口增长将导致粮食消费需求总量的刚性增长。与此同时,中国经济已进入新常态,消费结构随之快速转型升级,需由粮食转化的肉蛋奶等食物消费量将出现爆发式增长,有专家估计,由此导致的粮食消费增长量将会占需求总增量的50%以上。2015年中共中央"一号文件"对外正式发布,文件中谈到,"国内农业生产成本快速攀升,大宗农产品价格普遍高于国际市场,中国农业资源短缺,开发过度、污染加重,如何在资源环境硬约束下保障农产品有效供给和质量安全、提升农业可持续发展能力,是必须应对的一个重大挑战"。"保障粮食安全"始终是中国政府农业工作的重中之重。中亚五国中,哈是粮食出口国,土、乌粮食基本能够自给,且乌是中亚地区果蔬主要出口国,吉、塔尚不能满足自身粮食需求。客观地说,中亚五国都有得天独厚的发展农业生产自然条件,但是都面临农业机械化水平低、农业适用技术落后、土地资源未被充分开发的难题。上述中国与中亚五国发展农业的互补性为加强彼此农业合作提供了广阔的舞台。

其次,现阶段的主要成绩。

一是,农业多边合作机制已初步建成。上海合作组织是中国与中亚国家农业合作最重要的平台,依托于该平台多边合作机制已初步建成。2007年11月,上合组织成员国首次农业高官会在北京举行,该次会议讨论确定了成员国农业合作的主要方式和重点领域,签署了"会议纪要",这标志着农业多边合作机制正式启动。2010年6月,经过各方的艰苦谈判,《上合组织成员国政府间农业合作协定》获得通过，标志着农业多边合作机制进入实质运转阶段，该协定具体明确了各成员国将在专家培训、投资和建立农业联合企业、农业科研、农业机械制造、农产品加工与贸易、跨境动植物疫病防控、植物保护和检疫、兽医、畜牧业、种植业等领域开展多边合作。2010年10月，上合组织首次农业部长会议在北京举行，会议通过了《上海合作组织成员国农业专家常设工作组条例》，确立了农业合作常态化机制，规定了每年举行一次上海合作组织农业专家会议，每两年举行一次农业部长会议。总而言之，上合组织农业合作机制建设，为推动上海合作组织成员国间的农业贸易投资便利化、深化农业合作、扩大农产品贸易创造了条件。

二是，农业合作取得的成果。一方面，合作的领域不断扩大，2014年10月，上合组织第三次农业部长会议审议通过了《上合组织政府间2015—2016年农业合作计划》，该计划的签署不仅为各成员国下一步拓宽合作范围奠定了法律基础，还确定了合作深化的具体内容。中吉未来两年将重点在畜产品加工和农业机械等方面加强交流与合作；中哈将深化大豆、小麦的生产及其加工等方面的务实合作，并在海关、商检环节推动农产品贸易便利化进程，促进两国间农产品贸易的发展；关于中国与塔吉克斯坦的农业合作将在渔业和畜牧业等领域开展进一步交流与合作；中乌两国农业部门将在棉花以及农产品贸易、农业机械、人力资源开发与培训等领域深化交流与合作。另外，2014年5月，中国和土库曼斯坦在北京发表联合声明，表示双方愿在棉花育种、农业科技、小麦试验示范和种植、农业机械方面进一步加强合作。另一方面，合作的科技水平高。目前，中国在动物疫病、小麦、蔬菜园艺、棉花等科研方面取得了世界领先的重大科技成果，为中国农业技术走进中亚提供了有力的科技支撑。2014年7月，中国农业科学院与哈萨克赛富林农业大学签署了《中国农科院、新疆农大与赛富林农大关于建立联合实验室和促进农业科技创新合作谅解备忘录》，该农业联合实验室是中国农科院第一次在中亚国家建立实验室。中哈双方将依托联合实验室加强与其他中亚国家在农业生态与环境科学、生物技术、蔬菜园艺、外来生物入侵与植物保护、作物育种、遗传资源等领域的合作，提高两国可持续农业发展科研水平，培养现代农业建设的高素质人才。

再次，农业领域贸易投资便利化存在的主要问题。中国与中亚五国之间在关税税率、通关手续、检验检疫标准、交通运输、信息沟通等方面依然存在贸易壁垒，加之不同程度的投资壁垒，极大地制约了农业领域贸易投资便利化向纵深推进。

一是，交通运输效率低下限制农产品贸易发展。中亚国家的道路状况普遍较差，舒适度较低，通行速度慢，长距离运输农产品所花时间较长，很容易导致像蔬菜、水产品、奶、肉、蛋、畜、禽等鲜活农产品运输途中就发霉变质。另外，铁路运输运力不足，在阿拉山口铁路口岸运力与运量之间的矛盾随着中国与中亚国家贸易的快速增长变得日益突出。二是，通关程序便利性水平较低。虽然中国与中亚五国贸易投资便利化取得了一定进展，但是还远不能适应区域经济一体化的要求。通关手续重复、繁杂，关检人员随意执法现象严重，部分国家电子通关设施较差，上述几个问题大大延长了农产品运输的在途时间。三是，海关信息交流机制尚未建立。部分国家的海关政策变动频繁且透明度低，例如，闭关前缺乏事前告知意识，往往是中国农产品运输车辆抵达关境后才得知闭关一事，等待开关或绕道其他关境均使通关成本大大增加。四是，投资壁垒阻碍农业投资合作向纵深发展。中亚国家投资便利性差广为他国所诟病。如某些中亚国家对外国劳务许可证实施配额管理，且办理签证延期手续存在随意性强、手续繁杂、存续期限短和费用偏高等问题；农业管理机关工作人员腐败、执法弹性较大、投资政策多变易变和

第8章
推进中国与中亚五国贸易投资便利化需要注意的问题

投资环境不稳等问题严重打击外国投资者对中亚农业投资的积极性。

最后,加强中国与中亚五国农业合作的对策建议。

一是,中国与中亚国家合作建立交通信息发布机制。充分发挥上合组织框架下交通部长会议的协调功能,建议各成员国交通运输主管部门设立交通信息发布机制,及时发布公路通阻信息、车流信息、公路气象预报、路况水平等交通信息,便利车主和运输企业合理制定行驶路线和出行计划。尤其要对鲜活农产品运输流量较大的主要路段加强交通流量监控和疏导工作,保障中亚路网高效有序运行。

二是,在农产品主要过境口岸推广电子通关系统。规范、高效的检测程序可以大大提高农产品特别是鲜活农产品的通关效率。可根据农产品过境运输流量,在主要口岸的收费道口配备数字辐射透视成像等电子检测设备,逐步建立以自动检测为主、人工查验为辅的鲜活农产品运输检测体系,利用科技手段,尽可能缩短鲜活农产品运输车辆的查验时间,提高各国运输车辆的通行效率。

三是,尽快建立中国与中亚国家农产品技术标准化联盟。标准是市场开拓的关键、市场准入的前提。建立农产品技术标准化联盟的核心就是,在产品认证标准和检测标准方面形成各成员公认的技术法规体系,使得各自的农产品技术标准彼此接轨。就目前的情况看,农产品绿色壁垒已成为中国与中亚国家之间农产品贸易便利化的一大障碍。比如,标准和技术法规经常变化,甚至制定"双重标准";在农产品检测过程中,人为提高检测标准;具体技术指标透明度低,且没有量化标准。标准化联盟的建立可在一定程度上解决上述问题,降低农产品跨境流通的技术和费用负担。

四是,借助地方合作机制,破解农业投资壁垒。如今,中国与中亚国家结有多对友好省州,充分运用该机制,调动地方政府间合作的积极性,为中方农业企业到中亚投资兴业牵线搭桥。中方农业企业可在投资实施前,向投资目的国地方政府提供项目可行性方案,具体阐明该项目预计为当地创造就业人员规模、年缴纳税收总量、上下游产业链布局等情况,以此激励投资目的国地方政府为项目落地积极与相关政府部门沟通协商,农业投资门槛会因此而大大降低。

8.3.2.2 环境保护合作

第一,现阶段,多边、双边环境保护合作已取得一系列成果。

在上合组织框架下中国与中亚国家已经建立富有成效的多边合作机制。随着中国与中亚国家环境问题日益成为经济可持续发展的瓶颈,中国与中亚国家签署了一系列具有里程碑意义的环境保护合作文件。上合组织成立之初就将各成员国共同开展环保合作写入《上合组织宪章》。2004年,上合组织通过的《塔什干宣言》第一次提出将水资源的合理分配和环境保护纳入合作议程并制订相应的战略方案,该方案具体包括环境资源整合的基本原则、运作模式、实施程序等细则。2009年,上合组织通过的《叶卡捷琳堡宣言》首次指出,各成员国要应用可再生能源技术和节能技术降低工业及民用污染物排放总量。中亚国家正处于工业化初期,普遍将经济发展置于环境保护之前,化工、印染、皮革等轻工业存在科技水平低、工艺落后的问题,加之,资源富集国家大规模发展采掘及冶炼工业,产生的大量有毒有害物质以废气、废渣、废水的形式对中亚及中国新疆的环境造成严重污染。该宣言的通过,标志着中国与中亚国家将清洁能源合作作为下一阶段环境合作的优先方向。2014年6月,中国-上合组织环保合作中心在北京正式成立,该中心将在生物多样性保护、环境监测信息交换、气象预测、跨界河流水质检测等方面展开务实合作。

环境保护双边合作取得显著进展。截止到2014年年底,中国已同塔

（1996年）、乌（1997年）、哈（2011年）签署《政府间环保合作协定》，明确界定双方的合作范围与合作方式，为彼此之间长期进行环保合作奠定了法律基础。鉴于中亚国家缺少经由通信卫星获取地表温度、大气温度、空气湿度等基本观测数据的气象设备，中国分别向乌、吉、塔三国无偿援助风云卫星广播接收系统，并赠送塔国家气象台价值近百万美元的气象器材。为推动中国与中亚五国共同建设本地区的沙尘暴监测网络，中国在新疆开展沙尘暴气象工程，该工程可对来自中亚五国的沙尘暴的沙尘浓度、运动轨迹、沙尘携带量等进行跟踪监测，并将相关数据传送给中亚国家气象部门供其制定防控预案。令人欣慰的是，中哈环境合作成果丰硕，成为上合组织成员国间开展环境合作的典范。2011年9月，中哈成立环保合作委员会，并审议通过《中国哈萨克斯坦环保合作委员会条例》，该条例为两国已签署的《中哈环保协定》《中哈水质协定》的实施提供了制度保障。在中哈环委会框架下，中哈双方在两国边境地区围绕跨界河流水质监测、河流污染防治、保持生态平衡、水文水质技术分析等方面展开了卓有成效的务实合作。2014年7月，中国科学院中亚生态与环境研究中心与哈萨克斯坦农业科学院签署合作协议，协议指出中哈将共同组建中哈生态与环境研究中心，依托该中心加强生态与环境、气候变化、土地高效利用等方面的经验交流和科研攻关。

第二，中国与中亚五国环境保护合作的政策建议。

一方面，提高中资环保企业赴中亚投资的便利化水平。2010年9月，节能环保被纳入国家七大战略性新兴产业，节能环保企业充分利用外部环境黄金期年产值保持年均增速15%以上。在中国经济新常态的大背景下，节能环保企业要抓住国际环保市场分工格局尚未形成的有利时机，实施环保技术装备"走出去"战略，勇于开拓国际市场，在更高层次的国际分工中占有一席之地。必须看到，中国的节能环保技术已经接近甚至达到国际领先水平，污水处理、生活垃圾无害化处理、超滤膜水处理、烟气脱硫脱硝等技术均已实现国产化。毋庸讳言,方兴未艾的中亚环保市场为中国节能环保企业走出去提供了机会。为加快节能环保企业布局中亚环保市场,国家需要为环保企业赴中亚投资创造便利条件。

研究设立中国-中亚环保合作专项资金。以贷款贴息、以奖代补、亏损准备金等多种方式,扶持节能环保企业投资中亚市场。设立中亚环保项目先期投入补贴资金,对先期市场开拓费用,按一定比例进行项目补贴[159]。研究制订"绿色援助计划"。通过优惠贷款或赠款,重点支持中亚国家建设污水处理厂、生活垃圾处理厂等环境公共设施,由国内有实力的节能环保企业参与该设施的建设和运营,并提供项目所需的国产环保设备及相关的技术服务。支持节能环保企业在中亚国家建设"环境项目示范工程",在当地树立中国环保企业良好的品牌形象。研究制定税收优惠政策。完善环保企业境外税收抵免的适用范围,避免双重征税。政府与中亚国家签订协定时,设立税收抵免条款,保障国内环保企业享受到东道国当地的税收优惠政策。参照高新技术行业,降低企业境外红利抵免限额税率。

另一方面,进一步加强中国与中亚国家环境保护合作的制度与机制建设。探索建立《中国与中亚五国环保合作协定》,通过该协定为环境保护合作建立一套平等、共享、科学、务实的制度,将机制运转纳入法制化轨道。在磋商机制建设上,以上合组织为平台,每年定期召开环保、科技、水利、气象、国土等部门负责人和相关专家学者参加的研讨会;在科研合作机制上,双方应互派专家和学者进行交流学习,开展联合攻关,尽早在气候变化、清洁生产、污染防控、自然生态等领域形成关键技术。在监测机制建设上,构建本区域24小时环保监测网络,并依托该监测网络设立本区域环保信息发布平台,及时、准确、完整地定时发布重点区域的空气、水文、土壤等环境质量报告,为自然灾害的防治提供准确的决策依据。

8.4 中国省份传统产业进军中亚五国的风险研究——以辽宁省为例

8.4.1 辽宁省传统产业开拓中亚市场的经济基础分析

8.4.1.1 辽宁省传统产业"走出去"已积累一定的经验

2016年8月,辽宁省营口、大连两市相继开通了"营口港—斯洛伐克·多布拉"班列和"中蒙俄"跨境公路物流通道。"班列"和"通道"的开通,助力辽宁沿海经济带融入国家"一带一路",有力推动了以大连、营口、锦州和丹东港为重要节点,以跨境物流和海铁联运为引领的"辽满欧""辽蒙欧"国际综合交通运输大通道建设。目前,营口港的海铁联运在全国沿海港口中已经连续多年获得第一,经满洲里出境的"营满欧"箱量已占东北各港总量的90%左右,占满洲里口岸出境箱量的45%,全国排名第一。借助这次开通的"中蒙俄"跨境公路物流通道,东北地区的农产品、轻工产品、电子产品等,将快速出口到"一带一路"沿线市场。

8.4.1.2 辽宁省传统产业与中亚五国之间贸易存在互补性

根据商务部数据,2016年中国是中亚国家的第二大贸易伙伴,中国对中亚主要出口电机、电气、音像设备,锅炉、机械器具等商品;中亚国家对中国主要出口商品为矿砂、矿渣及矿灰、贵金属矿等商品。辽宁省传统产业主要包括装备制造业、冶金、化工等产业,这些产业总体来说是中亚国家比较薄弱的产业,这就为辽宁省传统产业与中亚进行贸易投资提供了前提条件。

8.4.1.3 辽宁省部分传统产业在中国经济中占据重要地位

以装备制造业为例,辽宁省是我国装备制造业的重要科研和生产基地之一。截至2016年年底,辽宁省装备制造业实现工业增加值占全省工业的34.1%;

实现利润319.2亿元,占全省工业的47.6%。装备制造业仍为辽宁工业第一支柱产业。辽宁省企业要"走出去"进入中亚国家,可以在传统产业领域有所作为,既能化解产能过剩困局,也能为企业未来发展增添新的收入来源。

8.4.2 保障措施

8.4.2.1 政府引导企业加强风险防范

面对中亚国家各种各样的经济和政治风险,为减轻企业风险损失,辽宁省政府应着手建立"走出去"企业中亚安全风险管理制度,指导企业提前做好风险管理预案。同时,还要加强对高风险国家例如乌兹别克斯坦等国家投资合作的监管,配合国家做好风险预警、资产保全等工作。中国出口信用保险公司是中国企业"走出去"的重要合作伙伴,并有着丰富的海外风险管理和理赔经验,辽宁省政府应鼓励"走出去"的企业与中国出口信用保险公司合作,提前转嫁对外投资合作等相关风险。

8.4.2.2 辽宁省部分传统产业在中国经济中占据重要地位

尽管中国与中亚国家关系处于睦邻友好状态,但目前仍有极少数中亚民众持有"中国威胁论"观点,对中国企业投资中亚持有谨慎乃至抵制的态度,担心被中国经济吞没,沦为中国能源的提供者。虽然中国投资中亚五国,能够为对方创造就业,并改善民生状况,但由于没有详细的数据支持,因此极少数中亚民众仅从可以获得的贸易和投资数据评判中国的合作动机的结论是完全错误的。辽宁省企业与中亚国家的合作方可以通过开展非资源领域的合作加深产能合作的共识,例如,在基础设施、农业、环保等领域,充分利用上海合作组织和亚洲基础设施投资银行,实现合作各方利益的最大公约数。

8.4.2.3 深化人文领域合作

辽宁省企业在树立和维护对外形象方面仍需要继续努力,除了加强经济领域合作,辽宁省还可以深化与中亚国家人文领域的合作。具体来说,第一,可以增加与中亚国家合作办学,尤其是能够传播中国文化的"孔子学院",充分发挥其文化传播和交流功能;第二,吸引中亚留学生到辽宁省高校交流访学,使其深刻感受辽宁的乡土文化和相关"走出去"政策;第三,通过文化旅游加强与中亚国家的沟通,中亚不少民众喜欢中国的沿海旅游城市,中方也有很多游客想感受中亚的异域风情。辽宁省可以借助大连、丹东、葫芦岛等海港旅游城市的优势与中亚开展旅游合作,促进彼此旅游市场的开拓和文化交流。

8.5 本章小结

本章阐述推进中国与中亚五国贸易投资便利化需要注意的问题。第一,加强政治互信为保障贸易投资便利化顺利推进提供前提。第二,加强人文交流为贸易投资便利化打造坚实的社会和民意基础,在分析中国与中亚五国加强人文交流合作意义的基础上,分析了中国与中亚五国人文交流现状与存在的主要问题,进而提出深化人文交流合作的对策建议,具体包括:加强教育交流与合作,搭建更多的长效人文合作平台,在中亚投资的中资企业要建立"代表祖国"的企业文化,将旅游合作打造成为人文交流亮点,中国国家旅游局要与中亚五国相关部门进一步加强沟通。第三,加强非资源领域合作有利于贸易投资便利化的长远推进,认为非资源领域合作是各方推进便利化意愿的最大公约数,并以农业合作与环保合作为切入点,阐述了中国与中亚五国非资源领域的便利化推进问题。第四,以辽宁省为例,具体分析了中国省份传统产业进军中亚五国的应对策略。

参 考 文 献

[1] Engman M. The economic impact of trade facilitation[R]. OECD Trade Policy Working Paper No. 21, 2005.

[2] Kim, Sangkyo, Innwon Park. The Benefits of Trade Facilitation in APEC Policy Analysis[R]. KIEP, 2001.

[3] Francois J, van Meijl H, van Tongelen F. Economic Implications of Doha Round[R]. GTAP Discussion Paper, No. 1397, 2003.

[4] John Raven. Trade and transport facilitation: a toolkit for audit, analysis, and remedial action[R]. World Bank Publications, 2001.

[5] Shepherd B, Wilson J S. Trade Facilitation in ASEAN Member Countries: Measuring Progress and Assessing Priorities[J]. Journal oAman Economics, 2009, 20 (4): 367-383.

[6] Alberto Portugal-Perez, John S. Wilson Export Performance and Trade Facilitation Reform: Hard and Soft Infrastructure[J]. World Development, 2012, 40 (7): 1295-1307.

[7] Tomasz Iwanow, Colin Kirkpatrick. Trade Facilitation and Manufactured Exports: Is Africa Different? [J]. World Development, 2009, 37 (6): 1039-1050.

[8] Moïsé E, Sorescu S. Trade Facilitation Indicators: The Potential Impact of Trade Facilitation on Developing Countries' Trade[R]. OECD Publishing, 2013.

[9] Hertel T. Structure of GTAP Model[R]. World Bank, 1996.

[10] Otsuki T, Wilson J S, Sewadeh M. What Price Precaution?European Harmonisation of Aflatoxin Regulations and African Groundnut Exports[J]. European Review of Agricultural Economics, 2001, 28 (3): 263-284.

[11] Fink Carsten, Aaditya Matoo, Cristina Ileana Neagu. Trade in International Maritime Services: How Much Does Policy Matter? [J]. World Bank Economic Review, 2002, 16 (1): 81-108.

[12] Messerlin P A, Zarrouk J. Trade Facilitation: Technical regulations and customs procedures[J]. The World Economy, 2000, 23 (4): 577-593.

[13] OECD. The Cost and Benefits of Trade Facilitation[R]. OECD Policy Brief, 2005.

[14] APEC's Trade Facilitation Action Plan: A Mid-Term Assessment[R]. 2004.

[15] Wilson J S, Mann C L, Otsuki T. Assessing the Potential Benefit of Trade Facilitation: A Global Perspective[R]. World Bank Policy Research, 2004.

[16] 孙继先. 贸易便利化对中美纺织品贸易的影响研究[D]. 长春: 吉林大学, 2014.

[17] FDI[EB/OL]. http://baike.baidu.com/link?url=ncpFFc7jnu6ML9QF7sk2H-Luwjwkr8itaF5omMr9cm1V44s3Ivg0ZTdtdsFPxo-r0NdLTtCdw7mBfWdkBWN0Wq.

[18] Delfim Gomes Neto, Francisco José Veiga. Financial globalization,

convergence and growth: The role of foreign direct investment[J]. Journal of International Money and Finance, 2013 (37): 161-186.

[19] Timo Mitze, Björn Alecke, Gerhard Untiedt. Trade-FDI linkages in a simultaneous equations system of gravity models for german regional data[J]. International Economics, 2010 (122): 121-162.

[20] Tajul Ariffin Masron, Abdul Hadi Zulkafli, Haslindar Ibrahim. Spillover Effects of FDI within Manufacturing Sector in Malaysia[J]. Procedia-Social and Behavioral Sciences, 2012, 58 (10): 1204-1211.

[21] Tatsuo Ushijima. Patent rights protection and Japanese foreign direct investment[J]. Research Policy, 2012, 42 (3): 738-748.

[22] Wang C, Hong J J, Kafouros M. What Drives the Internationalization of Chinese Firms? Testing the Explanatory Power of Three Theoretical Frameworks[J]. International Business Review, 2012, 21 (3): 425-438.

[23] Bala Ramasamy, Matthew Yeung, Sylvie Lafore. China's outward foreign direct investment: Location choice and firm ownership[J]. Journal of World Business, 2012, 47, (1): 17-25.

[24] Peter J Buckley, L Jeremy Clegg, Adam R Cross, Xin Liu, Hinrich Voss, Ping Zheng. The determinants of Chinese outward foreign direct investment [J]. Journal of International Business Studies, 2007 (38): 499-518.

[25] Xiaoxi Zhang, Kevin Daly. The determinants of China's outward foreign direct investment[J]. Emerging Markets Review, 2011, 12 (4): 389-398.

[26] Yiu D, Makino S. The Choice between Joint Venture and Wholly Owned Subsidiary: An Institutional Perspective[J]. Organization Science, 2002, 13 (6): 667-683.

[27] Sumon Kumar Bhaumik,Catherine Yap Co. China's economic cooperation related investment:An investigation of its direction and some implications for outward investment[J]. China Economic Review,2011,22（1）：75-87.

[28] Ivar Kolstad,Arne Wiig. What determines Chinese outward FDI？[J]. Journal of World Business,2012,47（1）：26-34.

[29] Yin-Wong Cheung,Jakob de Haan,XingWang Qian,Shu Yu. China's Outward Direct Investment in Africa [EB/OL]. http：//www.hkimr.org/uploads/publication/66/ub_full_0_2_277_wp-no-13_2011-final-.pdf.

[30] 王俊. 贸易便利化：三螺旋模型的理论视角及实现路径[J]. 苏州大学学报（哲学社会科学版），2014（6）：112-120.

[31] 李豫新，帅林遥. 中国新疆边境贸易便利化影响因素实证研究[J]. 国际商务，2014（6）：38-48.

[32] 周茜. 贸易便利化测评体系及其对中国对外贸易影响研究[D]. 长沙：湖南大学，2007.

[33] 周升起，付华. 贸易便利化与中国出口贸易：基于改进"引力模型"的分析[J]. 商业研究，2014（11）：93-98.

[34] 方晓丽，朱明侠. 中国及东盟各国贸易便利化程度测算及对出口影响的实证研究[J]. 国际贸易问题，2013（9）：68-73.

[35] 孙林，倪卡卡. 东盟贸易便利化对中国农产品出口影响及国际比较——基于面板数据模型的实证分析[J]. 国际贸易问题，2013（4）：139-147.

[36] 佟家栋，李连庆. 贸易政策透明度与贸易便利化影响——基于可计算一般均衡模型的分析[J]. 南开经济研究，2014（4）：3-16.

[37] 张晓倩,龚新蜀. 上合组织贸易便利化对中国农产品出口影响研究——基于面板数据的实证分析[J]. 国际经贸探索,2015（1）：28-38.

[38] 程中海,孙培蕾. 中国与中亚周边国家贸易便利化影响因素研究[J]. 商业研究,2014（11）：99-105.

[39] 肖影. 独联体地区国家贸易便利化进展评析[J]. 俄罗斯研究,2014（4）：44-60.

[40] 艾赛提江,郭羽诞. 中亚五国贸易便利化程度分析[J]. 新疆社会科学,2012（4）：75-80.

[41] 胡颖. 新疆与中亚国家贸易便利化发展的探讨[J]. 对外经济贸易实务,2011（9）：30-32.

[42] 韩东,王述芬. 贸易便利化对进出口贸易影响的实证分析[J]. 金融与经济,2014（4）：23-26.

[43] 玉素甫·阿布来提. 人民币与中亚五国对外贸易中计价结算问题的研究[J]. 俄罗斯研究,2008（1）：55-59.

[44] 韩东,王述芬. 浅析中国与中亚国家跨境贸易人民币结算发展缓慢的问题[J]. 对外经贸实务,2014（5）：36-38.

[45] 上海海关学院课题组,朱秋沅. 有关贸易便利化的海关监管制度国际国别研究综述[J]. 上海海关学院学报,2010（2）：71-77.

[46] 何伦志,王德全. 西部大开发与建立中亚自由贸易区的构想[J]. 新疆大学学报（社会科学版）,2000（4）：1-5.

[47] 王习农. 向西开放战略与建立中国——中亚自由贸易区[J]. 实事求是,2012（2）：36-38.

[48] 李宝琴. 中国-中亚自由贸易区建设研究——以次区域经济合作为视角[J]. 边疆经济与文化,2012（8）：5-7.

[49] 王海燕. 中哈自由贸易区: 机遇挑战与前景[J]. 国际经济合作, 2009(11): 33-38.

[50] 陈军, 龚新蜀. 中哈边境自由贸易区构建: 贸易影响因素目标设计和预警问题[J]. 俄罗斯中亚东欧市场, 2011（4）: 25-30.

[51] 张银山, 秦放鸣. 丝绸之路经济带背景下加快推进中国——中亚自由贸易区建设的思考[J]. 经济研究参考, 2014（55）: 21-26.

[52] 李立凡. 论上海合作组织经济与贸易合作[J]. 世界经济研究, 2007(4): 79-85.

[53] 张猛, 丁振辉. 上海合作组织自由贸易区: 构想及其意义[J]. 国际经贸探索, 2013（2）: 22-33.

[54] 何勤, 杨琼. 上海自贸区贸易便利化对贸易流量影响的实证研究[J]. 价格理论与实践, 2014（11）: 98-100.

[55] 李豫新, 帅林遥. 中国新疆边境贸易便利化影响因素实证研究[J]. 国际商务, 2014（6）: 38-48.

[56] 朱永强, 高正桥. WTO 框架下贸易便利化问题探析[J]. 华东经济管理, 2003（S1）: 37-40.

[57] 杨荣珍, 王玮.《贸易便利化协议》的主要内容及影响分析[J]. 对外经贸实务, 2014（11）: 39-41.

[58] 张立莉. WTO 框架下贸易便利化问题研究[J]. 云南财经大学学报（社会科学版）, 2009（4）: 46-48.

[59] 项本武. 东道国特征与中国对外直接投资的实证研究[J]. 数量经济技术经济研究, 2009（7）: 34-47.

[60] 邱立成, 王凤丽. 中国对外直接投资主要宏观影响因素的实证研究[J]. 国际贸易问题, 2008（6）: 80-84.

[61] 陈恩,王方方.中国对外直接投资影响因素的实证分析——基于2007—2009年国际面板数据的考察[J].商业经济与管理,2011(8):45-52.

[62] 沈军,包小玲.中国对非洲直接投资的影响因素——基于金融发展与国家风险因素的实证研究[J].国际金融研究,2013(9):64-74.

[63] 陈岩,马利灵,钟昌标.中国对非洲投资决定因素:整合资源与制度视角的经验分析[J].世界经济,2012(10):91-112.

[64] 张娟,刘钻石.中国民营企业在非洲的市场进入与直接投资的决定因素[J].世界经济研究,2013(2):74-80.

[65] 许云霞.新疆对中亚地区直接投资的现状与对策[J].开放导报,2010(3):14-18.

[66] 段秀芳.中国对中亚国家直接投资区位与行业选择[J].国际经贸探索2010(5):37-42.

[67] 李东阳,杨殿中.中国对中亚五国直接投资与双边贸易关系研究[J].财经问题研究,2012(12):90-95.

[68] 徐雅雯.上海合作组织贸易投资便利化问题研究[D].大连:东北财经大学,2012.

[69] 徐佳宁.中国-东盟直接投资便利化研究[D].桂林:广西大学,2013.

[70] 张建华.加速中俄相互直接投资便利化的路径研究[D].哈尔滨:黑龙江大学,2011.

[71] 刘重力,杨宏.APEC贸易投资便利化最新进展及中国的策略选择[J].亚太经济,2014(2):26-32..

[72] 关剑.世界纺织品贸易一体化与中国纺织品贸易[J].合作经济与科技,2007(10):4-5.

[73] 王俊,贸易便利化:三螺旋模型的理论视角及实现路径[J].苏州大学学

报（哲学社会科学版），2014（6）：112-120．

[74] World Trade Organization．Trade facilitation[EB/OL]．http：//gtad.wto.org/trta_subcategory.aspx-cat=33121．

[75] The Organisation for Economic Co-operation and Development．What is trade facilitation[EB/OL]．[2014-07-01]．http：//www.oecd.org/tad/facilityation/whatistradefacilitation.htm．

[76] Trade Facilitation Indicators State of Implementation[R/OL]．[2014-07-23]．OECD，www.oecd.org/tad/facilitation/trade-facilitation-indicators-state-implementation-june-2014.pdf．

[77] The World Bank．Trade facilitation[EB/OL]．[2014-07-01]．http：//go.worldbank.org/QWGE7JNJG0．

[78] World Customs Organization．What is securing and facilitating legitimate global trade[EB/OL]．[2014-07-01]．http：//www.wcoomd.org/en/topics/facilitation/overview/customs-procedures-and-facilitation.aspx．

[79] 铭辉．东亚国家贸易便利化水平测算及思考[J].国际经济合作,2009（7）：41-46．

[80] 赵世璐．欧盟海关促进贸易便利化的经验及对中国的启示——以欧盟《海关方案》为研究对象[J]．上海海关学院学报，2010（1）：94-98．

[81] 王少辉．中国贸易便利化与通关管理问题研究[D]．北京：首都经济贸易大学，2014．

[82] Shintaro Hamanaka．Evolutionary paths toward a region-wide economic agreement in Asia[J]．Journal of Asian Economics，2012，23（4）：383-394．

[83] Stephan Haggard，Jennifer Lee，Marcus Noland．Integration in the absence

of institutions: China–North Korea cross-border exchange[J]. Journal of Asian Economics, 2012, 23 (2): 130-145.

[84] Alvaro Cuervo-Cazurra, C Annique Un. Regional economic integration and R&D investment[J]. Research Policy, 2007, 36 (2): 227-246.

[85] Hatice Kerra Geld. Trade effects of regional integration: A panel cointegration analysis[J]. Economic Modelling, 2012, 29 (5): 1566-1570.

[86] Maede J E. Problems of Economic Union[M]. Journal of Political Economy, 1953.

[87] Viner J. New York: Carnegie Endowment for International Peace[M]. The Customs Union Issue. 1950.

[88] Scitovsky. Economic Theory aod Western Integration [M]. Stanford: Stanford University Press, 1958.

[89] 俞新天. 在和平、发展、合作的旗帜下: 中国战略机遇期的对外战略纵论[M]. 北京: 中共中央党校出版社, 2005: 233.

[90] 秦放鸣. 中国与中亚国家区域经济合作研究[M]. 北京: 科学出版社, 2010: 115.

[91] 东北师范大学地理系、中国科学院地理研究所. 苏联经济地理[M]. 北京: 科学出版社, 1987: 17-23.

[92] 毛汉英. 中国与俄罗斯及中亚五国能源合作前景展望[J]. 地理科学进展, 2013 (10): 1433-1443.

[93] 中国将出资400亿美元成立丝路基金[EB/OL]. [2014-11-09]. http://finance.people.com.cn/n/2014/1109/c1004-25997781.html

[94] 刘华芹, 李钢. 建设"丝绸之路经济带"的总体战略与基本架构[J]. 国际贸易, 2014 (3): 6-11.

[95] 阿不都斯力木·阿不力克木. 乌兹别克斯坦对外贸易政策及其对中国的启示[J]. 经济问题探索, 2010（9）：129-132.

[96] 中国商务部欧洲司综合处. 塔吉克斯坦主要经贸法律法规[J]. 俄罗斯中亚东欧市场, 2007（8）：48-54.

[97] 塔吉克斯坦税收体系. 驻塔吉克斯坦商务参赞处[EB/OL]. http：//tj.mofcom.gov.cn/article/ddfg/tzzhch/201306/20130600154601.shtml.

[98] 塔对进口生产型技术设备及其配件的征税规定. 驻塔吉克斯坦商务参赞处[EB/OL]. http：//tj.mofcom.gov.cn/article/ddfg/tzzhch/201306/20130600154605.shtml.

[99] 驻土库曼斯坦商务参赞处. 土库曼进出口贸易管理[EB/OL]. http：//tm.mofcom.gov.cn/article/ddfg/201412/20141200815955.shtml.

[100] 土库曼斯坦海关税率. 驻土库曼斯坦商务参赞处[EB/OL]. http：//tm.mofcom.gov.cn/article/ddfg/201405/20140500579654.shtml.

[101] 驻土库曼斯坦商务参赞处[EB/OL]. [2015-01-05]. http：//tm.mofcom.gov.cn.

[102] 秦放鸣. 中国与中亚国家区域经济合作研究[M]. 北京：科学出版社, 2010：51.

[103] 驻吉商务参赞处. 吉尔吉斯总理称中国是吉第一大投资来源国[EB/OL]. http：//kg.mofcom.gov.cn/article/jmxw/201312/20131200421778.shtml.

[104] 李大伟. 我国和中亚五国经贸合作现状、问题与对策[J]. 宏观经济管理, 2014（1）：56-58.

[105] 韩东, 王述芬. 中国对中亚五国直接投资影响因素实证研究[J]. 商业经济研究, 2015（2）：75-77.

[106] Sumon Kumar Bhaumik，Catherine Yap Co．China's economic cooperation related investment：An investigation of its direction and some implications for outward investment[J]．China Economic Review，2011，22（1）：75-87．

[107] Mina W．The Location Determinants of FDI in the GCC Countries[J]．Journal of Multinational Financial Management，2007，17（4）：336-348．

[108] Bala Ramasamy，Matthew Yeung，Sylvie Lafore．China's outward foreign direct investment：Location choice and firm ownership[J]．Journal of World Business，2012，47（1）：17-25．

[109] 李子奈，叶阿忠．高级应用计量经济学[M]．北京：清华大学出版社，2012：175．

[110] 杨雷．当前中亚五国安全形势评析[J]．现代国际关系，2012（11）：21-27．

[111] 孙立,吴宏伟.中亚国家发展报告[M].北京:社会科学文献出版,2014：366．

[112] 李大伟．我国和中亚五国经贸合作现状、问题与对策[J]．宏观经济管理，2014（1）：56-58．

[113] 韩东．后金融危机时代哈萨克斯坦金融市场运行状况分析[J]．新疆社会科学，2014（5）：83-87．

[114] 刘国胜．哈萨克斯坦共和国《反垄断法》述评[J]．俄罗斯中亚东欧市场，2010（10）：28-36．

[115] 刘文翠，李翠花．新疆与中亚五国跨境贸易人民币结算存在问题及建议[J]．新疆财经，2013（1）：70-74．

[116] 2013 年哈萨克斯坦货物贸易及中哈双边贸易概况．商务部

[EB/OL］．http：//search.mofcom.gov.cn/swb/searchList.jsp．

[117] 国家外汇管理局喀什地区中心支局课题组．喀什与中亚南亚国家边贸结算问题研究[J]．新疆金融，2007（4）：26-30．

[118] 玉素甫·阿布来提．中国与中亚五国对外贸易中本币结算问题研究[J]．新疆财经，2008（3）：73-76．

[119] 中国对乌兹别克斯坦投资趋势研究[EB/OL]．[2015-12-20]．http：//www.docin.com/p-498658779.html

[120] 张宁，李雪著．吉尔吉斯斯坦独立后的政治经济发展[M]．上海：上海大学出版社，2013：131．

[121] 交通与公用事业部网站[EB/OL]．[2015-01-01]．http：//mtc.gov.kg．

[122] 马惠兰，刘英杰，张姣．中国新疆口岸农产品通关便利化状况、障碍及对策[J]．世界农业，2013（11）：9-15．

[123] 杨芳．中国与哈萨克斯坦海关合作问题研究[D]．乌鲁木齐：新疆大学，2010．

[124] 王海燕．贸易投资便利化——中国与哈萨克斯坦[M]．上海：华东师范大学出版社，2012：81．

[125] 胡颖．新疆与中亚国家贸易便利化发展的探讨[J]．对外经贸实务，2011（9）：30-32．

[126] 李福川．俄、白、哈关税同盟及对上海合作组织的影响[J]．俄罗斯中亚东欧市场，2011（7）：1-9．

[127] 富景筠．俄白哈关税同盟的历史演进、动因及前景——基于区域内贸易特点的视角[J]．俄罗斯东欧中亚研究，2014（2）：24-31．

[128] 经济联盟启动，或影响中国"丝绸之路经济带"[EB/OL]．[2015-01-04]．http：//finance.ifeng.com/a/20150104/13403888_0.shtml．

[129] 张新存. 对中哈两国贸易采用人民币结算的设想[J]. 东欧中亚市场研究, 2002（8）：31-33.

[130] 李石凯, 杨公齐. 金融危机冲击下的人民币贸易结算与人民币国际化[J]. 广东金融学院学报, 2009（3）：5-13.

[131] 2014年中国跨境贸易及直接投资人民币结算量一览[EB/OL]. [2015-01-19]. http：//cn.reuters.com/article/2015/01/19/idCNL3S0UV3FT20150119.

[132] 哈萨克斯坦国家银行[EB/OL]. [2013-01-01]. http：//www.nationalbank.kz/?furl=cursFull&switch=eng.

[133] 薛炜. 中国（新疆）边境贸易发展与跨境人民币结算问题研究[J]. 金融发展评论, 2012（2）：109-116.

[134] 刘丹梅. 构建人民币离岸金融市场研究：新疆霍尔果斯视角[J]. 南方金融, 2013（7）：80-84.

[135] 张茉楠. 构建新型能源金融体系的"战略图谱"[J]. 发展研究, 2009（4）：62-64.

[136] 罗熹. 发挥信用保险作用 促进海外经济发展[EB/OL]. http：//finance.sina.com.cn/hy/20141101/103220706488.shtml.

[137] 中国西部再添国际新通道[EB/OL]. [2012-12-22]. http：//finance.people.com.cn/n/2012/1222/c1004-19982480. html.

[138] 上合组织交通运输合作潜力巨大[EB/OL]. [2012-06-06]. http：//news.china.com.cn/rollnews/2012-06/06/content 14535798．htm.

[139] 渝新欧国际铁路大事记[EB/OL]. http：//news.163.com/11/0801/03/7ABFM8U700014AED.htrnl.

[140] 徐雅雯. 上海合作组织贸易投资便利化问题研究[D]. 大连：东北财经大学, 2012：98.

[141] 王海燕. 中哈自由贸易区：机遇挑战与前景[J]. 国际经济合作，2009（11）：33-38.

[142] 陈德峰. 加快推进中国-中亚自由贸易区建设[N]. 新疆日报（汉），2014-11-13.

[143] 英媒：塔吉克斯坦指望中国资金缓解困境[EB/OL]. [2014-10-23]. http://world.people.com.cn/n/2014/1023/c157278-25893599.html.

[144] 何曼青，马仁真. 世界银行集团[M]. 北京：社会科学文献出版社，2011：101-103.

[145] 亚洲开发银行编写组. 亚洲开发银行[M]. 北京：中国金融出版社，1989：1-2.

[146] 赵华胜. 上海合作组织评析和展望[M]. 北京：时事出版社，2012：118.

[147] 王冲. 独联体，一个正在消失的现实[EB/OL]. [2009-06-02]. http://opinion.nfdaily.cn/content/2009-06-02/content_5210232.htm.

[148] 俄刊说俄难以遏制中国在上合组织及中亚不断上升的影响力. [EB/OL]. http://www.cetin.net.cn.

[149] 上合组织经济合作潜力巨大[EB/OL]. [2012-06-08]. http://paper.ce.cn/jjrb/html/2012-06-08/content_213926.htm.

[150] 习近平在俄罗斯莫斯科国际关系学院的演讲[EB/OL]．[2013-10-01]．http://politics.people.com.cn/n/2013/1001/c1024-23094323．html.

[151] 中华人民共和国驻哈萨克斯坦大使馆经济商务参赞处. 哈贷款利率过高使得投资项目难以实施[EB/OL]．http://kz.mofcom.gov.cn/article/jmxw/201310/20131000365800．shtml.

[152] 哈萨克斯坦实施国家工业创新发展纲要资金缺口大[EB/OL]．http://xj.people.com.cn/GB/188522/14147851.html.

[153] 中国驻吉商务参赞处. 哈、吉、塔三国元首表示支持成立上合组织基金与开发银行[EB/OL]. http：//kg.mofcom.gov.cn/article/jmxw/201309/20130900316896.shtml.

[154] 赵华胜. 上海合作组织评析和展望[M]. 北京：时事出版社，2012：263.

[155] 邢广成，孙壮志. 上海合作组织研究[M]. 长春：长春出版社，2007：104.

[156] 赵华胜. 上海合作组织评析和展望[M]. 北京：时事出版社，2012：119.

[157] 孙立，吴宏伟. 中亚国家发展报告[M]. 北京：社会科学文献出版社，2014：266.

[158] 中国与中亚旅游合作方兴未艾[EB/OL]. [2013-03-04]. http：//news.xinhuanet.com/world/2013-03-04/c_124413848.htm.

[159] 骆建华，王岩. 中国环保企业走出去正当时[EB/OL]. http：//www.eedu.org.cn/news/industry/company/201209/79173.html.